JN290164

メディアリテラシー・ワークショップ

情報社会を学ぶ・遊ぶ・表現する

水越 伸・東京大学情報学環メルプロジェクト［編］

東京大学出版会

Media Literacy Workshops
Learning, Playing and Designing a New Information Society

Shin MIZUKOSHI
and
MELL Project on Interfaculty Initiative in Information Studies, The University of Tokyo,
Editors

University of Tokyo Press, 2009
ISBN978-4-13-053016-3

はじめに

水越伸

21世紀のメディア社会

　21世紀を生きる僕たちは，さまざまなメディアに囲まれて生きている．かつては新聞や放送など，マスメディアだけがメディアととらえられていた時代もあった．今ではネットやケータイ，デジタル・ゲームなども欠くことができない存在になっている．メディアとは，「コミュニケーションの媒(なかだち)」のこと．その役割を果たすモノやコトのことだから，ケータイの短いメールも服装も，電車の中吊り広告だって日常生活のあらゆるものごとが潜在的にメディアとして働きうるのである．僕たちはそうしたメディアのジャングルで毎日を過ごしているといっていい．

　そのメディアのジャングルが近年，大きく変貌しつつある．日本の例をみてみよう．まず，新聞，テレビ，ラジオ，本や雑誌といったマスメディアが，まさに存亡の危機に瀕している．1980年代から何度も危機は叫ばれてきたが，ついに本番が来たという感じだ．日本のマスメディアの生態系は，長い間，5つの全国紙・3つのブロック紙・各県にある県紙（新聞）と，NHKと5系列の民放ネットワーク（テレビ），さらに電通と博報堂という広告代理店が支配的な位置を占めていた．この生態系が，あちこちで壊れはじめている．

　一方でネットやケータイの普及は著しい．マスメディアがダメに

なっても，ネットやケータイがあれば大丈夫，なのだろうか．たとえば複雑な社会問題を探り出し，広く世論を喚起する新聞，思想や感覚を言葉でじっくり深化させる本のはたらきは，ネットやケータイですべて代替できるわけじゃない．もちろんネットやケータイならではのコミュニケーションも開けてきており，それはうれしいことだ．でもいわゆる先進国のなかで日本のネットやケータイは，現実からの逃避や癒しの場として活用される傾向がとても強いことには留意しておいた方がいい．他の国ではそれらはもっと現実社会と結びつき，地域生活や政治や教育などのリアルなコミュニケーションの場になっている．

こうしたなか，あるときはメディアはこれからの経済発展の鍵を握ると喧伝され，別のときには青少年に有害な影響を与えると非難される．どっちが本当なんだろうか．僕たちは，自分たちが暮らすジャングルのことを自分たちの頭と身体を使ってしっかり理解し，よりよいかたちでデザインしていく必要があるんじゃないだろうか．

メルプロジェクトの展開

このような課題に応えるために，僕たちはメルプロジェクトをはじめた．メルプロジェクトは，Media Expression, Learning and Literacy Project（メディア表現，学びとリテラシー・プロジェクト）の頭文字を取っている．21世紀のメディア・ジャングルのなかで，メディアの仕組みやはたらきを理解したり，メディアと僕たちのかかわり方をとらえなおしたり，メディアを用いて表現や発信をしていく，すなわちメディア表現とリテラシーについての実践的な研究のためのネットワーク型の研究プロジェクトであった．

メルは2000年に東京大学に設立された新しいタイプの文理越境型大学院，情報学環の最初の共同研究プロジェクトとして立ち上がった[1]．

[1] メルプロジェクトに関しては，当時活用されたウェブサイト「メルプロジェクト」〈http://mell.jp/〉を参照してほしい．また，メルの発行したニューズレター，実践レポート，公開研究会やシンポジウムの記録，エッセイや論文は，メルプロジェクトのアーカイブ「メルのもと」〈http://mellnomoto.com/〉で閲覧できる．
メルプロジェクト発足と展開の経緯，思想やスタイルについては，水越伸『新版デジタル・メディア社会』（岩波書店，2002年），東京大学情報学環メルプロジェクト編『メルの環——メディア表現，学びとリテラシー』（トランスアート，2003年），水越伸・吉見俊哉編『メディア・プラクティス——媒体を創って世界を変える』（せりか書房，2003年）に詳しい．

それは，大学の研究者，学生，学校教諭，マスメディア関係者，ジャーナリスト，IT 産業や NPO の関係者，デザイナー，市民メディアなど，さまざまな領域にいて，しかし同じような問題意識と志をもった 80 余名のメンバーが中心となり，内外 700 名強のサポーターに支えられたギルド集団だった．活動の成果は，約 30 の研究プロジェクト，42 回の公開研究会，6 回のシンポジウム，5 冊の関連本としてまとめられた[2]．メルは一つのプロジェクトではなく，マスメディアからデジタル・メディア，異文化交流から地域住民にいたる幅広い対象や領域の中で進められたプロジェクトの群体だったといえる．そしてはじまりの時点で 5 年間限定で活動すると明言していて，予定どおり 2006 年 3 月に幕を閉じた．その後は後継活動としてメル・プラッツ（MELL platz）が展開されている[3]．

メルプロジェクトの特徴はなんだったか．かんたんにいってしまうと，メディアについて，本を読むなどして観念的に考えたり，頭を使って批判するだけではなく，ものを作ったり，身体を動かして演じるなど現実にかかわって実践的に考え，批判し，デザインしていくという思想的方法論を採ったことである．そのキーワードが「ワークショップ」だった．

方法としてのワークショップ

ワークショップ（workshop，以下 WS と略す）とは，もともと職人や芸術家の「工房」を意味している．現在は教室やミュージアムなどで，講義形式ではなく，遊びやゲーム，創作を通してものごとを学んでいくようなプログラムを指すことが多い．

WS にはさまざまなかたちがある．学校の教室で授業の一環としておこなわれるもの．ミュージアムのイベントや，夏休みのキャンプでおこなわれるもの．役者養成のための演劇 WS から，在日外国人と日本人の交流のための WS，病気の治療やケアのための WS，

[2] 注[1]にあげた 3 冊に加えて，山内祐平『デジタル社会のリテラシー――「学びのコミュニティ」をデザインする』（岩波書店，2003 年），東京大学情報学環メルプロジェクト・日本民間放送連盟編『メディアリテラシーの道具箱――テレビを見る，つくる，読む』（東京大学出版会，2005 年）があげられる．本書が 6 冊目の本となる．

[3] メル・プラッツ〈http://www.mellplatz.com/〉は 2007 年度に発足し，メルプロジェクトの姿勢を共有する人々が中心となり，内外のメディア表現やリテラシーに取り組む人や組織をネットワークして，語り合うための広場作りを進めている．この活動も 5 年限定と明言しており，その後は見直しを図っていく予定．

はじめに

地域おこしや企業の社員活性化のための WS まで，いろいろな領域で活用されつつある[4]．

　共通しているのは次の点だ．身体を動かしたり，対話をしたり，ものをつくったりと，人間の生活にとってとても基本的なんだけれど，普段の仕事や勉強，生活のなかではあまり経験しないようなことを，小集団の中で何らかのゲーム感覚でおこなうということ．そしてそのような活動を通じて，本を読んで知識を蓄えたり，頭の中で概念操作することでは得られないタイプの理解や了解を体感していく，ということだ．芸術，デザイン，異文化交流，治療，ケアなどの領域では，いずれもそうしたタイプの理解や了解がとても大切な営みだということに気づかされる．

　WS の中身をおおざっぱにまとめてみよう．まず主催者が企画を立て，広報をして参加者を集める．参加者はたがいに見知らぬ人同士であることが多く，また，同じクラスや近所の知り合いであっても，WS などという場を共有したことのない人々がほとんどなので，期待と不安が入り交じった感じで集まってくる．はじめは場が「凍っている」ので，それを溶かすためにアイスブレイク（ice break）と呼ばれる準備運動のような活動をする．それから本格的な活動にはいる．活動は小集団が何らかの決まりに沿ったかたちで協働し，ものづくりやパフォーマンスをしていくことになる．企画によっては数時間で終わることもあるし，数週間，数ヵ月にわたってということもある．

　一定期間を経ると，それぞれの成果を発表し合い，たがいに批評をし合ったりする機会が設けられる．そして最後には学校関係者や地域住民など，より多くの人々の前での合評会のようなことがおこなわれ，その成果がウェブサイトや放送番組を通じて公開されることもある．参加者はその過程で，自分たちの活動を振り返り，テーマとなっていることがらをより深く，いわば身体的に理解していくことになる．すなわち「企画・広報」→「表現・創造」→「合評・

[4] ワークショップの概説書としては中野民夫『ワークショップ──新しい学びと創造の場』（岩波新書，2001 年），堀公俊・加藤彰『ワークショップデザイン──知をつむぐ対話の場づくり』（日本経済新聞出版社，2008 年）ほか．ワークショップは，メルプロジェクトが拠点を置いた東京大学情報学環では山内祐平や僕の周囲でさかんに実施されている．また，大阪大学コミュニケーションデザイン・センター〈http://www.cscd.osaka-u.ac.jp/〉は，さまざまな分野の大学院教育にワークショップを積極的に活用し，体系的知見を蓄積しており，注目されている．このほか CAMP〈http://www.camp-k.com/〉，CANVAS〈http://www.canvas.ws/〉などは，子どもを対象としたワークショップを幅広く展開している．

振り返り」という大まかな流れの中で展開する．

メディアを批判し，デザインするために

　ここまではWS一般の話．じつは僕たちがメルプロジェクトでおこなったWSには，一般的なものに加えて，独特の観点が組み込まれていた．活動を進めるなかで，より構造的で，多元的なはたらきをもつ活動を試行錯誤しつつデザインし，発展させたといった方がいいかもしれない．ここではそれらのあらましを，3つに分けて説明しておく．

（1）主催者やプロも学ぶ
　ふつうのWSでは，参加者はお客様で主催者はお店の店主のような関係にある．来場者と興行主といってもよいかもしれない．メルでも，主催者はきちんとWSをデザインし，人々を呼び込む．しかしそれだけではなく，WSのプロセスや結果を通して，主催者であるメルメンバー自身が発見をしたり学習していくことを重んじていた．これは僕たちが学校教育や企業研修ではなく，一般の人々の日常生活を取り巻くメディア・ジャングルという当たり前の環境を対象とし，それをとらえなおしたり，デザインすることを目的としていたためだ．授業や企業経営では専門家は特権的かもしれないが，メディア・ジャングルについての研究者はそのなかに巻き込まれている存在であり，参加者とともに学ぶ必要性はより高いのである．
　さらに言えば，メルのWSではしばしば新聞記者やテレビのディレクターなどメディアの専門家に参加してもらうことがあったが，そうしたメディアのプロにも一般の人々から学んでもらうような，立場の逆転を引き起こす仕掛けが組み込まれていることが多い．これもまた，これからのメディア環境を，より多様性のあるものにしていくために必要なことだと考えている．

(2) 参加者がやがて主催者になっていく「参加型」であること

　メルプロジェクトは当初数名のメンバーでスタートし，5年を経て80名を超えるメンバーと，700名を超えるサポーターからなるネットワークを形成した．そうなった最も大きな理由は，メルのWSでは，参加者がお客さんで終わるのではなく，その経験を活かして次の機会には自分たちが主催者となり活動を持続的に発展させてきたことにある．僕たちはWSを専門家にしかできない秘術，あるいはパッケージ化した商品のようにあつかうのではなく，広く人々に開かれたものとしたいと思い，参加型のデザインを施してきた．

(3) 学習と研究のよりあわせ

　以上2つの観点と密接に関わりつつ最後にいえることは，メルプロジェクトのWSは，子どもたちや一般の人々の能動的な学習の機会であると同時に，批判的な研究の機会でもあり，それらのバランスの上で成立している．WSのなかにはしばしば，授業のグループワークの一環として実践されるものがある一方，企業が自社の製品やサービスに消費者がどう反応するかを知るための社会実験として実践されるものもある．それらにも意味があるが，教える側と教わる側，企業と消費者といった関係性は固定したままだ．僕たちは日常生活を覆うメディア・ジャングルを，みんなが一緒になって参加型で，批判的にとらえなおしたり，協働的に新しくデザインしていくための仕掛けやものごととしてWSを位置づけてきた．

　以上を踏まえ，僕自身はメルプロジェクトなどで展開してきたWS群を，批判的で実践的なメディアの学習と研究の機会としてとらえ，「批判的メディア実践」と呼んでいる[5]．

[5]「批判的メディア実践」の意義と概要については，水越伸・吉見俊哉編『メディア・プラクティス』（前掲注[1]），水越伸編『コミュナルなケータイ——モバイルメディア社会を編みかえる』（岩波書店，2007年）を参照されたい．

作品だけど，「コモンズ」で

　この本は，2005年に同じく東京大学出版会から刊行された『メディアリテラシーの道具箱——テレビを見る，つくる，読む』（以下，『道具箱』と略称）の姉妹本である．『道具箱』は，メルプロジェクトが日本民間放送連盟と進めたテレビのメディアリテラシーをめぐる共同研究を踏まえた，テレビに特化した内容だった．本書はそれも含めたメルのおもなWSを収録した．

　僕たちはWSを，誰にでも活用してもらえるコモンズ（社会的な共有物）だととらえている．しかしそれは僕たちが知恵を出し，関係者と協力をして実現した作品でもある．しばしば最近のWS実践で，どこかですでにやられたものをまねていたり，同じプログラムを利用していたりするのを目にするが，そのときに，もとのWSに言及されないことに僕たちは違和感を覚える．誰もが活用し，応用していっていいけれど，それでも音楽や小説同様，オリジナリティは尊重されるべきだと思うからだ．一方である種のセミナーや研修では，WSがまるで秘伝のようにおこなわれ，門外不出のような雰囲気を漂わせていたりする．これにもまた違和感を感じる．

　コモンズなんだけれどオリジナリティがある．そのことを前提にしてWSを記録し，公開し，読者のみなさんとさらに発展させていきたいと考えている．そのためにこの本はまとめられた．

メルのもと——4つの組成

　さて，この本ではメルプロジェクトが展開した大小30前後のワークショップから主要なものを選び，「メディアを異化する」「メディアをわかる」「メディアを結ぶ」「メディアで育む」「ワークショップのつくり方」の5つに分けて並べてある．

どういう分け方なのかを説明しておこう．まずこのうち，5つめの「ワークショップのつくり方」はやや毛色が違っているので外しておく．残りの4つは，ワークショップの「かたち」（パフォーマンス型，親子参加型など），「領域」（放送関係，学校教育系など）といったジャンルでの分け方ではない．
　この4つは，ワークショップの「組成」なのである．「組成」という言葉には，化合物などを構成する成分，およびその量の割合という意味がある．つまりこの4つは，メルプロジェクトを通じて僕たちが経験的に見出したワークショップの成分なのだ．これらの成分がいろんな分量や割合で組み合わさった化合物のようにしてワークショップがある．僕たちはメルプロジェクトの素という意味で，4つの「メルのもと」と呼んでいる．
　「メディアを異化する」とは，僕たちがふだんの暮らしのなかで当たり前だと思っているメディアのあり方，メディアとのつきあい方を，もう一度とらえなおしたり，ちがうあり方やつきあい方を想像したり，実演したりしてみる営みのこと．「メディアをわかる」は，メディアの仕組みや構造を理解することで，メディアで表象されたイメージ，ステレオタイプを批判的にとらえなおすことや，それらを編みかえていくような活動のこと．「メディアを結ぶ」は，マスメディアのプロと素人，テレビ局と地域住民，博物館と学校といった異なる立場の人や領域を結びつけ，対話の回路をつくる試み，つまり一種の異文化コミュニケーション活動のこと．そして「メディアで育む」は，メディアを活用して，人々が集い，語り合い，ものごとを交換したり，創造するための場を生みだしていくこと，ひいては新しい時代のパブリックな空間のデザインを指している．
　本書の5つの部は，これら4つの「メルのもと」と「ワークショップのつくり方」に対応して設けられている．各部へのワークショップの配置は，それぞれ個別の「メルのもと」だけを成分として成り立っているからではなく，その成分が最も多く，あるいは強く，

象徴的に出ているという意味だ．たとえば，1部の「メディアを異化する」に，「本を作る，本を売る」というワークショップが位置づけられているが，これは「メディアをわかる」，「メディアを結ぶ」，「メディアを育む」といった組成もありながら，「メディアを異化する」が一番強くあらわれたものだったのでここに配置した．

「ワークショップのつくり方」については，4つの「メルのもと」で組成されたワークショップを実際におこなう際のヒントやノウハウが最も典型的にみられるワークショップを配置した．

この本の使い方

この本は，これからメディア論やメディアリテラシーを学んだり，メディア表現の実践を始めようとする人々のために編まれている．おもな読者には大学生を想定しているが，中高生でも，一般の方々や，研究者にももちろん読んでもらえる内容となっている．

ワークショップとは，ある特定の場所で，特定の日時に，人が集まってグループをつくり，ものをつくったり，表現したりすることを通してなにものかを学び取っていく活動だ．そうした活動を言葉にして表現することはとてもむずかしい．ワークショップは本来，本を読んでものごとを理解するような観念的なやり方とはまったくちがうかたちの学びのプログラムを提供するものだからだ．だからワークショップを文章で記述し，紹介することには，その生き生きした経験や覚醒，感動を，頭でっかちな観念に矮小化してしまう危険性がある．

そこで僕たちがここで採ったのはこういう方法だ．

まずそれぞれのワークショップをルポルタージュとしてまとめる．書き手はそれぞれのワークショップを実際につくり，実施した人である．客観風を装うのではなく，その人の個人的な立場を打ち出し，その人個人のカメラ目線でワークショップの流れを描き出してもら

っている．そのなかには書き手の理想や信条，失敗，偶然の出来事，終わったあとの感想などもちりばめられている．

次にそれぞれのワークショップの全体像を，表などを用いて簡潔にあらわした．これはワークショップのレシピのようなもので，必要な人材，道具，適した場所，時間配分やスケジュールの組み方などが記されている．

みなさんにはまずルポルタージュを読み物として楽しんで欲しい．時にはユーモラスに，時にはシニカルに，たいていは自分がやったことだから少し肩に力が入った感じで書かれたその内容を，物語として味わってみてもらいたい．そのうえで興味を持ったワークショップは，ぜひ自分たちでやってみることをお勧めする．学校の仲間，地域の知り合いなどと一緒に，実際に身体を動かして実践してみて欲しい．そのときにレシピが役に立つはずだ．料理と同じく，レシピはあくまで標準的な材料や方法を示したものだ．みなさんの状況に応じて，あれこれ工夫を加えてもらってかまわない．

最後に，僕たちはここで紹介したワークショップのいくつかを継続発展させたり，新しいワークショップをつくったりということを続けている．この論考の注釈にあげたウェブサイトなどを参照して欲しい．

それではメルプロジェクトが生み出した，おもしろくて，挑発的なWSを紹介していこう．

[目次]

はじめに　水越 伸　i

1　メディアを異化する
概説　伊藤昌亮　1
1　本を作る，本を売る　ペク・ソンス　2
2　ねんどアニメをつくろう　村田麻里子　12
3　名刺パンフレット　長谷川一　22
4　メディアくらべ　坂田邦子　34
　コラム　「異人」と化す　水島久光　47

2　メディアをわかる
概説　北村順生　49
5　異文化理解のためのビデオづくり　ペク・ソンス　50
6　ローカルの不思議　小川明子　60
7　友だちの絵本　長谷川一　72
8　隣の国の晩ごはん　安美羅　84
　コラム　メディアのなかの「他者」　崔銀姫　94

3　メディアを結ぶ
概説　境真理子　95
9　博物館と市民をつなぐ　村田麻里子　96
10　送り手と受け手の対話づくり　境真理子　108
11　ジャーナリスト教育と送り手のメディアリテラシー　水越 伸　120
12　送り手と一緒にテレビをつくる　本橋春紀　130
　コラム　メディアの「作り手」から「送り手」になるために　宇治橋祐之　142

4 メディアで育む

概説　長谷川一　**143**

13　パブリックなカフェづくり　　ペク・ソンス　**144**
14　メディア・バザールと流通システムの実験　伊藤昌亮　**154**
15　思い出のビデオアルバム　　見城武秀　**168**
　　コラム　メディアリテラシーの当事者とは　河西由美子　**180**

5 ワークショップのつくり方

概説　長谷川一　**181**

16　湯けむり殺人事件の謎　　林田真心子　**182**
17　モノと場をつくる　　宮田雅子　**192**
18　あとに残す, ふり返る　　宮田雅子　**202**
　　コラム　子どもを信頼しよう　高宮由美子　**212**

付録　メディアリテラシーの展望

「メディアリテラシー東京宣言」試案　　水越 伸　**214**
日本におけるメディアリテラシーの展開　本橋春紀　**224**
ワークショップ「型紙」キットの使い方　土屋祐子　**232**
さらに学ぶためのリソース集　　土屋祐子　**234**

あとがき　水越 伸　**237**
執筆者紹介　**239**

① メディアを異化する

　「メディアを異化する」とは，ごくあたりまえのものとして存立しているかに見えるメディアのあり方をひとまず突き崩してみること，そこからそのさまざまなあり方を思い描いたり探り出したりしてみることを意味する．そのためにはそれぞれのメディアのありきたりの定義に縛られることなく，あるいはその常識的な扱い方に制約されることなく，まずは自由な発想のもとでメディアと遊んでみることが求められる．するとそこからそれぞれのメディアの物質性が生々しく立ち現れ，思いもかけなかったその可能態が生き生きと立ち上がる．そうした態度でメディアに接することがメディアリテラシーを学ぶことの根源的な出発点となるのではないだろうか．この章では，そうした意図のもとで行われたいくつかの取り組みを紹介しよう．

（伊藤昌亮）

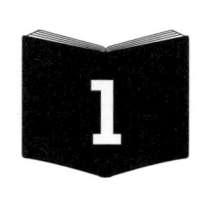

1 本を作る，本を売る

ペク・ソンス

『本作りとメディアリテラシー』プロジェクトのねらい

　メディアリテラシーの意義と活動は今日，少しずつながらも確実に浸透しつつあるといっていいと思う．だがそこで語られるメディアリテラシーの多くが，テレビという特定のメディアを前提としているみたいだ．こうした現状については，メディアリテラシーの起源と発展の歴史を顧みれば，一定の必然性があるといえるかもしれないが，だからといってこの状況が，けっしてメディアリテラシーにおいてテレビだけが特別な地位を占めていいというようなことを意味しているわけではない．

　現代社会はきわめて複合的で入り組んだメディア環境のなかに存立している．現在の私たちの生活は，さまざまなメディアに接したり，それらを利用したりするなかで成立している．パソコン，インターネット，携帯電話，携帯音楽プレーヤー，本や雑誌，CDやDVD，郵便や宅配便，ノートやメモ帳，カメラ，固定電話，新聞，……．

　メディアリテラシーという言葉をもっとも素直にとらえるならば，それはさまざまなメディアのリテラシー，という意味であり，その理論と実践には，本来的に，このような全体的な状況を包括的に取り扱い，理解できる枠組みの構築をめざして進められていくことが求められていると思う．

そのためのパイロット研究の一つとして考案されたのが，この「本作りとメディアリテラシー」プロジェクトだった．
　このプロジェクトで中心となるメディアは，「本」．インターネットや携帯電話が「新しいメディア」として語られるものの典型だとすれば，その対極にある本は「古いメディア」の代表格ともいえる．本がそのように「古いメディア」であるということは，私たちにとって自明の存在となっているということである．だからこそ私たちはふつう，あらためて本について疑問をもったり，深く考えてみたりしようとはしない．だが，それでは私たちはいったい本というメディアについて何を知っているのだろうか？　おそらく，知っているつもりでいて，じつは何も知っていないのかもしれない．だからこそ，本について再び学び直すことが肝要だと思うのだ．
　こうして「本作りとメディアリテラシー」プロジェクトでは，本というメディアそのものを学ぶことを目標に据えた．そのために採用したのが，参加者ひとりひとりが，自分の本を作るという方法である．「本を作る」，それは比喩的表現ではなく，文字どおり，1冊の本にかかわるすべての過程——企画し，執筆し，印刷し，製本し，そして実際に書店に持ち込んで販売する——を経験すること．こうした実践的活動をとおして，本というメディアをいったん異化したうえで再び学び直し，メディアが他者にどのように開かれていくかを学ぶプログラムを作ろうとしたのである．
　一つのメディアができあがるまでの過程をすべて経験する，という実践を基盤にしたこのプロジェクトの発想には，それを支える二つの視点がある．第一に，本とテクストの分離を，あるいは「形態という意味でのメディア」と「内容という意味でのコンテンツ」の分離を前提としないということである．すなわちこの実践はメディアとコンテンツは相互規定的な関係にあるという立場をとっている．
　第二に，メディアに対する断片的な理解を克服し，メディアを総合的かつ全体的に理解することの重要性があげられる．今日の出版

本を作る，本を売る

産業においては，生産・流通・受容といった諸過程は無数に分離・分断され，その個々の過程に割り当てられる形で，作業従事者の仕事もまた分断されている．たとえば，出版社は企画・編集・販売などを担うが生産手段をもたず，書店は取次業者から送られてくる新刊書を店頭に並べて販売することしかできない構造になっている．このことは，他の多くのマスメディア産業についても同様だろう．こうした分業体制は，本というメディアがどのようなシステムのなかで成立しているのか，その全体像を把握することを困難にする大きな要因となっている．つまり，1冊の本の企画・制作・販売のすべての過程について，1人の人間がそのすべてに従事し知りつくせる状況にはないのである．

他方で，こうした出版産業の周縁でおこなわれている「ミニコミ」とよばれるようなメディア活動では，作者が製本から販売までをおこなうのが通例である．ただこれらは全般に趣味の領域に存立しており，必ずしも他者との出会いや社会性という観点に十分な意識が振り向けられているとはいえない．また，既存の製本ワークショップなどの活動は，伝統的な製本技術の会得であったり，アートブックとよばれるような美術作品としての制作ということが大半であり，オルタナティブなメディア活動という観点は抜け落ちている．だからこそ，このプロジェクトのように本にかかわる全過程を経験していく実践的なメディアリテラシー活動には，大きな意義が見出せるのではと思うのだ．

このプロジェクトは，2回にわたって実施された．1回目は2002年度（半期），2回目は2003年度（1年間）であった．場所はいずれも神田外語大学であり，以下にその詳細を述べる．

本作り実践1──本を手作りする

1回目の「本作りとメディアリテラシー」プロジェクトは，神田

外語大学の「コミュニケーション演習」の授業で実施された[1].
　このときは，計画された全体プログラムから一部だけを切り取って実行した形になったが，それには二つの理由があった．一つは実行計画が急に決まり，講師たちが事前に十分な議論や準備をする時間がなかったこと．二つ目は，先行研究や先行実践がなかったので授業の予測ができず，ほとんどのことが手探りの状態で前例を作っていくという実験的な授業にならざるを得なかった状況のなかで，核心である「モノ作り」としての「本の制作」をまず忠実に実行してみたかったことである．
　プロジェクトは「本の制作」を中心におこなわれ，内容は四段階で組みたてられた．まずは，歴史的に，またデザイン的に多様な形の本を学生たちに見せることによって，自ら持っていた「本」に対する認識を自覚させ，改めさせること——東西古今のさまざまな素材や形の本を見ることで，その歴史的な変遷を学ぶだけではなく，現状の本のあり方の必然性と当為性に気付いてもらうのである．次の段階では，自分が作る本のコンテンツとデザインを企画してもらうことにした．学生たちはコンテンツのジャンルから，本の大きさ，厚さ，本文と表紙の素材，ページの綴方などまで決めなければならない．本のすべてを分解し，その一つ一つに自分の意図を当てはめていく過程でもある．第三段階は，中身作りと材料の調達である．学生たちは小説を書き，絵を描き，写真を撮り，それらのコンテンツが最も見栄えする材料を求め，足を運んで吟味し，選ぶ．彼らは紙の種類について学び，数多くの布や革の違いを手で感じ，インクや糊の性質を覚える．その作業過程で，学生たちは「形態という意味でのメディア」と，「内容という意味でのコンテンツ」が分離できないことを実感し，学んでいく．そして最後に，これらをすべて集め，本の形に仕上げる作業がある．
　全体として，学生たちはテキストによるコンテンツを作ることよりも感覚的な表現に興味があるように思われた．そのため，テクス

[1] 期間：2002年9月～2003年3月　場所：神田外語大学国際コミュニケーション学科「コミュニケーション演習」（担当教員：ペク・ソンス）メンバー：講師3名（ペク・ソンス，内澤旬子，長谷川一）と学生10名．

本を作る，
本を売る

トよりも写真やイラストが多く使われたし，コンテンツのメッセージ性や内容を考えるよりはデザインの企画や手作業に熱心だった．結果的には，ほとんどの学生が「自分のための本」「手作り作品としての本」を手にすることになった．今回のプロジェクトが「本の制作」に焦点をあてたことからしてこれは当然であり，学生たちに「モノ」としての本を認識させた点では成功したといえるだろう．

しかしながら一方で，「社会に開かれた本」を学生たちに意識させ，自覚化させていくにはどのような仕掛けやプログラムが必要になるか，という課題が残った．

本作り実践 2——社会における私たちの本

2回目の「本作りとメディアリテラシー」プロジェクトは，前回の実践で不足したところを補強し，新しく発見した視点を採り入れ，企画された[2]．つまり本を作る技術を学ぶだけにとどまらず，「本の制作」過程を体験することによって，「自分のための本」や「社会に開かれた本」を意識し，自分たちがやっている作業の全過程とその産物がもつオルタナティブ・メディアとしての可能性，社会との関係性を認識するところまでが含まれていた．

このプロジェクトは，学生たちが自らの本を制作することによってメディア特性・メディア表現などについて学習するものである．授業は「企画→取材→編集→装丁→完成→発表→販売→評価」の手順で1年をかけておこなわれたが，1回目との大きな違いが二つ見られた．

まず，先行プロジェクトが「本の制作」を中心にしていたのに対し，今回は講義やディスカッションの時間を十分にとった．その時間を利用して自分たちがやっている作業の社会的な意味を繰り返し自問し，意識する機会を与え，そこで学び感じたことを本作りの実践で具体化させていくようにしたのである．

[2]期間：2003年4月〜2004年3月　場所：神田外語大学国際コミュニケーション学科「コミュニケーション演習」（担当教員：ペク・ソンス）メンバー：講師4名（ペク・ソンス，内澤旬子，大橋あかね，長谷川一）と学生8名．

二つ目は，一連の作業が終わった後，完成した本に社会的な可能性と価値を問わせたことである．学生たちは現実の一般書店をはじめ，どのような場所に自分の本が置かれるか，人々の目にふれさせるにはどうすればよいかを探すことからはじめた．本の価格を設定し，古本屋，ミニコミ書店，デザイン・フェスタなどで本を売り，その結果をもって自分のアイディアや作品に対する広い意味での評価とした．学生はこの過程で本という商品の流通について学び，マスメディアを成り立たせる社会の仕組みを認識したのではないかと思う．

実践の成果と学生の反応

　実践の最も著しい成果は，手元に残った学生の作品そのものといえるだろう．それぞれの本には，彼らが失敗したこと，学んだことが積み重ねられ，記録されている．学生たちの感想をもって，このプロジェクトの意味や成果について考えてみたい．

　「……自分の作品を作り上げていくなかで，私はなぜ人間というものが，本に限らず絵を描いたり表現したがるのかということに触れたような気がしました．……人間は笑ったり表現したがります．何かそのあたりに私がプロジェクトを通して学んだことがあるような気がします．……本作りにおける個人的な意義は"表現者になる喜び"とでも言えるかもしれません．……自分で小説を書き上げたということ，そのことに私は強い意義を感じます．この"楽しさ"ということ，そして成し遂げたという"達成感"を味わえることは，メディアリテラシーを学ぶその過程においてとても大切な要素だと思います．」

　「本を作ったことによってモノを作るということのさまざまな

本を作る，本を売る

面をみることができたと思う．まず，どういうものを作りたいのかを考えることは自分自身について考えることにつながると思う．……自分自身を見つめなおすことによって，どんな本を作りたいのかということがみえてきた．……構想の段階からどんなものを，なんのために，どういう人向けに作るのかを考えなければならないと思う．このようなことを考えることは，社会を考えることだと思う．」

「……一番最初にそこはこだわらなくてもよいと教わったにもかかわらず，全員四角い本を作ったのである．非常に面白いと感じた．私が感じたのは，全員がメディアのこと，"売れる本"ということをしっかり頭に置いていたことである……個人的には締め切りという部分が一番自分にとって苦しかった．……責任の重さ．当初はやる気だった私も段々と締め切りが迫るにつれて自分の力の限界のせいにし，もともとできるわけがないだのと愚痴を言うようになり，しまいには逃げ出したくもなった．しかし，ここであきらめたら，これから先，社会人になった時には，何もできず，自分の力のなさに泣きを見ると思い，苦しかろうがなんだろうが，最後までやり続けた．その気持ちこそが意義だと感じ，そう思えたことがこの本作りをやった大きな意味だと言える．」

「……自分が作った本が果たして書店におけるものになるのか，手に取ってくれる人はいるのか，不安が募っていくばかりでした．自分の意見がどれだけ世間に受け入れられるかがとても不安でした．……店で自分の本が一冊売れていたことを知り，とてもうれしく，感激しました．……全く見ず知らずの人が1冊の本を自分のつけた価格で買い，その3割を店に支払うというこの一連の流れを体験できて，とてもよかったです．」

まとめ

　このプロジェクトの最終的な目標は「本を通して個人・メディア・社会の関係性を理解する」ことにあったが，学生たちがこのような内容を講義や文献を通してではなく，自分の手で制作し，自分の足で売り歩いてみることで獲得していったことの意味と効果は計り知れない．このプロジェクトを通して，学生は本作りに必要なさまざまな技術を覚え，本に対する認識だけではなく，社会的システムのなかでメディアを認識し直すことができたと思う．それに限らず，感想文で述べられたように，一連の作業におけるプレッシャーと達成感のなかで個々人が多くのことを感じ取り，変化し，成長していた．メディアリテラシーにおける方法論や理論の構築などに関して多くの示唆を与えてくれただけでなく，学生たちにとって効果的な教育プログラムであったといえる．

　しかしながら，2回にわたる実践を通して明確になった課題は，このようなプログラムの一般化，または応用の問題である．今回の実践で明らかになった有効な方法論や問題設定を，より多様な状況の下で実行できるようにするにはどうすべきか．そのためにも，今回の過程における出来事とその結果の分析，多様なシミュレーションがおこなわれなくてはならない．

プログラム

[目的]
・「本を作る」ことから「本を流通させる」ことまでを体験することによって，社会的なメディアとしての本に対する認識を深める．
・歴史的・文化的にさまざまな本の形式を認識し，自ら本をデザインすることによって表現方法としての本の可能性を意識する．

[特徴]
・「モノ作り」
　本というメディアを内容からだけではなく，ある形式を持ったモノであることという視点からもとらえ，その両方の作業を体験する．
・「本の流通」
　マスメディアとしての本の社会的な流通経路を理解した上で，オルタナティブな可能性を体験する．

[前提・必要条件]
・参加者は自分の本の企画によって必要になる作業や材料の準備をそれぞれ行なうことになる．
・手作り本の技術と経験を持って，モノ作りの具体的な指導ができる技能的指導者が必要である．

[準備するもの]
・参加者に見物させるさまざまな形式の本を準備する．
・具体的な準備物は個人によって異なる．

[実施の意義]
・制作から流通販売までを経験することによって，メディアとしての本のオルタナティブな可能性を追求する．

[進行表]

時間の流れ	活動内容	人の動き	モノの動き	備考
1. 準備	「本」を知る	・いろいろなデザインの本を見る ・書籍の歴史を知る ・出版の流通過程を理解する		
2. 制作	・本の企画を決める ・本の中身をつくる ・「本」の形に仕上げる	・制作したい本のデザインや内容を決める ・本の中身の制作では,執筆,写真撮影,インタビュー,取材など,それぞれ自分の企画に応じて必要な作業をする	必要な材料,道具を準備	二つの作業が同時進行する.一つ目は,本作りというそれぞれ異なる個人作業.二つ目は,本について歴史的・文化的・社会的に理解するための共同学習など
3. 評価	・出来上がった本を発表・販売し,評価を行う ・本の社会的な可能性,価値を問う	書店に展示・販売を行なう,発表会を開く,展示会に出品するなど,自分の作品を展示できる場所を探す		出版の社会的流通システムを学習・体験する

・このワークショップは,大学の授業の一環として週1回,1年をかけて実践されました.

ねんどアニメをつくろう

村田麻里子

私たちを取り巻く映像文化

　スティーヴン・スピルバーグの映画『ジュラシック・パーク』（1993年，米国制作）で，物凄いスピードで走り回る恐ろしい恐竜たちをはじめて観たとき，映画もここまで来たのかと衝撃を受けたのを覚えている．まるで人間と同じ空間にいるかのようなリアリティあふれる恐竜の「実写」映像は，恐竜マニアでなくとも太古のロマンに思いを馳せてしまうような圧倒的な迫力に満ちていた．この映画はマペット（縫いぐるみ）とCG（コンピューターで制作した画像）を巧妙に組み合わせた技術で話題を呼んだ．その後映像技術は急速に変化を遂げ，いまやオールCGの映画も当たり前だ．

　私たちは成熟しきった映像文化のなかに生きている．テレビや映画はもちろんのこと，電車に乗っても街へ出ても設置されたスクリーンから映像が流れ続けている．手元のケータイを使ってテレビを観たり，動画を録画することさえできる．生活のなかで映像はごく当たり前に存在し，「映像ってなんだろう？」などという素朴な疑問を抱く余地すらない．高度に発達した映像技術は，家庭用ビデオカメラやケータイ動画などで私たちの身近なツールになればなるほど，ボタン1つで操作できるがしくみの全くわからないブラックボックスと化してゆく．映像が私たちに近くなればなるほど，じつは私たちから遠い存在にもなっている．

映像ってなんだろう？

　私がまだ小学校にあがったばかりのことだったと思うが，いっしょにサザエさんを観ていた父親に，テレビアニメはどうやってつくるのかといった内容の質問をしたことがあった．そのとき父は，体で静止ポーズをとって，それを少しずつずらしてみせ，こうやって1枚1枚動きをずらしながら描いていくんだと教えてくれた．私はびっくりし，それを30分間分のアニメでやるのにはいったい何枚描かなくてはいけないんだろうと思った．

　メディア・アーティストの岩井俊雄[1]は，小学校の頃，教科書のページの角っこに1枚1枚絵を描いていき，パラパラめくるとその絵が動いてみえる「パラパラマンガ」で授業中遊んでいたことをヒントに，作品を制作した．私たちが普段何げなくみている動画は，じつはこうしたコマとコマとをつなぎあわせてできている．それらは網膜の残像現象[2]によって重なりあい，つなぎ目のない連続した動画となって目に映る．

　じつは，このような目のしくみを利用して，すでに19世紀初頭から，さまざまな映像の実験が行われていたことをご存知だろうか．まだ映画以前の時代である．たとえば円盤にスリットを入れ，その外周にそって徐々に変化する挿絵を描いて鏡の前に立ってまわすと，まるでその挿絵が動いてみえるフェナキスチスコープ（図1）[3]や，それを応用させて円筒形にし，ダンスや縄跳びなどの簡単な動きの挿絵を内側に描いたものをまわすゾートロープ（図2）などはごく初期のものだ．やがて写真の技術が徐々に発達すると，写真を何枚も組み合わせて動く映像をつくることがしきりに行われた．たとえばキノーラ（図3）という装置は，何枚もの写真をパラパラマンガのように連続してみることができる．人々は，「動く絵」に対する欲望をすでにこの頃から抱いていたのだ．

[1] 1962年生まれ．自らの少年時代の遊びや工作にヒントを得て，大学時代から実験アニメーション制作を始める．驚き盤やゾートロープなど19世紀の映像装置を立体的に発展させた作品《時間層Ⅱ》で1985年第17回「現代日本美術展」大賞を受賞．その後CGによる作品制作へと移行し，アナログとデジタル，映像と音楽などを交えた作品や，観客参加型のインタラクティブ（双方向）作品などを手がける．現在も国内外で活躍中．

[2] 網膜への外部からの刺激がなくなってもあとに残る感覚現象．それまでみていた映像が消えても一瞬残ってみえる．

[3] 図1～3の出典．東京都写真美術館編『イマジネーションの表現』（東京都写真美術館，1995年）．

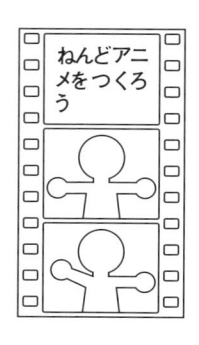

図1 フェナキスチスコープ

図2 ゾートロープ

図3 キノーラ

美術館で映像のしくみを知るワークショップ

　私たちが東京都写真美術館で学芸員とともに企画したワークショップ[4]は，こうした映像の基本的なしくみを中学生にわかってもらうことを目的としていた．私は普段から美術館や博物館という施設が社会のなかでどのような役割を果たしているのか，といったことを考えて研究している．東京都から依頼を受けて，博物館と学校を連携させる，いわゆる「博学連携」の実践をメディアリテラシーという観点から行うことになったとき，映像のしくみやルーツをさぐるワークショップができないかと考えたのだ．

　東京都写真美術館は，その名のとおり，写真と映像を専門に扱っており，写真資料はもちろんのこと，上記のようなテレビや映画以前の映像装置をコレクションとして複数所有している．こうした貴

[4]この実践は，東京大学大学院情報学環メルプロジェクト代表の水越伸が，東京都文化局都民協働部青少年課から先駆的なメディアリテラシーの取り組みの協力を要請されて実現したプロジェクトの一環として行われた．実践は，2002年，東京都写真美術館の学芸員スタッフらと，水越伸および筆者を中心とするメルプロジェクトのメンバーとで協力して行った．

重なコレクションや，実際に美術館で行われている展示の鑑賞・体験と組み合わせるかたちで，体を動かして何かできないかと考えて取り入れたのが，ねんどアニメだ．

　ねんどアニメといえば，オットマー・グッドマン原作のかわいいペンギンキャラクター，PINGU（ピングー）[5]がNHKで放映されていたのがよく知られているかもしれない．PINGUと仲間たちのユーモラスな動き——ぺちゃんこにつぶれたり，丸まってボールのようにころころ転がったり——や，つるりとしていながらどこかぬくもりを感じさせる独特の質感と立体感は，ねんどアニメの素材ならではの表現だ．PINGUの映像は，それこそ背景からこまごました道具に至るまで，さらには雫や涙といった表現も含め，全て粘土でつくられている．その撮影には，尋常でない時間と手間を要する．たとえばPINGU自身に動きをつけるには，粘土でつくったペンギンの人形をミリ単位でちょっとずつ動かしてはその都度1コマ分撮影する，というのをひたすら繰り返す．仮にPINGUがすべって転ぶシーンを撮影しようとすると，PINGUがのけぞった状態から，ミリ単位で人形を前に倒してはコマを進め，少しずつ床に近づけていく．もちろん，手や足など細部の状態も同じくミリ単位で少しずつ動かしていく．そして，最終的には床にべっちゃりつぶれたPINGUのコマを撮影する．この何分の1秒という細かいコマを連続させて流すと，PINGUがすべって転んだようにみえる．このようにたかだか数秒の映像をつくるのに，何時間もかけて撮影することで，ようやく粘土が動いているようにみえるのである．

　そして，ワークショップでは，中学生にこのようなねんどアニメの映像をつくってもらおうと思ったのである（もちろん，PINGUほど凝ったものではなくもっと簡素に）．

[5]スイスのクレイアニメで，南極に住むコウテイペンギンの一家を描く．主人公のピングーをはじめとするキャラクターは「ピングー語」で話す．1980年に原型となるテストフィルムが作成され，92年には日本を含む世界各国でテレビアニメの放映が始まる．以来，愛され続け，絵本やグッズなど関連商品も多数．ちなみに原作者のオットマンは1993年死去．

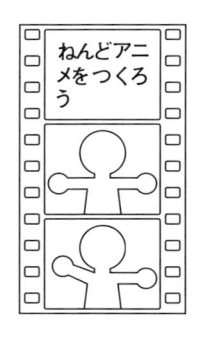

ねんどアニメをつくろう！

　一般に家庭で使われるようなビデオカメラのなかには,「コマ撮り」という機能がついている機種がある.「コマ撮り」は,写真のような静止画を連続で撮れる機能だ.撮影ボタンを1回押すごとに1コマの画像が撮影される.これを複数回繰り返して撮影し,あとからそれを再生すると連続画像としてみることができる.この機能を利用して,中学生たちに20〜30秒程度のねんどアニメ作品を自由に撮影してもらうことにした.作業時間は,およそ1時間だ.
　用意するものは,いたってシンプル.ビデオカメラ,粘土,そして絵コンテシートの3つがあればよい（そのほか粘土板や背景となる色紙などもあると便利）.とはいっても,クラスの人数分の機材を揃えるとなると,それなりに大変だ.ビデオカメラは,私たちの研究室のものをかき集めて数を揃えることができた.問題は,粘土だった.ねんどアニメなどつくったこともなかったので,まずは地元の文房具店に出かけ,小学校のときに使ったことがあるような油粘土を買ってきて実験してみた（予算的にも圧倒的に安い）.片手でビデオカメラを操作し,もう一方の手で自分のつくった人形の手を少しずつ動かして撮影した.しかし,粘土が単色だと動きが立体化されず,何をやっているのかよくわからない.色のバリエーションがないと空間的な奥行きが全く出ないことがわかった.次に,カラフルで比較的安価な紙粘土で挑戦.しかし,紙粘土はフニャフニャと軽く,弾力性に乏しいため,細かい動きに対応できなかった.仕方なく東京渋谷にある生活雑貨店「東急ハンズ」（ここで揃わない生活用品はない,と言われるほど品揃えが豊富）に出かけると,いともあっさりねんどアニメ用の粘土をみつけることができた.やはりねんどアニメには専用の粘土が必要で,少し予算がかかっても,これをケチることはできないようだ.ここでクラス分の大量の粘土

をいっきに買い込み，手がちぎれそうになりながらもち帰った．

　実践当日．黄・青・赤・緑の4色の専用粘土を数人ずつのグループに配り，簡単な手順を説明する．はじめはよくわからないという顔をしていた中学生も，簡単な練習作業をすると，いっきにのめりこみ，私たちスタッフはほとんど声をかける必要すらなかった．いつのまにかグループは粘土を少しずつ動かす人，撮影する人，合図をかける人，背景ボードをもつ人，と自然に分担ができていて，じつにシステマティックに動いていた．作品はそれぞれユニークだった．戦車が人間を次々に轢いてつぶしていくといういかにも「男の子」的なものや，植物から芽が出てやがてハートが咲くといった女の子たちの作品もあった．単に4色の粘土が徐々にねじられて混ざっていくという単純だが意外にみごたえのあるものもあった．なかには自分たちでどこかからワイヤーをみつけてきて，人形が足で蹴った缶が宙を舞うさまを撮影するという高度な技を考えついたグループもあった．そして，最後に作品がぐにゃっとつぶれるというオチが，何組かに共通してみられた．ねんどアニメ独特のこの表現方法を，教わらなくとも直感的に感じたようだ．最後に作品を上映すると教室は大笑いと歓声に包まれた．

映像のルーツを確認する

　このねんどアニメの実践は，学芸員と私たちが中学校に出かけるというかたちで行った．そして，1週間後には中学生たちが写真美術館を訪れることになっていた．彼らが自ら手を動かして行った映像制作を，美術館の映像装置のコレクションを鑑賞・体験することで歴史的な経緯と結びつけ，映像というものをより立体的な文化として理解してもらうことが狙いだった．

　まず，写真美術館にあるさまざまな映像装置を実際に体験してもらう．男の子はメカ好きというのは偏見だとは思うが，ここで目の

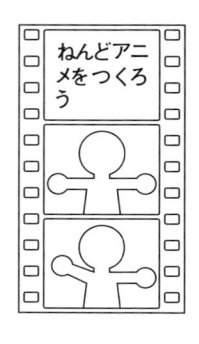

色が変わった男の子たちが一定数いたのは事実だ．先にあげたゾートロープやフェナキスチスコープ，キノーラなどを真剣に操作していた．また，当時ちょうど準備期間中だったメディアアート展の展示作業の様子や，館の舞台裏を学芸員がみせてくれた．メディアアートという，映像でありながら全く異なる形態にはじめて触れた彼らは，そのかっこよさに惹かれ，学芸員という職業にもあこがれを抱いたようだった．さらに，残像現象などの視覚的な原理に関する説明も行った．

　ところで，このとき私は彼らのつくったねんどアニメの作品に，著作権フリーの音源を使って音をつけて持って行き，再度彼らの作品を上映した．すると，彼らは盛り上がりつつも，これは実際に自分たちのつくった映像なんだろうかという違和感を覚えたようだった．それは単に自分たちに音のイメージがなかったせいか，あるいは自分たちが何らかのイメージをもってつくった映像に，それとは異なるイメージの音源をつけられてしまったためなのかはわからない．しかし，結果として，自分たちのつくった思い入れいっぱいの作品が，普段慣れ親しんでいるような，若干自分たちとは距離のある「映像」になった瞬間だったのかもしれない．こうして自分たちがつくった映像と，普段何げなくみている映像が結びついたことを，何人もの子どもたちが最後のアンケートではコメントしてくれた．

　このワークショップでは，映像はコマの連続であるという点を，実践と理論，さらに歴史的資料とメディアアートという４つの角度からさぐった．そして，この４つの観点が有機的につながるためには，ねんどアニメの実践が不可欠だった．実際にコマを送るという操作を自ら行うことで，映像ができあがっていく瞬間を体感することは，映像のしくみを理解するうえで何よりも重要だからだ．

　ねんどアニメはごく簡単な素材で誰もができる実践だ．是非挑戦して，自分のまわりの「映像」をみなおしてみるきっかけにしよう！

プログラム

[目的]
・映像におけるしくみ，とりわけ「コマ」の概念を理解する．

[特徴]
・ねんどアニメを制作することで体を動かして「コマ」のしくみを体感し，同時にミュージアムにおける映像コレクションの鑑賞などを組み合わせることで歴史的・総合的にもアプローチする．

[前提・必要条件]
・歴史的な映像資料を鑑賞・体験できる環境があることがのぞましい．
・クレイアニメ用の粘土とビデオカメラを事前に揃えられること．

[準備するもの]
・アニメ制作用の専用粘土（数色を用意），ビデオカメラ（コマ撮り機能付き），筆記用具，各種シート（絵コンテ用，振り返り用，アンケート用）など．粘土板，背景になる色紙などもあると便利．

[実施の意義]
・メディア遊びやメディア体験を，歴史的・現代的な映像作品の鑑賞・理解へとつなげることで，「映像」のしくみと枠組みを総合的に理解し，メディアリテラシーの基礎的な素養を身につけていくことをねらいとする．具体的には，パラパラマンガ的なメディア遊びや簡単な映像メディアを作ってみる体験をしたあとに，東京都写真美術館に所蔵されている映像作品を鑑賞したり触ったりすることを通じて，現在の映像表現が，かつて残像現象の発見から生み出されたさまざまな視覚装置と同じしくみであることを理解する．また，かつての視覚装置が保有していたアイデアや発想の豊かさを体験することで，現在の映像メディアに子供たちが接する際の視座を提供する．

[実施のヒント]
・メディアリテラシーは，学校教育においてはもちろんのこと，博物館（美術館）を含む社会教育施設においてもきわめて重要なテーマである．また，博物館を含む社会教育施設でも，総合的な学習の時間などの導入によって，学校との連携が重要視されるようになってきている．したがって，両者の関係を築いていくことは，メディアリテラシー教育の観点からみても有意義である．

［進行表］

時間の流れ		活動内容	人の動き	モノの動き	備考
1日目					
0. 前段階	15分	挨拶・導入：ワークショップの趣旨を説明	進行役と学芸員によるレクチャー		
	45分	概要説明：東京都写真美術館とその映像コレクションについて		美術館や映像作品のビデオを上映（15分程度）	
2日目					
1. 導入	10分	・導入 ・スタッフ紹介 ・本日の作業の趣旨説明 ・グループ分け	スタッフ（進行役1名，学芸員2名，ヘルパー2名）は適宜動く	ごく短いクレイアニメ作品をビデオ映像で紹介	
2. 手順説明	20分	ねんどアニメ制作の手順説明	ビデオカメラの手順説明は全員サポート	専用粘土，ビデオカメラ，ビデオテープ，絵コンテシート，作業プリントを配布	
3. テスト撮影	5分	グループごとに3秒程度のものをつくる	テスト撮影を全員でサポート		テストなので，撮影の題材などに悩まず，手元にあるもので撮影させる
4. 撮影	60分	題材と絵コンテを決める		絵コンテシートに書きこみながら作業	撮影に時間をとれるよう，時間をかけすぎない
		本番撮影	色，形，動き，などいろいろ工夫できるように適宜アドバイスする	出来あがったグループから随時ビデオテープ回収，鑑賞用のプロジェクターとスクリーンの設置	ビデオが「コマ撮り」モードになっているかをチェック．また，途中巻き戻しはできないので注意

5. 鑑賞	15分	制作した作品の鑑賞		鑑賞している間に他のテープを巻き戻しておく	
6. 終りに	5分	アンケート		アンケート用紙配布	
3日目					
7. 振り返り	10分	生徒がつくった作品を再び鑑賞，その後クレイアニメ作家の作品を鑑賞	スタッフ（進行役1名，学芸員2名，レクチャー担当1名）は適宜動く	生徒の作品に予めこちらでサウンドをつけておいた	前回の作業を思いだし，今回のきっかけとする．しくみを体感した後，プロの作品を鑑賞し，制作過程を想像することができる
8. 応用	15分	・パラパラマンガの制作 ・パラパラマンガを実写投影し，クラスで共有		付箋を人数分用意し配布	コマのしくみを別の観点からも理解することが目的
9. 映像鑑賞	20分	VTR鑑賞とレクチャー（残像現象や映像のしくみについて）		「BS10周年スペシャル　映像の未来へ」（NHK衛星放送，1999年）のビデオ鑑賞	クレイアニメから映像作品全般へとつなげ，メディア遊びで体感したものを，理論で捉え直す
10. 映像鑑賞	30分	東京都写真美術館の映像作品を鑑賞・体験			映像の歴史性に着目
11. 見学	20分	美術館の舞台裏見学			
12. 終りに	5分	アンケート		アンケート用紙配布	

3 名刺パンフレット[1]

長谷川一

自己紹介のメディア

「名刺ではない名刺」としての新しい自己紹介ツール，それが「名刺パンフレット」だ．このワークショップの課題は，あなた専用の名刺パンフレットを発明することである——[2]．こう言うと参加者からは，「エッ，名刺ってメディアなの？」という反応が返ってくる．

メディアといえば，たいていはテレビや新聞のような大量情報伝達の機構や，デジタルメディアのような先端的テクノロジーを漠然と思い浮かべるだろう．だが，そうしたイメージはやや偏りすぎだといわねばなるまい．小さな一枚の紙切れでも，メディアになりうるからだ．両者を比べてみればいい．名刺はその持主を別の誰かに紹介するための仲立ちをする．テレビドラマや広告や新聞は，視聴者や消費者や読者とよばれるひとびとにたいして物語や消費やニュースを紹介する．どちらも表象し，紹介しているだろう．紹介とは，媒介(メディエーション)にほかならない．

メディアの重要な働きのひとつは，ある仕方でなにかを表象し，それを媒介にしてほかのなにかと結びつけることである．わたしたちが日ごろ生活のなかで用いるさまざまな道具やモノもまた，身体との相互作用をとおしてメディアとして機能する．身近にあふれるそれらは，とりたてて人目を惹く姿形をしているわけでない．その

[1] 本稿は，水越伸・吉見俊哉編『メディア・プラクティス——媒体を創って世界を変える』（せりか書房，2003年）および東京大学情報学環メルプロジェクト・日本民間放送連盟編『メディアリテラシーの道具箱——テレビを読む・つくる・見せる』（東京大学出版会，2005年）に寄稿した拙稿をもとに，その後の実践の成果をくわえて全面的に書き直したものである．

[2] 正式名称は「あっというま名刺パンフレット——わたし，こーゆー者です」．以下「名刺パンフレット」と略記する．なお本ワークショップの原案は長谷川が伊藤昌亮の協力を得て考案した．2003年2月の県立長崎シーボルト大学「情報社会特論」（担当講師：水越伸）の一環として実施されたのが最初である．

ため，あらためて注意を払われることは少ない．いわば不可視の存在だ．名刺は，その代表例のひとつなのである．

名刺を読み解く

　本ワークショップは，5つのステップを順に踏んですすめてゆく．(1) 読み解く→(2) 企画する→(3) つくる→(4) 発表する→(5) ふり返る，という流れだ．

　まず(1)．ふだん当たり前につかわれる一枚の名刺を読み解き，特徴を抽出してみよう．それはつぎの三つに整理できるはずだ．「決まった形態をもつ」「持主を表象しつつ疎外する」「決まった受け渡し方＝儀式に則って使用される」である．

　参加者にはあらかじめ名刺を入手しておいてもらう．じぶんの名刺があれば，それでよい．なければ，誰かから名刺をもらう．そのさい，名刺の渡し方・うけとり方も教えてもらっておく．

　筆者の経験からいえば，学生，定年退職後のシニア，専業主婦といったひとびとの多くは自身の名刺を所持していない．所持しなければならない必然性に乏しいからだ．逆にいえば，この傾向はかれらが社会のなかで周縁化されていることを示してもいる．名刺という一枚の小さな紙切れは，企業社会というコミュニケーション空間における自己紹介メディアとして機能しているからである[3]．

　名刺をつくづくながめ，気づいたことを書きだしてみる．いろいろなことがわかる．

　自己紹介のために必要なさまざまな情報が記されている．氏名であり，所属であり（××株式会社），所属先における職位であり（営業部長），住所や電話やファクシミリ番号や電子メールアドレスなどの連絡先である．ときには顔写真や所属先組織のシンボルマークがあしらわれることもあるし，裏面にあふれんばかりの肩書き（××ライオンズクラブ理事）が列挙されていることもある．

[3] 一般に，企業社会の主要成員である男性企業勤務者はスーツやネクタイの着用が暗黙に求められており，事実上の「制服」として機能している．名刺もそれと似たような位置づけであるといえる．

> **名刺パンフレット**

[4]紙のサイズには仕上寸法と原紙寸法の二つがある。このうち前者にかんしては日本工業規格（JIS）ではAとBの二つの列が，それぞれ0から12番までを組み合わせることによって定められている（規格番号 JIS P 0138: 1998）。たとえばA0判は1189×841ミリ，A1判841×594ミリ，A2判は594×420ミリといったように，紙の長辺を二分の一の長さに裁断していく。このときつねに縦：横＝1：√2の比率を保つように設計されている．いわゆる名刺サイズ（91×55ミリ）は，A3判からなら20枚分とることが可能ではあるが，計算すれば瞭然とするように，この縦横比率を保っておらず，JISの規格原理に則っていないことがわかる．詳細は日本規格協会編『JISハンドブック：紙・パルプ』（日本規格協会，2003年）を参照されたい．また以下も見よ．財団法人日本規格協会 http://www.jsa.or.jp/，『紙の資料二〇〇三年版』（東京洋紙店），「名刺マメ辞典」 http://www.topworld.

　これら文字や絵といった記号は，ある決まったサイズの用紙という物質上に刷り込まれている．用いられる素材はほぼ例外なく紙だ．サイズは，A判やB判の用紙のようにJISやISOによって制度的に規格が定められているわけでもないのに，ほぼ91×55ミリの長方形に統一されている（これを「暗黙的規格化」とよぼう）[4]．たしかに大きさが統一されていれば，印刷・交換・保管など使用にかかわるあらゆる局面で好都合だが，いつごろ，どのようにしてこのような暗黙的規格化が成立したのかは筆者にはわからない．

　名刺に刷り込まれている情報が意外に限られていることにも気づくだろう．名刺によって紹介される「自己」とは，せいぜい持主の所属機関や部署，連絡先，役職といった企業社会におけるポジションにすぎず，持主をひとりの人間として表象することはない．と同時に対外的には，持主をその所属機関の表象に仕立てもする．名刺は，いかなる局面においても個人によって所持・使用されるという意味でパーソナルな道具であるにもかかわらず，持主をつねに組織や機構の一部ないし代理として表象し，持主の人間性を疎外する性格を含むことがわかる．

　しかも，名刺は特有の儀式と切り離すことができない．儀式というとやや大げさに聞こえるかもしれないが，名刺が使用される場，つまり名刺交換のことを思い浮かべてみればよい．名刺交換は明確な目的をもち，高度に形式化された行動様式に則って演じられ，社会のさまざまな場所で無数に繰りかえされている．それはたんなる情報交換ではなく，祭祀などと同様に，文化的にコード化された儀礼的行動なのである[5]．

　儀礼的行動にはさまざまな機能が認められるが，そのひとつに，もともと離れていた二者を結びつけ，なんらかの有機的関係性を設定することがあげられる[6]．名刺交換という儀礼は，見知らぬ者どうしのあいだに最初の関係を築く過程なのである．

　参加者に二人ずつの組にわかれ，実際に名刺をどのようにして受

け渡しするか，その場面を実演してもらおう．そのときの振る舞いを，あとからふり返って記録してみるとよい．名刺を相手に向けて両手でもち，名乗りながらお辞儀をし，「よろしくお願いします」などと言い添えつつ相手に手わたす——というあたりが，標準的な名刺の「正しい渡し方」だろう．それ以外の，たとえばうっかり片手で放り投げるようにして相手に名刺を渡そうものなら，ひどく礼を失した態度と見なされてしまうはずだ．だから，ぜひとも「正しい渡し方」を身につけましょうなどというように，礼儀作法という形をとって新社会人向け講座などで語られ，身体の改変を迫るわけだが，こうした事実自体が名刺交換の儀式性を端的に示しているといえる[7]．

名刺ではない自己紹介ツール

こうして名刺という自己紹介ツールの特徴三点が得られた．これに操作をくわえたのが，名刺パンフレットだ．つまり，「暗黙的に規格化された名刺の形態を脱した自由な形態」をもち，「持主自身の人間性（のある部分）を表象し，他者へ伝えようとするもの」であって，かつ「その名刺パンフレットに相応しい独自の儀式」をもたなければならない．参加者が具体的に考案しなければならないのは，じぶん専用の名刺パンフレットという道具の形態，そこで紹介される自己像，使用されるさいの儀式の三点である．

そこで（2）へすすもう．この三点について構想し，それを企画書にまとめて参加者全員による企画会議へ提案する．議論のうえで駄目なら差し戻し，OKとなれば制作へすすむ．このステップは，おそらく本ワークショップのなかで，もっとも時間が割かれることになる．というのも，すでに身についた思考の枠組みをほぐすためには，それなりの工夫と時間が必要になるからだ．

名刺パンフレットは，ただ名刺屋さんの店頭で用意された見本を

ne.jp/tw/acf/mame/mame.htm．

[5] たとえば，エドマンド・リーチ『文化とコミュニケーション』（青木保・宮坂敬造訳，紀伊國屋書店，1981年）を参照されたい．なお，伝達されるべき内容をメッセージと，メッセージを解釈する規則をコードとよぶのは，言語学者ヤコブソンの用語による．

[6] クロード・レヴィ＝ストロース『野生の思考』大橋保夫訳，みすず書房，1976年，38-41頁．レヴィ＝ストロースによれば，儀礼はこの意味において連接的であり，ゲームとは異なる．後者は，開始前まではまったく平等であったのに，終了時には勝者と敗者という区別をつくりだす．その意味で離接的である．

[7] しかも，こうした礼儀作法が通有されているのは日本と，せいぜい韓国あたりに限られ，それ以外の社会ではいたって即物的に行われるし，そもそも名刺の使用頻度自体が必ずしも高くない．この事実もまた，名刺交換という実践のあり方が文化に依存していることを示している．

> 名刺パンフレット

見ながらフォーマットにしたがって名前や連絡先だけを書き換えて注文すればいいわけではなく，名刺という既存の制度をただ破壊するだけでもない．自己紹介というコミュニケーションの場に寄り添いながら，そのあり方を仕立てなおすことをめざしている．だから，・発・明・するという表現が相応しい．そのとき「自由に考えて」というのではなく，適切な制約条件を与えるほうがしばしば独創的な想像力の喚起につながる．そのひとつは，形態である．つぎの三点を条件とする．（ア）A4判の紙を使用すること，（イ）使用枚数も切り貼りも自由，そして（ウ）最低一回折ること．

「名刺・パ・ン・フ・レ・ット」という名は条件（ウ）に由来する[8]．一枚の紙は表裏二面しかないが，一度折れば四面になる．たんに面数が倍増するだけでなく，そこに一種の展開性――あるいは物語性――のまぎれ込む余地が生じる．考えてみれば，旅館や施設のパンフレットも一種の自己紹介ツールなのであって，それはそれで造形的にも内容的にも社会的にもひどく類型化しているという点も含めて，名刺によく似ている．

いざ企画を考えはじめると，年齢や属性にかかわらず参加者がほぼ共通して直面するのは，いったい自己のなにを表現し，他人に紹介すればいいのか，という問題である．

シニア世代の方たちと実践したとき，ある参加者から声があがった[9]．「人前でじぶんを主張すべきではないと教わってきたものですから，自己を表現したり紹介したりすることに慣れていないのです」．そこで，こんなことを試みた．各自が気に入っていたり大事にしていたりするものの写真をもってきてもらう．場所，モノ，ペットや人物など，被写体はなんでもいい．写真をほかの参加者に見せながら，そのことについて語ってもらうのだ．

ある参加者は，故郷の実家近くに子どものころから変わらず立っている小さな石碑について話をした．べつの参加者は，長く飼っていながら数年前に亡くなった猫の写真を見せ，想い出を語った．参

[8] 名刺をめぐる日本社会における暗黙の約束のなかには，「折ってはならない」という要素も含まれていることに留意しよう．かつて作家の田中康夫が長野県知事に就任したさいに，そのことを快く思わない長野県の役人のひとりが，田中の差しだした名刺を受け取ってからわざわざ折り曲げた「事件」があった．べつの角度から見れば，少なくともこの役人の世界では，折られた名刺はもはや名刺ではないという発想が成り立っていることがわかる．

[9] 世田谷市民大学，2007年度前期，「社会」の授業でのこと．

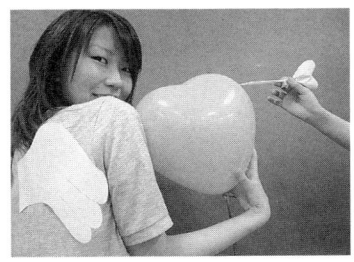

大学2年生考案の名刺パンフレット．天使をモティーフにしたもので，好きな相手への愛の告白時に用いる．ピンク色の風船を浮かべ，そこにダーツの矢を投げてハートを射止めてもらうというのが，「儀式」である．ちょっと危ないかも．

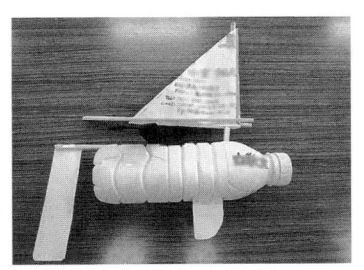

ヨット部所属の大学3年生考案の作品．ペットボトルでつくったヨットの格好をしている．内部に動力が仕込まれており（という設定），相手のヨットに向けて走らせていって，試合を申込む．しかし，もし追いつけなかったら，どうする？

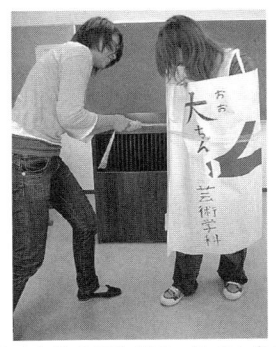

同じく大学2年生考案．じぶん自身をすっぽりくるむ，のし袋型の名刺パンフレット．写真は「儀式」を演じているところ．のし袋をしばってある紐を，名刺交換の相手に引っぱってもらう．すると，じぶんが「あーれー！」と叫びながら回転する拍子に，身体に巻いてあったのし袋がほどけてゆく．のし袋は大きな紙になっていて，その裏に自己紹介文が書いてある．

大学3年生考案の作品．唇の形をした名刺パンフレット．このなかに超小型のボイス・レコーダーが仕込んである．すれ違いざまに相手の胸元にこれを貼りつけるというのが，「儀式」である．相手が「あれ？」と気づいたころに，ボイス・レコーダーが自動的にしゃべりだす．

名刺パンフレット

社交ダンスを習っておられるというシニアの方の作品．「一緒に踊っていただけませんか？」という申込みのための名刺パンフレットである．小箱を掌に載せて差しだしたポーズがバッチリ決まっている．箱のなかにはさらに小さな箱がいくつも入れ子状に入っており，そのひとつひとつに自己紹介が記されている．

これもシニアの方の名刺パンフレット．封筒のなかに，きれいに折りたたんだ紙が二重に収められ，そこにさまざまな気持ちや記憶が書き留められている．初対面の相手に渡すものではない．先年亡くなられたご主人と「対話」するためのものである．

大学2年生の作品．その名も「悪天后（あくてんこう）」．子どものころに，傘をならべて「おうち」をつくって遊んだ経験をもとに考案された．飾りつけのされた傘をひらいて床に置き，相手の傘もならべ，そこにじぶんも相手も腹ばいになって顔を寄せ，話すともなく話す．傘に囲われた小さな空間は，安心感につつまれた感覚をもたらしてくれる．

名刺パンフレットの応用版．北海道大学科学技術コミュニケーター養成ユニットで実施した．科学技術コミュニケーターがどういう役割を担うひとびとなのかが一目でわかるような登場シーン（および道具）を考案し，実演せよ，という課題である．

加者はひとりひとりの話を聞き，その感想をメモにして発表者にフィードバックする．それは他者を介して言語化された自己にかんするイメージであり，それによって話し手は多くのことに気づかされ

1　メディアを異化する

る．自己表現とは，一般に考えられているように，あらかじめ存在する自己像を別の形で外部へ投影するというよりも，行為することによって自己がある形をなして構築されると理解すべきものなのだ．

　さらに参加者は，紙をつかって具体的にどう表現すればいいのか，という問題にもぶつかる．数名ずつにわかれ，グループ内で互いに相談しながら作業をすすめるようにするが，頭を抱えこんで「うーん」とうなっているだけの参加者も少なくない．そういうときは白紙の紙を用意し，これを自由に折ったり切ったりしてみるとよいとアドバイスする．初めのうちは折り紙を折り，それを見せあって遊んでいる．そのうちにアイディアが湧いてくる．「あ，これ，おもしろくない？」という声が飛びかうようになる．ひとりの頭で考えついたものを形に落とすのではなく，手を動かし，他者とコミュニケーションをするなかで初めて考えることができるのだ．

ふり返ること

　企画が固まれば，あとは早い．つくって，発表するだけだ．発表にあたって留意すべきことは，考案した名刺パンフレットに相応しい儀式の実演を組み込むこと．もうひとつは，作品そのものの出来映えを過度に重視しないことである．

　もちろん作品の出来はいいに越したことはない．だが，このワークショップでより比重をおくべきなのは，作品という結果ではなく，そこへ至る過程である．身近な道具を自己紹介ツールに仕立てる過程で，自己をいかに表象し，それによってアイデンティティがいかに形づくられて，どんな仕方で他者に届けられ，いかに受け容れられるか．そういった事柄について，さまざまな気づきを得ることである．

　したがって，大切なのは（5），ワークショップの過程を参加者自身がふり返ることである．ふり返りもまた，参加者どうしが話しあ

> 名刺パンフレット

いながらすすめるのがよい．

　二つの点について自己採点をしてもらう．第一に，できあがった作品について．第二に，課題といかにたたかったか，その過程について．なぜその点数なのか，自身の考えを発表し，コメントシートに記入する．さらに，もしあと5点アップさせるとしたら，どうするかを考えてもらう．いうまでもなく，そこで参加者のつける点数が何点であろうと，そのこと自体はほとんど重要ではない．この方法は，参加者が自己をふり返ることによって経験を意味づけ，モチベーションのいっそうの向上に結びつけやすくしようという趣旨にもとづくもので，コーチングで用いられる技術をアレンジしたものである[10]．筆者は多くの制作系ワークショップでこの方式を採り入れて活用している．

　まとめの段階で参加者にたいし，みなさんがこのワークショップでじつはこういうことを学んだのだとこちらが種明かしをするやり方もある．だが筆者のばあい，それはしない．逆に，このワークショップからなにを学んだとおもうか，参加者ひとりひとりに考えてもらい，発表してもらう．別項でも触れたように，ワークショップという実践的な方法にもし固有の有効性があるとしたら，それは，誰かがすでに知っている答えを他者に注入することで共有を実現するのではなく，かかわった誰もがみずから気づくことができるという点であると考えるからだ[11]．

　気づきに正しいもまちがいもない．なにに気づいてもかまわないのである[12]．ワークショップが事前に想定した範囲をすっかり越えてなにかに気づいた参加者がいたとしたら，その気づきは，ワークショップを成り立たせている枠組みそのものを揺さぶり，新たな角度から光をあてることになるかもしれない．そのとき，もっとも深く多く学ばなければならないのは，計画者や実施者のほうだろう．

[10] たとえば，武田建『コーチング——人を育てる心理学』（誠信書房，1985年）第4章を参照されたい．

[11] 本書第5部の概説「ワークショップのつくり方」を参照（181頁）．

[12] その意味で，ワークショップという方法は，事前に学習到達目標（つまり「正しい気づきや得るべき知識」）を定め，カリキュラムをそこに着地させなければならない従来の学校教育制度の発想とは，根本的に噛みあわない部分がある．

プログラム

[目的]
・身近な素材をつかって,メディアとは何か,その働きについて理解する.

[特徴]
・紙というありふれた素材に注目することで,マスコミュニケーションやITばかりでなく,身近なところにもメディアが存在し,機能していることを知る.
・メディアが,メッセージの内容や器だけでなく,身ごなしなど身体的なレベルにおいてもコード化されていることに注目し,そのしくみを理解する.
・自己紹介という課題から,表象することや表象を読解する過程のメカニズムについて実践的に理解する.
・既存のメディア(名刺)を組み換えることで,現在の姿が唯一のものではなく,可能的様態としての潜在的な多様性があることを知る.
・教育環境にあわせてアレンジできる柔軟性に富んだプログラムである.

[前提・必要条件]
・じぶんとは何かと少しでも考えた経験があること.基本的には高校生以上を対象とする.
・紙や糸など制作物に必要な各種素材,およびハサミや糊,ペンなどの道具類を準備する必要がある.必ずしもファシリテータが用意しなくともよく,参加者にまかせてもかまわない.

[準備するもの]
・関心のあるものの写真(参加者が用意),白紙カード,白紙,名刺パンフレット制作用素材(紙,糸など),名刺パンフレット制作用備品(筆記用具,ハサミ,糊など),プロジェクターなど発表用設備,各種シート(気づきを記入するもの,分析用,報告書用,企画書用,自己分析,評価用,ふり返り用など.汎用フォーマットをひとつ用意し,そのつど使い方を指定してもよい)など.

[実施の意義]
・メディアとは,マスコミュニケーションやITばかりをさすわけではない.身近な生活のなかにもメディアは存在し,機能している.その代表例が名刺だ.名刺は使用者をある仕方で表象し,名刺交換というコード化された「儀式」の場を立ちあげ,そのなかで他者にたいして表象された自己像を伝達する.しかし,それらは社会と生活に深く浸透しているため,メディアとして気づかれることがあまりない.

 本ワークショップでは,こうした不可視のメディアに注目し,それが自己や他者をいかに表象

したり，表象を媒介にして結びつけたりするか，そのメカニズムを実践的に理解するものである．比較的汎用性が高いため，大学，社会人，シニアなど幅広い場面で応用可能であり，また必ずしも紙に限らず，映像やウェブにも展開することができる．

[進行表]

時間の流れ	活動内容	人の動き	モノの動き	備考
1. 導入	概要説明．グループ分け．まずは自由に自己紹介をしてみよう．気づいたことをディスカッション	グループワーク	気づきを記入するシートのフォーマットを用意	
2. 読み解き	名刺というモノを分析．名刺の受け渡しをペアを組んで実践し，名刺の使われ方を分析	グループワーク	分析シートのフォーマットを用意	名刺交換は必ず全員に実演してもらうこと
3. 企画①	自己分析：名刺パンフレットで表現するべき自己を分析する．じぶんの関心のあるものについて写真を用意し，それについてグループ内で語る	グループ内で各自発表．発表者以外は耳に留まったキーワードをカードに書きだす	参加者は各自，関心のあるものの写真を用意．ファシリテーターは白紙カードを用意	
4. 企画②	自己分析その２：前回の写真とカードを関連づけて並べ，まわりと相談する．気づいたことを報告書にまとめる	グループワーク	カード，写真など．報告書フォーマットを用意	
5. 企画③	形を考える：白紙の紙を折って形を	形がまったく浮かばない参加者もいるの	白紙の紙（たくさん）と報告書フォー	

	考える．周囲と相談しても可．気づいたことを報告書にまとめる．企画会議の概要説明	で，ファシリテーターはフォローすること．次回の企画会議の要点を説明	マット，企画書フォーマットを用意	
6. 企画④	企画会議：参加者ひとりずつ，どんな名刺パンフレットをつくりたいのか，企画書をもとに発表し，全体でディスカッション	ファシリテーターは，参加者にたいし，ポイントがはっきりわかるようにコメントすること．参加者は，企画会議の結果を自己分析する	報告書フォーマット，企画会議自己分析シートのフォーマットを用意	発表が1回（90分）で終わらなかったばあい，2回（計180分）に延長してもよい．なお，企画会議でOKとならなかった参加者は，適宜再提案をしてもらう
7. 制作	名刺パンフレットをつくる	ファシリテーターは次回の発表の要領を説明すること	必要におうじて制作用道具など	制作が1回で終わらなかったばあい，2回に延長してもよい
8. 発表	ひとりずつプレゼンテーションしてもらう．参加者は発表を聞き，講評を評価シートに書き入れる	発表時間ややり方など条件を事前に提示し，当日はその条件を守る	発表に必要な装置（プロジェクター）など．評価シートのフォーマットを用意	発表が1回で終わらなかったばあい，2回に延長してもよい．ただし制作期間に長短ができてしまうので，必ず参加者へのフォローを入れること
9. ふり返り	ふり返り・まとめ	ファシリテーターが評価するのではないことを強調．評価するのは，じぶん自身であり，同じ参加者どうし	ふり返り用フォーマットを用意	

・このワークショップは授業の一環として実践されました．1項目は，1授業＝90分が目安．

4 メディアくらべ

坂田邦子

私たちを取り巻くいろいろなメディア

　私たちは日々の生活をさまざまな形態のメディアに囲まれて暮らしている．このような多様なメディアは，それぞれのメディアが持つ技術的・社会的な特性に応じて，伝達する情報の内容が異なったり，表現の仕方が異なったりする．それによって受け手である私たちも，目的に応じたメディアの使い方をするだけでなく，メディアの種類によって，情報そのものに対する印象や解釈の仕方や信頼度が変わってきたりする．

　例えば，あなたの知り合いが住んでいる地域で大きな地震が起こったとき，あなたはどうやってその情報を得るだろうか．まず地震が起こったというニュースは，テレビやラジオなどのいわゆる放送メディアから得ることが多いだろう．そうした情報は予期せぬときに飛び込んできて，マグニチュードや被害の大きさについて伝えてくれる．そのうえで，自分の知り合いの安否を確認し，その人が置かれている状況について知ろうとするならあなたは電話やケータイで連絡を取ろうとするだろう．しかし実際には電話はなかなかつながらない．どうにかしてもっと詳しいことを知りたいとき，あなたはパソコンを開いてインターネットに接続するかもしれない．

　そして，次第に明らかになってくる被災地の様子を，テレビは被害者のインタビューを交え臨場感たっぷりに伝えるが，一方で，テ

レビを見ることができない現地の人々はラジオで必要な情報を得ることだろう．また，地震発生の要因について専門家による分析をもとに解明する新聞の特集記事などを読むことで，地震の全貌をあらためて確認することになるだろう．ボランティアや具体的なサポート活動をしたいと考えるならば，インターネットを調べるのが早いかもしれない．被害者の衝撃的な体験や涙を誘うヒューマンドラマについては，そのうち週刊誌や月刊誌などで特集されたり，テレビ・ドキュメンタリーとして制作されたりすることになるだろう．

　このように，私たちは知らず知らずのうちにメディアの使い分けをしているが，実際にはメディアの種類によって，伝える情報の内容や表現，私たちの情報の受け取り方や信用の仕方などにどのような違いがあるのだろうか．そしてそこにはどのような問題があるのだろうか．それらについて，いろいろなメディアの比較を通じてメディアの特性について体験的に学ぼうとデザインされたのが「メディアくらべ」ワークショップである[1]．

「メディアくらべ」——2つのワークショップから

　「メディアくらべ」は，文字通りいろいろな「メディア」を「くらべる」ことで，各メディアが持つ特性について学ぶことを目的としている．そのため，「同じ」ストーリーを「異なる」メディアで実際に表現し，できあがった作品を比較するというのが，ワークショップの内容となる．ワークショップの基本的な流れは以下の通りである（具体的な進め方については，末尾のプログラム表を参照）．

(1) メディア特性の確認——グループ分けとメディアの割り当て
(2) ストーリーの提示——記者会見
(3) メディア表現——制作・企画
(4) メディアの比較——作品発表

[1]「メディアくらべ」は，2001年度，東京大学大学院学際情報学府の「情報リテラシー論」において，当時院生だった安美羅，黄朝熙，島田久美子，坂田の4名で考案したワークショップである．

◯ メディアくらべ

　この「基本形」に基づき，「メディアくらべ」としてこれまでに2つのワークショップが行われている（図1）．2つの実践はあらゆる点で異なるが，唯一共通しているのは，この本の編者でもある水越伸に個人的(プライベート)な情報をネタとして惜しみなく提供してもらった点である．いずれの実践でも，場に参加した全員が関心を持てる水越さんの個人的な情報を扱うことによって，参加者の好奇心を煽り，想像力をかき立てたことでワークショップ全体が活気を帯び，成功の一因となったことは明記しておかなくてはならないだろう．

　さて，以下が実践の全容である．

長崎バージョン「水越伸，国際結婚への道」（2002年）

　1回目のワークショップは，2002年2月に長崎シーボルト大学の集中講義（担当教員：水越伸）の中で行われた．ワークショップでは，学生たちは6つのグループにわかれ，実際にメディア制作を行い，作品を発表し合った．各グループ名と担当メディアは次のとおりである．

　　Miyomiyo　……　ウェブサイト
　　チームBiotope　……　ゲーム（RPG風）
　　チーム倉掛　……　ラジオ（ドラマ）
　　IPR　……　映像（ミュージックビデオ）
　　安企画　……　ポスター
　　シロガネーゼ　……　新聞（かわら版）

　表現するメディアは各グループによって決められたため，多少の偏りがあったものの，結果的には，デジタル／アナログ，活字／映像／音声など，なんとか多様性は保たれたものと思われる．

　その後，水越さん本人がストーリー提供者となり，「水越伸，国際結婚への道」と題した模擬記者会見が行われた．水越さんは，韓

	長崎（長崎シーボルト大学）	仙台（東北大学）
ワークショップの形態	授業（「情報社会特論」集中講義，担当：水越伸）	イベント（「メディア研究機構」の立ち上げ）
テーマ	「水越伸，国際結婚への道」	「驚愕！　水越伸東大助教授雲隠れの真相」
表現形態	メディア制作	（メディア制作を前提とした）企画
扱ったメディア	ラジオ（ドラマ），映像（ミュージックビデオ），新聞（かわら版），ウェブサイト，ポスター，ゲーム＊グループごと自由に設定	テレビ（ニュース），テレビ（ワイドショー），ラジオ（バラエティ），新聞（スポーツ新聞），雑誌（女性誌），インターネット（ブログ）＊あらかじめ設定
情報源	会見者 水越伸本人，会見の写真・映像	会見者 水越伸本人，研究室の院生3名（証人），会見の写真，通信社提供の写真
時間	4日間（2002年2月26日～3月1日）	3時間（2005年11月3日）
場所	大学内	教室内
参加者	学生（約30名）	学生，メディア関係者等（約30名）

図1　2つのワークショップ

国人の奥さんとの出会いや自らの想い，周囲の反応など，結婚までのプロセスについて実体験に基づき淡々と語った．その後，学生たちからするどい質問が飛び交ったが，水越さんのとまどいながらも誠実に回答する姿が印象的だった．学生たちはビデオカメラやデジタルカメラを適宜設置し，真剣にメモを取っていた．

　一通りの情報を得た後（1日目），学生たちはそれぞれのグループにわかれ，メディア制作へと移っていった[2]（2日目）．制作に先立ち，学生たちは時間をかけてメディアの特性や表現方法（＝独自の「こだわり」）について話し合っていたようである．この「こだわり」は最終的に作品に表現され，作品は最終日（4日目）に発表された．

[2] 学生たちは制作のための技術をひととおり獲得していたため，制作についての指導は行っていない．

メディアくらべ

意外にもこの手の話題をゴシップ的に取り上げたチームはなく（担当教員が対象だったからか……），ウェブサイト，新聞は，情報を比較的客観的な立場から記述したものとなり，ゲーム，ラジオドラマ，ミュージックビデオでは，水越さんの体験談がドラマ仕立てで表現された．ポスターについては，学生たちが感じたイメージをコラージュ風に表現するものとなり，具体的な情報を盛り込むことができなかったため，学生たちはこの手の内容には向かないメディアだと結論づけたようだった．

長崎バージョンでは，実際の制作に時間がかかったこともあり，メディア特性の比較については十分にできなかった反省もある．これらの点を含め，以下，仙台バージョンでは，ワークショップの様子をもう少し詳しく見ていくことにしたい．

仙台バージョン「驚愕！　水越伸東大助教授雲隠れの真相」（2005 年）

2 回目のワークショップは，東北大学のメディア研究機構[3]の立ち上げ記念として，2005 年 11 月に東北大学で行われた．

参加者は来場した時点でくじによりグループを決められ，グループごとに着席するように促された．参加者は，グループごとに割り当てられたメディアに関して，様式，規模，想定される視聴者・読者，報道の形態，その他の特性について確認しあい，詳細な設定を行った[4]．グループに最低 1 名ずつのメディア関係者がいたことにより，この点についてはかなり具体的な話し合いが行われたようである．

ストーリーについては，長崎バージョンと同様，水越伸に会見者となってもらい，「驚愕！　水越伸東大助教授雲隠れの真相」と題して模擬記者会見が行われた．

今回は，大学の授業ではなくイベントだったこともあり，少し演出を加えて，「水越伸は超有名セレブ東大助教授として全国的な有名人．1 週間以上大学やメディアに姿を現さなかったため，『水越伸の身に何かあったのでは!?』とささやかれている」という設定

[3] 2005 年 11 月に，東北大学情報科学研究科メディア文化論研究室を中心に，学生がメディアの現場の人たちとともに学ぶ場として組織された．映像制作や勉強会，研究会などの活動を行っている．

[4] メディアの種類・様式（映像，活字，表現方法など），メディアの規模（ローカル／全国，資本・資金，視聴率／購買数など）想定される視聴者・読者と興味関心（視聴者・読者層，地域性など），報道の形態（テレビなら何時台のどんな番組か，新聞なら何欄か，など），その他メディアの特性（スポンサー，系列，法規制，社会的評判など）．

で会見を行った．前回と同様，参加者は，前もって話し合ったメディアの特性を踏まえてそのメディアの記者になりきり，水越さんから情報を聞き出した．

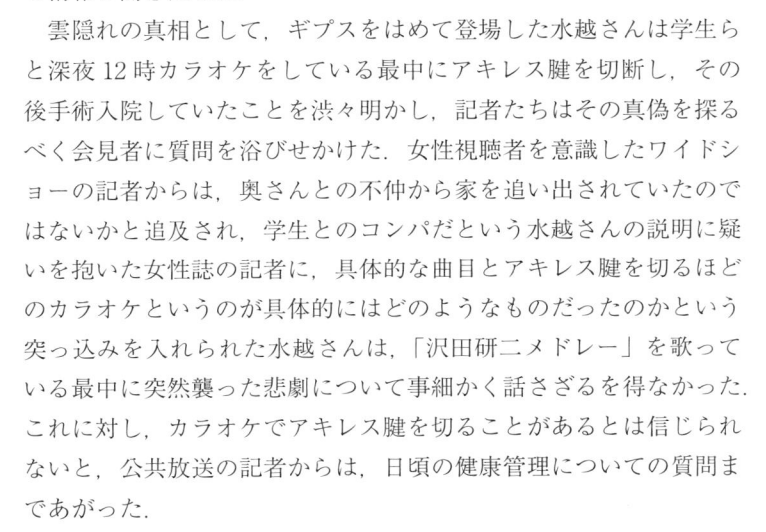

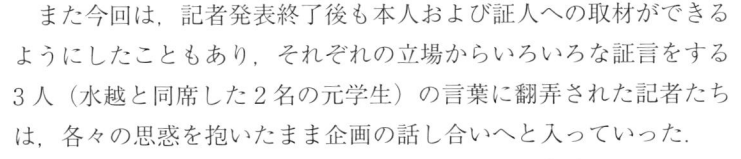

雲隠れの真相として，ギプスをはめて登場した水越さんは学生らと深夜12時カラオケをしている最中にアキレス腱を切断し，その後手術入院していたことを渋々明かし，記者たちはその真偽を探るべく会見者に質問を浴びせかけた．女性視聴者を意識したワイドショーの記者からは，奥さんとの不仲から家を追い出されていたのではないかと追及され，学生とのコンパだという水越さんの説明に疑いを抱いた女性誌の記者に，具体的な曲目とアキレス腱を切るほどのカラオケというのが具体的にはどのようなものだったのかという突っ込みを入れられた水越さんは，「沢田研二メドレー」を歌っている最中に突然襲った悲劇について事細かく話さざるを得なかった．これに対し，カラオケでアキレス腱を切ることがあるとは信じられないと，公共放送の記者からは，日頃の健康管理についての質問まであがった．

また今回は，記者発表終了後も本人および証人への取材ができるようにしたこともあり，それぞれの立場からいろいろな証言をする3人（水越と同席した2名の元学生）の言葉に翻弄された記者たちは，各々の思惑を抱いたまま企画の話し合いへと入っていった．

3時間と時間が限られていたこともあり，この実践では，メディア制作を行う代わりに，制作を前提とした企画自体を発表するという形式を取った．実際には，テレビ班は構成表（写真＋原稿）を，ラジオ班は進行表，その他は写真を組み込んだ原稿という形で表現した．また，画像については，会見で撮影したものだけでなく，通信社提供という設定で，証拠写真や実際に事件とは関係のない写真なども自由に使えるようにした．完成した作品は以下のとおりである（42頁の写真参照）．

グループごとに着席

模擬記者会見を行う

○メディアくらべ

テレビ・ニュース班（公共放送風）『MHK　ニュース19』
　ゴシップ的な内容を避け，水越さんの事件をきっかけとして，医学部教授へのインタビューを中心に，アキレス腱と健康についての問題を投げかける内容を企画．

テレビ・ワイドショー班（民放風）『奥さん，時間ですよ！』
　水越さんの証言に対する疑惑から始まり，カラオケコンパや入院生活の実態を伝え，助教授のセレブネタでまとめるという，午後の有閑マダムたちに向けた内容．

ラジオ班（バラエティ）『ダメ出し大行進！！』
　時々番組にも出演する水越さんの雲隠れの真相を，本人の会見の様子や証人への電話インタビューを交え，お笑いタレントがおもしろおかしく伝える内容．若者向け深夜番組．

新聞班（スポーツ新聞）『仙台スポーツ』
　水越さんの不在を「失踪」として，夫婦の不仲説や人気女優との噂をでっち上げたり，十分にウラが取れていない情報や写真を使うなどゴシップ的な内容．

雑誌班（女性誌）『女性セレブ』
　「エリートセレブの実態！　東大助教授の"オモテとウラ"」という見出しで，会見そのものに疑いを向け，ゴシップ的で女性読者を煽りつつも水越人気を損なわないような内容を企画．

インターネット班（ブログ）『真鍋さおりの女子大生のホンネ』
　水越助教授の一ファンである女子東大生のブログという設定で，人気のあるブログのスタイルを真似た表現を企画．

　発表では，作品の説明とともに，メディアをどのように設定したか，工夫した点，困難だった点などについて報告してもらった．各グループとも，メディアの様式，規模，視聴者層など，メディアの社会的・技術的特性を具体的に捉えたうえで，詳細な設定と特徴的な表現を行っており，各メディアに対して私たちが抱いている強い

イメージがあらためて明らかになった．同時に，表現，演出方法などの点において，既存のメディアの枠に捕らわれすぎているのでは，という感が否めない部分も残り，メディアに対するイメージが私たちの身体に強く染み込んでいると感じられた．また，限られた時間内で，各メディアの記者になりきって実際に取材や企画を擬似体験することによって，送り手自身がメディアの特性に必要以上に縛られ，過度の演出や捏造を行ってしまう可能性があること参加者たちは身をもって体験したようだった．

証拠写真などを自由に使用

作品の発表

「メディアくらべ」の進化型──反省と課題，そして応用

　以上のように，2回の実践では，ゴシップなど極端な形式のメディア表現などについても考えてもらいたかったこともあり，記者会見という形式で少し軽めのテーマを設定した．それによりワークショップ自体は盛り上がったものの，表現そのものも軽めに留まってしまったという反省もないわけではない．当初このワークショップを企画したメンバーの間では，例えばお年寄りから戦争についての話を聞き，それを各メディアで表現してみるとか，すでにあるストーリーを表現してみる（すでにあるメディアで表現されているものを異なるメディアで表現してみる）など，いくつかのアイデアが出されていた．こういった形のストーリー提示も試してみる価値は十分にあるだろう．

　また実際に各メディアを比べてみる場面で，表現形式の違いについては一目瞭然ではっきりと認識できるものの，なぜこういった差違が生じるのかといったような，各メディアの持つ社会的な特性や技術的な限界等についてまで深く踏み込むことができなかったことは課題として残る．また，既存のメディアの様式に捕らわれることなく，各メディアにおける新たな表現方法，演出方法について考えることも大切だろう．いずれにせよ，振り返りのデザインの重要性

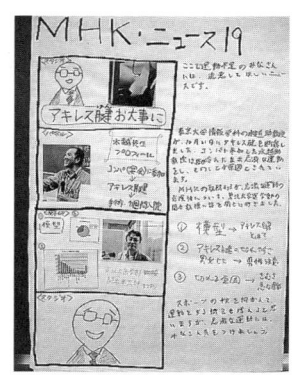

テレビ・ニュース班 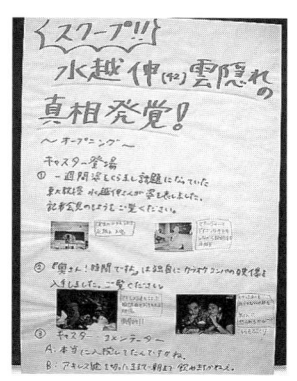　　　テレビ・ワイドショー班 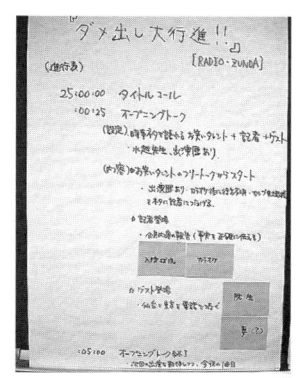　　　ラジオ班

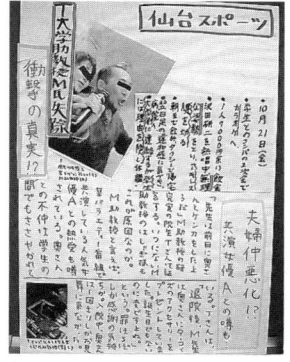

新聞班 　　　雑誌班 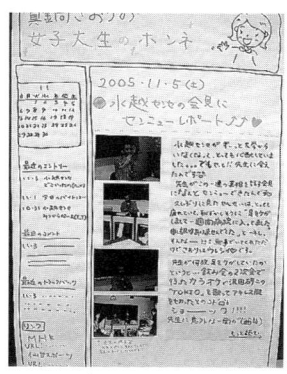　　　インターネット班

についてあらためて考えさせられることとなった．

　以上のような課題も残るが，「メディアくらべ」は，場や参加者，時間等に応じていくつものバリエーションで実践可能なワークショップであるといえる．このワークショップを試してみようと思われる場合は，ぜひさまざまなアレンジを加えて「メディアくらべ進化型」を編み出していってもらいたい．「メディアくらべ」が進化を遂げてくれることは，産みの親である私たちにとっても嬉しいことである．

プログラム

[目的]
・多様な形態のメディアを比較することにより，メディアの特性を体験的に理解する．

[特徴]
・参加者（数），時間，会場の環境，設備の有無などに応じてプログラムを設定することができる．

[前提・必要条件]
・参加者は，事前に，メディアやメディアリテラシーに関するある程度の知識を得ておくことが望ましい．（できれば，ワークショップの前に簡単な講義や説明などがあるとよい．）
・オーガナイザー（教師）は事前に，ストーリー提供者の選出とテーマの決定を行う必要がある．
・メディア制作を行う場合は，参加者が必要な技術をすでに有しているか，適切な制作指導をプログラムに取り入れる必要がある．（ここでは，制作指導については省略してある．）

[準備するもの]
・メモ帳，筆記用具，振り返り用評価シートなど．
〈メディア制作の場合〉
・デジタルビデオカメラ，録画用テープ，パソコン，IC レコーダー（または，デジタルビデオカメラ，マイク，録音用テープ），デジタルカメラ，印刷用紙，模造紙，発表用プロジェクター・スクリーンなど．
〈企画のみの場合〉
・デジタルカメラ，模造紙，カラーマジック，写真印刷用パソコン・プリンタ，印刷用紙など．

[実施の意義]
・私たちの日常を取り巻く多様なメディアについて，それぞれのメディアが持つ社会的，技術的な特性について考え，学ぶことができる．
・実際にメディアを使って表現してみることで，各メディアの特性が決定づけられるプロセスを体験的に学ぶことができる．
・各メディアの特性に気づくことで，日常のなかでの各メディアとの接し方について考えることができる．

[応用プログラム，実施のヒント]
・本プログラムには，メディア制作を行うバージョンと制作を前提とした企画のみを行うバージョンの2種類が準備されている．環境等に応じて，適切なバージョンで実施してもらいたい．

・本プログラムでは，ストーリーの提示の仕方として記者会見の形式をとることになっているが，環境や目的に応じて適切な方法に変更してもらうことが可能である．

[進行表]

時間の流れ		活動内容	人の動き（モノの動き）	備　　　考
0.準備	前日まで	ストーリーの内容や情報提供者（必要に応じて）の決定	前方に，会見台を配置．参加者用の机・椅子はグループごとに並べ，メモ帳と筆記用具を配布しておく	
	当日	会場準備		
1.導入	5分	ワークショップの説明		
	10〜15分(0分)	グループ分けとメディアの割り当て	事前にメディアの種類を決めておいて参加者を割り振ってもよい	各グループ，4〜5名程度が望ましい． e.g. テレビ，ラジオ新聞，雑誌インターネット（オンラインニュース，ブログ）など
2.メディアを考える	15分	ディスカッション①　メディア特性の確認	【参加者】担当メディアについて，技術的な特性や社会的な特性（様式，規模，想定される視聴者・読者，報道の形態，その他の特性）について話し合う	
	15分	ディスカッション②　メディアの設定	【参加者】話し合いに基づき，実際に制作／企画するメディアをさらに詳細に設定する	e.g. テレビであれば，全国放送／ローカル放送，公共放送／民放，番組の種類（ニュース，ワイドショー，ドキュメンタリーなど）とスタイル，放送時間，対象となる視聴者とその規模など
3.ストー	10分	記者会見	（各グループに必要な機材等を配布） 【会見者】決められた内容につき，必要最低限の情報を提供す	ストーリー（会見）の内容は，事実関係に矛盾が生じないように，できるだけ実際の出来事に基づいたものがよい

リードの提示			る 【参加者】メディアの記者の立場から必要な情報を収集する	
	10〜15分	質疑応答	【参加者】各メディアの記者になりきって会見者に質問できる	会見者は都合の悪いことについては答えなかったりとぼけたりしてもよい
	制作中適宜	取材	【参加者】会見者や証人に個別の取材を行うことができる	会見者および証人は質疑応答と同様，都合が悪いことは話さなくてもよいし，大げさに言ったり間違った情報を伝えたりしても構わない（あとで種明かしをする）
4. メディアで表現	〈制作〉1〜2日 〈企画〉1〜2時間	〈制作する場合〉 〈企画のみの場合〉	【参加者】 〈制作〉記者会見で得た情報をもとに，それぞれのメディアで実際に表現してみる 〈企画〉メディア制作を行うことを前提とした企画を考え，模造紙に原稿または構成表の形で表現する	e.g. テレビ…構成表（写真＋文字），ラジオ…進行表（写真なし），その他…原稿（写真＋文字）
5. 発表	1グループにつき10〜15分	作品発表＆質疑応答	【参加者】グループごとに，①作品の説明（テーマや伝えたい内容など），②メディアをどのように設定したか，③工夫した点，④困難だった点，⑤その他気づいたことなどについて発表する	
	15分	全体ディスカッション	【参加者】ワークショップに対する感想や意見を出し合いながら，多様なメディアの比較を通じて，各メディアが持つ特性の違いについて考える	
6. 振	5〜10分＋α	講評	【オーガナイザー（教師）】活動を振り返っての講評を行い，あ	参加者の中にメディア関係者等専門家がいる場合は感想等

			らためてワークショップの意図を説明する	をお願いするとよい
り返り	10分	評価	【参加者】評価シートに記入する	授業等で行う場合は，評価シートなどを準備し，振り返りの時間を設けることが望ましい．

・時間はあくまでも目安．状況に応じて設定すればよい．

コラム 「異人」と化す

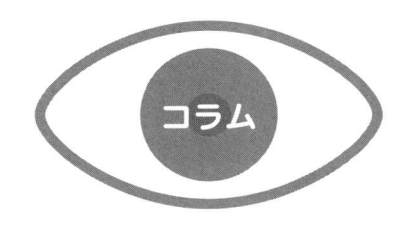

水島久光

　それは本当にちょっとした思いつきだった——最初に僕が変装をして「ワークショップ」に出たのは，2004年のメルプロジェクト・シンポジウムの「メディア・バザール」（本書14を参照）．もともと「バザール」をイメージした衣装は用意されていたのだが，一種の「悪ノリ」というか，それでは満足できず，コンビニで化粧品一式を調達し，ファンデーションにマスカラ，口紅をバッチリ施して登場．そのときの皆の驚きと笑い顔は忘れられない．

　元々少し演劇をかじっていた僕の「悪ノリ」は，これをきっかけに徐々に拍車がかかっていくことになる．パブリックスペースを考えるテーマのときはバーテンダー，クリスマスのイデオロギー性を批判する場では赤鼻のトナカイ．さらにはウクレレにアロハ，アフロヘアのDJ，橙色の着物の噺家，展示会場のガードマン，長ランの応援団……．

　もちろんこんなことをするのにはきちんとした「理由」がある．「メディア」を考えるとき，僕たちはついついコンテンツとか，仕組みや制度，それを支える技術などに目を奪われがちになる．しかしそれらは，そもそもは生身の人間のコミュニケーションの時空間的限界を克服し，伝達可能域を拡張させようとした結果得られたものだ．ところがこの「克服」の欲望は，逆に高い完成度を得るほどに，僕たちから離れていき，よそよそしさを伴ったものとして，立ちはだかるという矛盾を呈するようになる．

　とりわけ20世紀最大，最強のメディア——テレビにおいて，この矛盾は極めて顕著に現れる．テレビが発する音声や映像は，自然に僕たちの目や耳が受け取る情報様式に極めて近く，近年，高精細な表現が実現するほどに，「リアルさ」と「よそよそしさ」の間に僕たちの意識は引き裂かれていく．

　だからこそ僕は，「メディアの問題」は，なるべくその原点＝表現する人間に引きつけて考えたいと思っている．ワークショップに現れる「異人」としての媒介者は，その奇妙さと同時にコミュニケーション機能の核心を担う．だから僕は，難しい技術や制度の話にはぐらかされないように，「渾身」のキャラ作りに励んできたというわけなのだ（だから，これらのキャラは二度と登場しない．キャラが定番化しては，それこそ「異化する」目的に反するからだ）．

② メディアをわかる

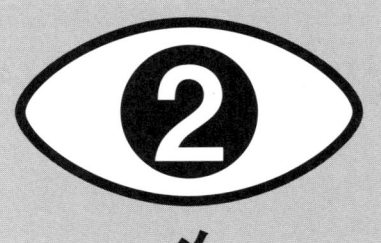

　自分とは違う他人のことや他の国・地域のことを，ふだん私たちはさまざまなメディアを通じて知ることが多い．しかし，そこで伝えられている他者の姿は，しばしば紋切り型のイメージで枠付けられた，どこか偏ったものになってしまいがちだ．この章で紹介する各実践に共通しているのは，そうしたメディアが作り出すステレオタイプをなんとか乗り越えながら，自分たちのことを他の人に伝えようとしたり，逆に他者について理解しようと試みている点だ．ありきたりのイメージにとらわれないコミュニケーションのあり方を考えることは，他者を理解すると同時に自分自身を振り返ることでもあり，ひいてはメディアを通じて表現することの本質的な問題について深く学ぶことへとつながっていくのである．　　　　　　　　（北村順生）

5 異文化理解のためのビデオづくり

ペク・ソンス

　この数年間，海外との共同プロジェクトをやってきた．ここではそのプロジェクトを紹介しながら，そこから学び，感じた点について話をしてみたい．私の話は二つの次元で語ることができると考えていて，一つはプロジェクトを企画し，実践する際に直面するより一般的な問題意識や課題について．もう一つは，プロジェクトの趣旨が「異文化理解のため」であるということ，すなわち外国人同士が協働して作品を作り上げるという作業がもつさまざまな側面について，である．今回は，主に二つ目の点に重点をおきたい．進行中のプロジェクトもあるので結論的なことは言えないけれど，その分，少しでも一般的な要素について言及できれば，と考えている．

Friendship を作り上げる国際共同プロジェクト

　まずは，最近関わったプロジェクトの話から．これは，日本とタイの国交交流120周年を記念して企画されたプロジェクトである[1]．プロジェクトのリーダーはタイ社会省で，タイチームには「タイ青少年ニュースセンター協会（THAI YOUTH NEWS CENTER ASSOCIATION）」の10名が，日本チームには私が中心になって集めた3つの大学の学生たち5名が参加している．
　このプロジェクトは，記念すべき年を迎え，両国の友好的な関係が，特に若い世代の交流の活性化を通し，未来に向けてさらに緊密

[1] 2007年9月-10月にかけて，タイの外務省と社会開発と人間安全省の後援で行なわれた「Project for 120years Japan＋Thailand TV innovative Youth Exchange」．

に発展することを期待して考案された．両国の学生はグループに分かれ，それぞれの出身地で言うとバンコクと千葉，ノンタボリと茨城・東京，クラビと広島，コラートと静岡，チェンマイと横浜の5つのグループが作られた．各グループは日本・タイからそれぞれ1名，技術支援の役割を担うタイの学生1名の全3名で構成される．学生たちは同じグループのパートナーの地元について学び，その結果を映像作品にすることになった．タイの学生は日本で，日本の学生はタイで制作することになる．私たちは映像作品のテーマを「私の友だちと彼の町」と決め，12分のドキュメンタリー作品づくりに取り組んだ．全日程は以下のとおりである．

〈日本での日程〉
［タイの関係者が来日し，初の顔合わせのミーティング（1日）］→［タイの学生10名，スタッフ3名来日（1日）］→［最初のミーティング：自己紹介，タイ学生の作品企画についての話し合い，プレゼンテーション（1日）］→［撮影，編集（4日）］→［東京見学（1日）］→［タイチーム帰国］

〈タイでの日程〉
［日本チームタイ到着，日程の打ち合わせ（1日）］→［タイ社会省訪問，歓迎会，日本学生の作品企画についての話し合い，プレゼンテーション（1日）］→［各地方で撮影，粗編集（3日）］→［編集，作品完成（2日）］→［リハーサル（1日）］→［展示と合評（1日）］→［バンコク見学（1日）］→［日本チーム帰国］

このプロジェクトは，いくつかのすばらしい点とやりにくい点をもっている．まず，これは国家が主催するプロジェクトであり，すべての経費はタイ政府から得たが，彼らが中身に関して何らかの注文をつけてくることはなかった．学生たちにとっては，とても恵ま

異文化理解のためのビデオづくり

れた機会だったと思う．

　しかし，実際にプロジェクトを運営していく際にはいくつかの葛藤があった．たとえば日程のこなし方．事前にしっかり計画を立て，準備し，仕事に取り組むことに慣れている日本の学生には，タイのやり方はとても無計画的で，いきあたりばったりに思われたのである．日程が決まっていたのに飛行機が予約されていなくて結局乗れず，10時間バスに乗って移動しなければならなかったり，あるいは日程自体を変更したりすることにはとても戸惑った．日本チームからするとタイ人はいい加減で，計画性がないから無駄が多く，信頼ができないと思うのだった（しかし，そのために何かができなかったことは1回もない．結局，最後はきちんとすべての仕事を果したのだ）．とはいっても，タイチームからすると日本人はまじめすぎて，いつもシリアスで，ぎちぎちしすぎると感じるようだった．しかし，制作中に感じるさまざまな戸惑い，悩み，苛立ち，ストレスなどは言葉として口に出るだけで大きな問題にはならなかった．その証拠に，作業が終わるといつの間にかこの否定的な見方は忘れられ，お互いのいい点を認められるようになるのだから．

　もう一つの葛藤は，作品に対する解釈そのものにあった．ドキュメンタリーというジャンルのイメージや社会制度（著作権や肖像権などに対する認識）の相違については後ほど述べることにして，まずは作品テーマである「Friendship」を描くことに対する具体的なイメージの違いである．タイチームは重く暗い話題は取り上げるべきではないとし，せっかくなのでいい話だけを紹介しようとする意思が強かったが，これに対して日本の学生はとても反発心を抱いた．彼らは，真剣にこれからの友情を考えていくのであれば，マイナスの点もきちんと取り上げ，それを乗り越える方法を一緒に考えるのがより妥当だと主張した．そのため，相手の作品について，それぞれ内容が「重い」，「浅い」と感じたようである．日本のなかでは，日本の学生は批判力が足りないとよく言われたりするが，今回のよ

うなケースもある.

私たちを伝える・相手をわかる・自分を知る——d'CATCH Project

　私がアジアの国と共同のプロジェクトを始めたのは，2003年，国際共同映像制作プロジェクトであるd'CATCH Project[2]からである．それ以来ずっと続けてきて，現在にいたる．私はこのプロジェクトからいろいろなことを学んだ．短くない年月の間に，いろいろな経験をもとにして，プロジェクトの詳細は少しずつ変えている．また，そこで得られた成果を授業や他のプロジェクトにも適用してきた．タイとの120周年記念プロジェクトのもとになったのも，このd'CATCHである．

　d'CATCHを始める際に，私たちの頭にあったのは，近年，「東南アジア諸国連合（ASEAN）」や「東アジア共同体」構想などを通して，アジア地域が政治・経済的文脈で語られることが多くなってきているが，私たちの文化や生活には相反する二つの様相がからみ合っているのではないかという思いである．それは，多様な伝統文化や価値観にこだわりを持ちつつ，一方でグローバルな文化や生活様式への憧れを持ち，それらに統合されていく，という状況のことだ．この背景には植民地の歴史や戦争以来の政治・経済的関係といった要因が存在するだろうと推測できたが，より具体的な要因として，メディアの存在があるだろうと私たちは考えていた．

　ケーブルテレビの登場，通信・放送衛星によるメディアのグローバル化，デジタル技術の発達とインターネットの普及は，「西洋」から「アジアの各々の国」に流れ込む文化や情報の図式をより複雑なものに変え，この地域の社会・文化的な面にも大きな変化をもたらした．情報の発信地は多元化し，人々が同じ情報を共有する確率が高くなった．メディアの量的・質的変化は，お互いをもっとよく理解する機会を増幅し，その可能性を高めたのである．しかし，実

[2] d'CATCH（ドゥキャッチ・プロジェクト, ecentralized Asian Transnational Challenges, 以下d'CATCH）はメルプロジェクトのサブプロジェクトの一つとしてはじまった．注[2]から[6]はこれまでの実施担当，参加大学生の一覧である．
〈d'CATCH 2004（2003年度実施）〉実施組織・担当：神田外語大学（ベク・ソンス，石井雅章），東京大学（坂田邦子，中村豊，Jose Luis B. Lacson, 木田貴広），フィリピンのサント・トマス大学（Engr Alberto Laurito, Rowena E. Cantuba, Mary Christie D. Que, Faye Martel Abugan）．参加大学生：神田外語大学の1-4年生，サント・トマス大学「Educational Technology Center・Tom Cat」の学生．

異文化理解のためのビデオづくり

際にはアジア地域における情報格差は依然として存在し，情報の信頼性や公平性などにおいても多くの課題を抱えているようだ．すなわち，メディアや情報はこの地域に住む人々がお互いに向き合い，理解し合う機会を増やしてきたが，それは必ずしも相互理解を深める方向だけではなく，間違った知識やイメージ，ステレオタイプを生み出すこともあるというとても不安定な状況にある――私たちはそう考えた．学生が，自分たちの社会とメディアの現状を他の社会と相対化することでより理解を深め，さらに既存のメディアだけに頼るのではなく，自分なりのメディア活動によってお互いをより深く知り合うための方法はないかと考案，実践したのがこのd'CATCHである．

d'CATCHの実践は，図1のとおり．毎年，参加国の話し合いで全体テーマが決まると，学生たちはいくつかのチームに分かれ，チームごとに全体テーマに沿う自分たちのトピックを決定する．各国の学生チームはそれぞれパートナーチームをもち，トピックを共有して，ワークショップの時は一つの国際チームになる．つまり，次のようになる．

○日本チーム A ＋ タイチーム A ＋ フィリピンチーム A ＝ 国際チーム A
○日本チーム B ＋ タイチーム B ＋ フィリピンチーム B ＝ 国際チーム B
……

日本の場合，プロジェクトは大きく三つの実践段階に分けることができる．

まずはクラス活動．学生はいくつかのチームに分かれ，5分のドキュメンタリーを制作するが，そのトピックは国際チームで共有される．つまりあるトピックについて，各国の学生がそれぞれ映像を

年	参加者	テーマ	開催地
2004年	神田外語大学（日本） 東京大学（日本） サント・トマス大学（フィリピン）	『FOOD』	神田外語大学
2005年[3]	神田外語大学（日本） 東京大学（日本） サント・トマス大学（フィリピン） ゲスト参加（タイ）	『What is Asia for Us？』	サント・トマス大学
2006年[4]	神田外語大学（日本） サント・トマス大学（フィリピン） チュラロンコン大学（タイ） タイユースニュース（タイ）	『What is Asia about？』	チュラロンコン大学
2007年[5]	神田外語大学（日本） サント・トマス大学（フィリピン） チュラロンコン大学（タイ） タイユースニュース（タイ）	『ROOTS』	神田外語大学
2008年[6]	神田外語大学（日本） サント・トマス大学（フィリピン） チュラロンコン大学（タイ） タイユースニュース（タイ）	『PEOPLE』	サント・トマス大学

図1　d'CATCHプロジェクトの経過

作ることになる．

　次の段階はワークショップ．クラスが終わってから各国の学生が集合し，同じトピックの映像をつなぎ合わせて，一つのオムニバス的な作品にする（図2）．

　最後のシンポジウムの場では，外部の招待客や観客をまじえ，最終的な作品の上映会が行なわれる．ここでは作品についての感想だけではなく，その年のテーマについて議論が行なわれる．

[3]〈d'CATCH2005（2004年度実施）〉実施組織・担当：神田外語大学（ベク・ソンス, 石井雅章），東京大学（坂田邦子），サント・トマス大学（Faye Martel Abugan），タイのチュラロンコン大学（Nanatthun Wongbandue, Metha Sereetha-nawong），タイユースニュース（Weera Suwann-achot），参加大学生：神田外語大学（3-4年生），サント・トマス大学，チュラロンコン大学，タイユースニュースチーム．

[4]〈d'CATCH2006（2005年度実施）〉実施組織・担当：参加大学生はd'CATCH2005と同じ．

[5]〈d'CATCH2007（2006年度実施）〉実施組織・担当：神田外語大学（ベク・ソンス），東北大学（坂田邦子），サント・トマス大学（Faye Martel Abugan），チュラロンコン大学（Nanatt-hun Wongband-ue, Metha Sere-ethanawong），タイユースニュース（We era Suwannachot）参加大学生：神田外語大学（3-4年生），サント・トマス大学，チュラロンコン大学，タイユースニュースチーム．

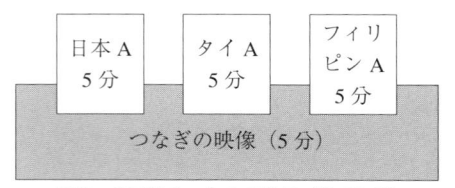

異文化理解のためのビデオづくり

[6]〈d'CATCH 2008（2007年度実施）〉実施組織・担当：神田外語大学（ベク・ソンス），フィリピンのサント・トマス大学（Faye Martel Abugan），チュラロンコン大学（Nan-atthun Wongba-ndue, Metha Sereethan-awong）．
参加大学生：神田外語大学（3-4年生），サント・トマス大学，チュラロンコン大学．

図2　多国籍チームAの作品（計20分）

　学生たちは作品に表象された自国，または他国の文化を通じてその内容とその仕組みを理解するだけでなく，このような多国籍チーム活動を通して互いを発見し，理解するようになる．

メディア活動を通して異文化を理解する──その成果と課題

　これらのプロジェクトをやってきて，私たちは以下のように感じている．まず，プロジェクトに参加した学生は映像制作に必要な能力を習得することができ，それだけでなく総合的なメディア能力を高めることもできたと確信している．

　また，学生たちはこのプロジェクトに参加することで相手国に対する知識や関心が高まり，さらに従来もっていたイメージの変化が見受けられた．もっとも，このような関心や変化が長期的なものか，どのくらい持続するのかは，別の機会に調査する必要がある．

　さらに，学生の作品はそれぞれの国のメディア状況や映像文化を反映しているということが観察できた．それは学生たちが制作を行なう際に社会的・制度的環境の影響を受けるためでもあるが，学生が日常のなかでマスメディアなどからいつの間にか覚えてきた感覚的なものが現われているようにも思う．しかし，何が「日本らしい映像」「タイらしい映像」のように感じさせるのかについての分析はまだ進んでおらず，より詳細に調査する必要があるだろう．

　このプロジェクトにもとづく研究においては多くの課題が提示された．一つはメディアの選択で，d'CATCHでは「プロジェクトの

目標」×「現在の諸条件」×「チャレンジ」=「妥協的選択」という方針でやってきたが，カリキュラム化や標準化よりも，流動的・臨機応変的な選択をせざるを得ないことが多く，この不安定な要素をどう克服していくかが課題である．

　二つ目は，国際交流を基本とするプロジェクトでの共通課題である言語の問題である．個人の言葉の能力差が大きいなか，学生たちがより積極的に自信を持ってコミュニケーションに参加できるようにする術を企画に練り込んでいくことは常に課題となる．その他に，学期の日程，著作権に対する認識と法制度，メディア形式（PALとNTSC）[7]など国によって異なる状況の調整，お金の価値の差，ビザの問題まで，処理しなければならない事柄は数多く，それらに対応する研究者の負担が大きいことがプロジェクト持続にあたって壁になることがある．

[7]テレビ放送の技術規格．日本とフィリピンがNTSCであり，タイはPALである．

　2009年度を含め7回にわたってプロジェクト研究を行なうなかで，学生の映像作品がさまざまな面で既存のメディアを反映しているだけではなく，学生の異文化に対する知識・意見の多くもメディアから得られたものであることが明らかになった．この点からすると，異文化への知識や理解を得ることにおいて，最も大きな影響力を持ちうる現状のメディアのあり方について，より注意深い観察と分析が必要だと感じている．こうした作業はまた別の方法論をもってやっていく必要があるが，まずは自分がどれほど自国のメディアに影響されているかを学生たちが自覚・認識できたことが一つの大きな成果だといえるだろう．

　d'CATCHの実践を重ねてきて，私は，ワークショップやシンポジウムのようなイベント的なものに留まらず，異文化交流がより日常的なこととして行なわれる場を，現存のメディアに対してオルタナティブなメディアとして機能するものを提示できないだろうかと考え始めている．

プログラム

[目的]
- メディアリテラシー教育——映像制作を通して，カメラ撮影，コンピュータの操作，映像編集などいくつかの技能を身につけると同時にメディアに対する社会的な認識を深める．
- 異文化コミュニケーション・異文化理解——同じトピックを違う国の学生たちが同時に制作・比較・議論し，各国におけるメディアの現状や社会的・文化的・歴史的状況を相互理解する．

[特徴]
- 「国際的プロジェクト」——メディアリテラシー学習だけではなく，国際的な共同作業による異文化理解・異文化コミュニケーションを体験する．
- 多数回の参加が可能——希望によって1回－3回までの参加が可能であるため，プロジェクトをより深く理解でき，能動的な活動が可能である．また毎回違う主催国になるため，より多くの異文化体験ができる．

[前提・必要条件]
- ワークショップにおいては英語でのコミュニケーションが要求される．英会話能力の有無ではなく，異文化間のコミュニケーションへの積極的な態度・意志が必要とされる．

[準備するもの]
- 映像制作のための道具——カメラ，コンピュータ，映像編集ソフトなど．
- 準備するものは主催国と場合とゲスト国の場合で異なる．

[実施の意義]
- メディアリテラシーと異文化理解に関して，国際プロジェクトを直接経験することによって自ら学ぶことができること．

[進行表]

時間の流れ	活動内容	人の動き	モノの動き	備考
約1カ月間	・カリキュラムの全体説明 ・全体テーマの設定 ・各グループのトピ	・グループ分け（5，6チームに） ・それぞれトピックを決め，相手国に説	ミーティングの場は，イスと机が自由に動かせる教室がのぞましい	全体テーマは，事前に学生たちの意見を参考にして各国の指導者の話し

	ック選び	明する		合いで決める
約3ヵ月間	・担当トピックについて学習 ・リサーチ ・企画，構成を決める	・関係者にインタビュー，さらにグループディスカッション ・進行状況は相手国に報告する	全体の話し合いが終わったら，各チームは必要に応じて場所の移動が可能である	基本的な作業はチーム単位で行なうが，毎週全体で現状を報告し合う
約5ヵ月間	撮影，編集	・ファシリテーター，撮影・編集経験者が教えながら進める ・作品プレゼンテーションの準備 ・チームごとに，相手国と連絡を取る	チームごとにコンピュータ，カメラなど機材を用意編集にはパーソナルコンピュータを使う（バックアップ用の外付ハードディスクが必要）	8月—9月は夏休みと重なるが，必要な場合は撮影を行なった
1日目	・ウェルカム・パーティー ・自己紹介		国によって到着日が違うので，予定を合わせて計画	・みんなが親しくなれる企画をする ・基本的な言語は英語
2日目	・各チームの作品試写，ディスカッション ・つなぎ映像制作の企画 ・シナリオ作成	トピックごと国際チームに分かれ，作業する	チームごとにコンピュータ，カメラなど機材を用意	
3日目	撮影	撮影は国際チーム単位で行う		
4日目	・編集 ・プレゼンテーションの準備	編集担当者とプレゼンテーション担当者に分けることも可能		プレゼンテーションの形式はグループで自由に決める
5日目	スクリーニング・シンポジウム（作品上映）	・外部参加者を交え，作品やテーマの議論・評価を行なう		
6日目	・社会見学 ・フェアウェル・パーティー	・学生は主催国の文化や生活を学ぶための行事に参加する		日程は帰国日にあわせて決める

6 ローカルの不思議

小川明子

異文化コミュニケーションとクイズ

　メディアのなかには多様なイメージがあふれている．たとえば銀行員，お年寄り，女性，関西人……．底抜けに陽気な銀行員や寡黙な関西人もいるに違いないが，私たちは，メディアによってステレオタイプ化されたイメージを無意識のうちに頭のなかに蓄積させて理解したつもりになっている．

　2001年初夏．このプロジェクトは，メディアリテラシーを学ぶワークショップを考案する授業で，留学生たちが，日本のテレビで一面的に伝えられる祖国像とは違う姿を伝えたいと提案したことから始まった．考えてみれば，ニュースなりドキュメンタリーなりを作っているのは「誰か」で，そこにはその「誰か」が持っているイメージが多かれ少なかれ投影されているはずだ．最近でこそ少なくなったけれど，ハリウッド映画に出てくる分厚いメガネのずる賢い日本人がどうしても受け入れ難いように，留学生たちも日本で作られる番組のなかの祖国像に，同様の不満を抱いているようだった．

　それなら，テレビには映し出されていないけれど自分たちだけが知っているとっておきの場所や面白い習慣などをクイズにして交換してみたらどうだろう．そう，TBSの『世界ふしぎ発見！』みたいに……．私たちがよく見ているクイズを自分たちで実際に作ってみることで，普段見ているテレビがどうやって制作されているかも

学べるかもしれない．

アジアの不思議からローカルの不思議へ

　こうして私たちは，当初，アジア各国の学生たちとクイズ映像で交流する「アジアの不思議」というワークショップを考え，まずは韓国と長野の高校生の間でクイズ交換を行った．足で揺らす韓国のゆりかごや，日本でタブーとされる迷い箸を題材としたものなど興味深いクイズができあがったが，言語の面でかなり手間取ってしまい，学校教育で使えるような現実的なカリキュラムにすることは難しかった．

　そこで私たちは，それならこのワークショップを全国津々浦々の地域間で行えないかと考えた．「異文化」は国を越えずとも，同じ日本国内にだってある．現実には，都市と農村，雪の積もる地域と積もらない地域などで暮らしぶりは違うはずだ．でも，私たちは同じ日本にいるからこそ，誰でもそれほど変わらない生活を送っていると信じこんでいないだろうか．私など夫の育った静岡の魚屋でイルカの切り身が売られているのを見つけたときは，かなり驚いたものだし，これもやってみてわかったことだが，「イタリアン」なる食べ物が，新潟では焼そばの上にミートソースなどがかかった独自のファストフードを意味し，名古屋では鉄板焼のスパゲティ・ナポリタンのことを意味するなんてことは気にせず生活しているのだ．

　もちろん，新聞，テレビ，雑誌などさまざまなメディアでひなびた山村の情緒ある温泉が特集され，地方都市での凶悪なニュースが日々伝えられているから，地方の話題は十分届いているように感じる．しかしよく考えてみると，地方で起こる膨大なできごとのなかから，いったん東京の本社なりキー局なりのデスクに選別され，編集された話題だけが私たちのもとに伝わっている．つまり，編集に携わる人間が関心を持たないだけで，各地の祭りなどその地域の人

> ローカルの
> 不思議

には発信したくてたまらない話題もまだまだたくさんあるだろうし，犯罪や公害などのイメージが広まってしまった地域の人びとはもっと別の故郷の姿を見せたいのかもしれない．しかし，その多くは私たちのもとに伝わってこない．こうした思いを，クイズ交換という草の根の交流を通じて，学校間，そして各地に広げていくことで，東京一極集中的なテレビ・ネットワークとは異なる，オルタナティブな地域間コミュニケーション網をささやかながら紡いでいけるのではないか．私たちのワークショップはこうして「ローカルの不思議」として再出発したのだった．

イメージマップ——名古屋，そして，群馬のイメージ

　最初の交流は新潟大学と愛知淑徳大学（名古屋）で2002年に行われた．このとき私たちは，お互いがどのようなイメージを持っているのかを確認してからクイズを制作したほうがいいのではないかと考え，そのイメージを可視化する「イメージマップ」というツールを考案した．

　図1がそのマップである．これはそのとき新潟の学生が名古屋に関して描いたものだ．ある地域に対してどんなイメージを持っているのか，時事問題（左上）・歴史文化（左下）・自然地理（右上）・生活慣習（右下）というおおまかなカテゴリーが設けてあり，参加者はそこに文字で書きこんでいく．そのとき大事なのは，そのイメージがどこからきたかを思い起こし，その発信元となっているメディアごとに色分けして（たとえばマスメディアなら赤，実体験なら青，教科書ならピンクなど）書きこんでいくことだ．誰かが書いたことばに「そういえば！」と同意するときは，それをマルで囲んでいく．

　もちろんおかしな間違いもよくある．たとえばこの図では，伊勢神宮を名古屋と言い切ってしまうのはさすがに不遜だろうし，仙台のマップに「ジンギスカン」（牛タンと混同したか？）などと自信

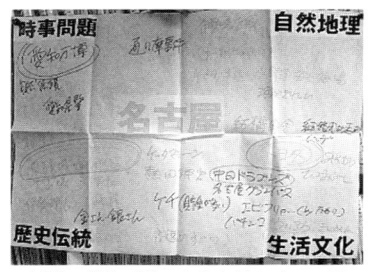

図1　新潟の学生が描いた名古屋のイメージマップ

を持って書き記す学生もいる．

　しかし，そうした間違いを含めたとしても，ここに描き出される全般的なイメージは，私たち一人一人が一般に抱くイメージとそれほど異なっていないのではないか．さらにその地域との距離ともさほど関係がないようだ．なぜか．色を見ると歴然としている．多くが赤やピンクで書かれており，私たちが有する地域イメージがマスメディアと学校教育によって大まかに形成されていることがわかる．ちなみに自分の町のイメージマップを作っても，意外と赤やピンクが多く，地元でもマスメディアから得る情報が少なくないことに気づかされる．

　次に，図2を見てほしい．これは2004年に名古屋の学生が描いた群馬のイメージである．学生たちは一生懸命頭をひねっていたが，これが限界だった．この図を見た群馬の学生はさぞかしがっかりしたことだろう．

　地域イメージの空白は日本の地理的領域の中に少なくない．マップの交換を何ヵ所かで行ってみると，都市や地域の経済力が情報発信に大きな影響力を持っていることも浮かび上がる．しかしイメージが空白だからといって実際に何もないわけではない．図3は群馬の学生が描いた群馬の豊かな自画像だ．地域イメージの不均等に，一極集中的かつ階層的な日本のメディア・システムが介在していることも見えてくる．

6　ローカルの不思議

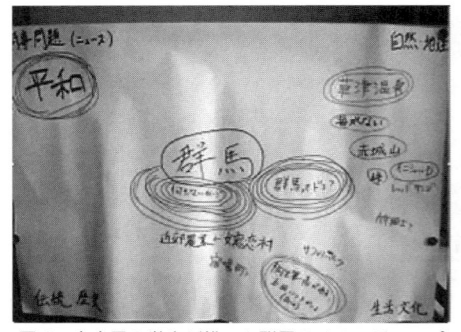

図2　名古屋の学生が描いた群馬のイメージマップ 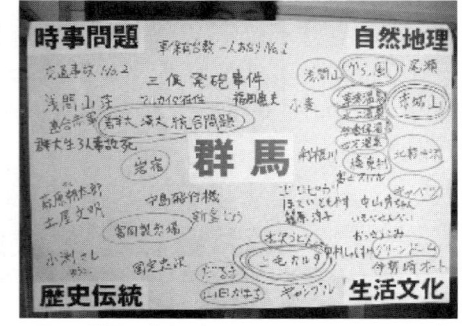　　図3　群馬の学生が描いた群馬のイメージマップ

クイズ作成 ── コンテクストの共有と境界線

　　イメージマップを交換し，自分たちの地域に相手がどんなイメージを持っているのかが大体わかったところで，自分たちの伝えたい話題やニュースを2分程度の映像クイズとして制作する．何度かやってみてわかったことだが，地域文化を「クイズ」で表現するという私たちの単純な思いつきは，文化について考えていくうえで，結果的にかなり有効な方法だった．それは特に2つの側面についていえる．
　　1点目に，相手を意識して表現することの重要性だ．クイズ作りは見せる相手のことを意識させる．映像制作実習では，多くの場合，映像の内容や表現手法の追求だけが自己目的化してしまいがちだが，実際に問題を解いてもらう相手がいることで，見せることを含めた「コミュニケーション」としての映像制作を意識するようになる．たとえば，自分たちにはなじみがあり，当たり前となっている場所感覚も，見知らぬ場所で暮らす人びとに伝えるには映像なりナレーションなりでの補足説明が必要だ．また，モノや話題をクイズにするには，相手が自分たちの歴史や生活といったコンテクストをどれくらい共有し，理解しているかを想定しないといけない．たとえばある習慣をクイズにしようとしても，相手もその習慣を共有してい

たらクイズにはならない．自分たちと交流相手（他者）との文化的類似性と境界を意識しないとクイズは作れないのだ．

2点目に，明確な答えを必要とするクイズ制作は，私たちにローカル・アイデンティティの重層性を強烈に自覚させ，同時に「編集」が持つある種の暴力性を疑似体験させる．問題を作っていく過程で，私たちは，相手との間だけでなく，自分たちの地域のなかにも，実は文化の境界が複雑かつ重層的に存在していることに気づく．たとえば習慣や言い回し，名産などは同じ県内でも少し離れればまったく違うこともある．それを「〇〇地域，〇〇県」の文化と言い切れるのか，学生たちの議論はいつになく白熱してくる．実は，マスメディアで表現されるほど，地域の文化は画一的ではない．にもかかわらず，明確な答えを要求するクイズでは，どこかできわめて単純に線引きせざるを得ない．こうしたことば選びひとつに付きまとう居心地の悪さが，「編集」について考えていくうえで実は大事なのではないだろうか．

交流会，そして次のステージへ

ところで説明が遅れたが，このプロジェクトは，高校や大学のメディア論，美術教育，教育工学など異なる分野で交流が行えるよう，共通の目標はきわめてシンプルなところに置いてある．端的にいえば，(1) 映像制作・表現を「メディアリテラシー」の視点から考えることと，(2) 異なる文脈，背景を持つ相手とのコミュニケーションについて考えるという2点であり，あとはそれぞれの授業内容に沿って学習を進めてゆくことになっている．

その意味では，いまのところ，交流会は作った作品に対する反応や疑問を交換しあう程度にとどめられている．これまで，コンピュータ上で文字の交流をするテキスト・チャットやテレビ電話などによる交流を試したが，やはり実際にその場に行って相手と会うのが

> ローカルの
> 不思議

最も印象的な経験となるようだ．自分が苦労して作ったクイズがその場でいとも簡単に全員正解となったり，答えの部分で相手がどよめいてくれたりする経験は忘れ難いに違いない．

クイズを解いたあとは，相手校と交流を行うが，面白いのは，教室であれほど「四日市ではそんなこと言わへん．名古屋とはちゃうんやで⁉」と三重弁で主張していた学生が，相手校を前にするといともかんたんに名古屋人になって説明を始めたりすることだ．より異質性の高い他者を相手にすると，頭の片隅で「？」と感じつつも相手が求める自分たちの文化らしきものを演じ始め，ふと気づくと誇張されておかしなことになっていたりする．また地域文化についての話題が一通り終わると，今度はテレビや映画，タレントといったマスメディアの話題にシフトし，何のための交流だったかわからなくなったりもする．地域間交流という意味では，逆説的で一見失敗のように見えるが，振り返りの段階で，自分たちのとった行動の意味を含めて，「ステレオタイプ」「国民国家」「マス・メディア文化」などそれぞれのテーマにそって考えてゆくことができる．私たちが想定しなかった発見を，毎回，学生たちが報告してくれるのも楽しみだ．

できあがった作品群から

こうしてさまざまな地域や学校で実践を積み重ね，私たちはいくつかのことに悩みつつ現在にいたっている．なかでも私たちが何度「普段テレビで伝えられないようなクイズ，相手が持つイメージを打ち崩すようなクイズ」を作るように言っても，多くは，すでに地域に付与されたイメージを強化したり，再生産してしまったりする内容だ．名古屋の味噌料理や新潟の米を題材としたクイズは学生が変わっても毎年取り上げられるおなじみのテーマである．

もちろん，なかには「かかあ天下」が家庭のなかで威張り散らす

女性のことではなく，収入があり働き者の群馬の女性を示すことばだと切実に主張する群馬の女子大学生の作品（アイデンティティに関わる問題！）や，新潟の縁日で食べられる「ぽっぽ焼き」が沖縄の「ぽうぽう」という菓子に端を発したものとして，そこから新潟港の歴史と繁栄を再発見していった例もある．しかしこうした「発見型」「抵抗型」は，実際には1〜2割という現状だ．

　さらにローカルな思いを伝えるように言っても，その伝え方は「○○大学にやってきました！」とまるで『世界ふしぎ発見！』や『ダーツの旅』のレポーターである．あんた，そこ，自分の大学じゃないの！見慣れたテレビの真似してるだけなら，これではオルタナティブな草の根地域交流なんて程遠い状態じゃない⁉

　……というのが私たちの切実な悩みだ．だけど知らない相手と交流するには，まずはステレオタイプに乗るのが一つの戦略なのかもしれないし，自分たちの特殊性は，結果的に他地域の視線（それが結果的には東京を中心とするマスメディアの視線になるのが現在の日本だ）によって指摘される側面があるのだから当然かもしれない．レポーターっぽい演じ方も，それだけいまの日本の番組形式が体にしみついている証拠と気づく．大体，自分たちが『世界ふしぎ発見！』みたいなクイズを作ろうと言い出しておいて，学生がそれを真似し始めると目くじらを立てるなんて，教員という職種に慣れ始めてしまった証拠かも……と試行錯誤のなかでプロジェクトを進めている私たちだ．オルタナティブって，実はすごく難しい！

　このワークショップでは，クイズ制作や相手との交流に失敗してもかまわない．それがどうして起こったのかを自分のアイデンティティや疑似経験のなかから真摯に考えていくプロセスこそが大事なのである．そこから生まれるのは，マスメディア・システムの権力性をテキストで学習するのとは異なる，現代社会やマスメディア表現そのものの痛みを伴った，自己にも刃が向けられるような学びの経験だ．そしてそれは研究者としての私たち自身にも向けられている[1]．

[1] 最近では『秘密のケンミンショー』など，地域文化の特殊性を題材としたバラエティーが人気となっているが，「県」で簡単にはくくれない文化の領域のありように目を向けることも重要だと思われる．ちなみに私たちがこのプログラムを考案したのは，これらの番組が始まる数年前である！「ローカルの不思議」ウェブサイト http://www.local-mysteries.net/

プログラム

[目的]
・映像表現をメディアリテラシーの視点（表現の多様性と編集，映像の特徴と限界，メディア・システム分析など）から学ぶ．
・異なる文脈，背景を持つ相手との，メディアを通した異文化理解を考える．

[特徴]
・メディアリテラシーと異文化理解を交差させた試みであり，交流相手が設定されることによって，単なる自己満足的表現ではなく，見ず知らずの相手との「コミュニケーション」を意識した表現について考えられる．
・中学から大学，社会人など，教育環境にあわせて柔軟に対応できる．

[前提・必要条件]
・交流相手の設定とスケジュール調整（『ローカルの不思議』ウェブサイト http://www.local-mysteries.net/ で可能）．
・ビデオカメラ，パソコン，インターネット，模造紙，ペンの準備．

[準備するもの]
・ビデオカメラ，マイク（あったほうがよい），モニター，模造紙，カラーペン，映像編集機材（windows movie maker や i-movie），DVD，DV テープなど記録メディア，遠隔交流の場合：通信用ウェブカメラやソフトとパソコン（通信設定を事前に確認のこと）など．

[実施の意義]
・東京一極集中的なマスメディア・システムのなかで，これまで日本では，地方から直接自分たちの文化を発信する手段と機会が極端に少なく，地域間の水平的情報発信がきわめて難しかった．こうした情報流通をめぐる不均衡に目を向け，自らの文化を積極的に発信する可能性と意義について考える．
・自らが伝えたい話題を草の根的に発信し，交流してゆく実践を通して，オルタナティブな情報流通のありかたについて体験的に学ぶ．

[進行表]

時間の流れ		活動内容	人の動き	モノの動き	備考
1. 導入	① カリキュラムの説明, 相手校の紹介	・カリキュラム全体の説明 ・サンプルクイズを見る ・相手校の紹介	・事前に相手校を決定し, コンタクトをとっておく	・パソコン（インターネット）などによるサンプル映像の上映準備	
	② グループ分けと自己紹介ビデオの作成	・グループを決める（4～6名） ・グループ（大学）紹介ビデオを作成する	・グループ分け ・映像構成の企画, 撮影についての簡単なインストラクション ・撮影したビデオの鑑賞と振り返り	・ビデオカメラの準備 ・モニター	・自分たちの身近な環境を遠く離れた他者に伝えられるような表現について考える
2. 映像制作	③ イメージマップの作成	・イメージマップを作成する	・イメージマップの説明 ・イメージマップへの書き込み ・イメージマップの分析	・模造紙, マジックペン（5色）の準備	・サンプルとして自分たちの地域, あるいは東京, 沖縄, 北海道等をボード上で作ってみるとやりやすい ・なぜこうした結果になったのかを考える ・宿題等で参考文献を読むとなお可
	④～⑤ 映像クイズの企画（2コマ）	・クイズテーマの設定 ・シナリオ, 必要なシーンやカット割を考える ・撮影の計画を立てる	・テーマとして何がふさわしいか調べ, 話し合う ・グループワーク中心	・シーン, カットについて書き込める用紙	・テーマ設定の際に図書館での文献検索指導など行ってもよい

6 ローカルの不思議

	⑥〜⑦ 映像撮影・編集（1〜2コマ，あるいは課外）	・情報がある場所に行って撮影 ・必要に応じて編集作業を行う	・撮影，編集 ・撮影してきたものがクイズ映像として適切かどうか，さらに必要なシーンがないかどうか等，適宜問いかけが必要	デジタルビデオ・編集機（編集ソフト）	・撮影・編集作業を通じ，効果的に表現・伝達する難しさと面白さについて体験的に学ぶ
3. 発表	⑧ 映像作品発表会	・各グループが制作した作品の発表 ・鑑賞会，ディスカッション	・作品のプレヴュー ・他の作品を見，意見を聞き，自分たちのテーマが適切だったか考えてみる ・制作した映像が思ったとおりに受け取られたかどうかを確認	モニター・ビデオ	・メディアや映像というものが，ディスコミュニケーションを生じさせるものでもあることを前提に，さらにこれが異文化間で行われることについての課題について考える
4. 実践交流	⑨ 回答・交流	・相手校のクイズに答えてみる ・自分たちのクイズに対する相手校の解答や反応をチェックして，それに返答する ・可能であれば，リアルタイムでやりとりも	・遠隔交流の場合，BBSへの書き込みやメールの送付等に関する実務的な指導を行う ・直接交流の場合，日程や旅程の調整が必要	パソコン／ウェブカメラ／インターネット環境（遠隔交流の場合）	・実際に相手校の生徒たちとコミュニケーションをとることで，相手の考えと，自分たちが考えていたことの共通点や，ギャップ，メディアや他言語を利用することによるディスコミュニケーションを実際に体験してみる
	⑩ ディスカッションと反	・相手校と比べて，自分たちの作った映像について反省してみる	・反省と討論 ・交流前の相手地域のイメージがどのように変わったか考え		・メディアの作り手と受け手の立場を同時に体験することでメディアを

5 評価	省会	・相手校との交流を通じて気づいたことや感じたことを話し合う	てみることで，既存のマスメディアと今回のようなコミュニケーションの違いについて問いを投げかける		通じた異文化コミュニケーションの限界に気づき，さらなる可能性について考える ・この後もメールや掲示板などでやりとりが続けられればなおよい

・①〜⑩の数字は，大学における授業のコマ数の目安です（1授業＝90分）．高校で実践する場合はコマ数を倍に増やすなどしてください．

7. 友だちの絵本[1]

長谷川一

[1] 本稿は，東京大学情報学環メルプロジェクト編『メルの環——メディア表現，学びとリテラシー』（トランスアート，2003年）に寄稿した拙稿をもとに，その後の実践の成果をくわえて全面的に書き直したものである．

意図と情報

こんな経験はないだろうか．あなたの気になるアーティストやスポーツ選手について，ある雑誌にはとてもすばらしいと書いてあったのに，別の雑誌では酷評されている．いったいどっちを信じればいい？

そこに関係しているのはメディア・テクストにおける「意図」の問題だ．意図とは，対象を切りとったり，テクストを組みたてたりするさいの，意識的・無意識的な準拠枠のことをいう．

メディアに表象されるテクストには，必ず送り手が存在する．一口に送り手といっても，いろいろだ．テレビ番組なら，プロデューサーやディレクター，カメラや編集，音声など．新聞なら，記事を書く記者，その採否を判断し文章に修正をくわえもするデスク，見出しやレイアウトを考える整理部．表記や内容をチェックする校正や校閲は，雑誌や単行本でも重要な仕事だ．この分野では，執筆者や編集者が送り手の筆頭にあげられるだろう．制作に直接かかわるひとびとに限定しても，たちまちいくつも例をあげることができる．

かれら送り手は，それぞれの立場から，なんらかの意図のもとに情報を組み立てる．近代ジャーナリズムの指針としてよくいわれる公平中立・客観報道は，ジャーナリストの矜持をあらわすスローガンにはなりえても，メディア・テクストの構成原理に適用すること

はできない．現実世界を切りとって収集した素材に秩序を与え，まとまった表象物として構成する行為には，意識的であれ無意識にであれ，いずれにしても構成する立場の意図が埋め込まれてしまうことは避けられないのだ[2]．

　受け手のメディアリテラシーとは，だからまず第一に，そうした送り手の意図を読み解く能力と言い換えることができる．しかし，早合点してはいけない．送り手の意図どおり正しく理解するべきだということではないからだ．受け手はけっしてただ一方的にテクストの指示に振りまわされているのでなく，受け手なりの立場から能動的にテクストを読み解いているのだし，そもそも取材の対象者が記者に発したコメントにだって意図は存在している．メディア・テクストとは中立で無色透明なものではなく，意図だらけなのだ．だから，意図の存在に気づくことはメディアリテラシーを養う第一歩であるといえる．と同時に，メディア・テクストをめぐっては，さまざまな意図が交錯し，それらがせめぎあっている様相に目を向けなければならない．

　それでは，意図とは，いったいどのように埋め込まれ，どんなふうに働いているのだろうか．そのことを実践的に理解しようというのが，ここで紹介するワークショップ・プログラム「友だちの絵本」である[3]．

　このワークショップは，実際に取材・記事作成・発表・討論といった過程を体験することをとおして，こうしたメディア表象における意図の問題を多面的に理解することをねらっている．他者を表象することと，自己が表象されてゆく過程とを合わせ鏡のように併行させることで，意図が表象に埋め込まれてゆく様相と機構とを知ることができる．意図の作動と読解の過程の双方を経験するなかで，メディアに流通する情報を多角的な視点から捉えて検討することのできる知的な技術と体力を養おう——というのが，このプログラムの「意図」なのである（ややこしいなあ）．

[2] たとえば，菅谷明子『メディア・リテラシー』（岩波新書，2000年），vii 頁．

[3] なお本ワークショップの原案は，東京大学大学院学際情報学府の2000年度夏学期授業「情報リテラシー論」（担当講師：水越伸・山内祐平）において考案された．考案チームのメンバーは鳥羽美奈子，黄朝熙，岡田智博，長谷川一の4名であった．

7　友だちの絵本

友だちの絵本

ワークショップのすすめ方

「友だちの絵本」では，参加者ひとりひとりが，ペアを組んだ相方を取材しつつ，ひとつの記事をつくりあげてゆく．その過程で，送り手と受け手，そして取材される立場という，表象とメディアをめぐって相互に関係する三つの異なる立場を直接経験することになる．そのなかで，それぞれにおいて意図がどのような問題として立ちあらわれてくるかを体験，学習できることを念頭に，プログラムされている．

具体的なすすめ方は，こうだ．全体は，導入部（一次），実践部（二次），発表（三次），ふり返り（四次）の四つに大きくわかれている．各時間の指導の実際については，プログラムを参照のこと．ここでは仮に，高等学校の「情報」や「総合学習」の時間で実施することを想定している．

まず最初に，市販の雑誌類に載っている人物紹介記事をいくつか用意する．参加者が，じぶんの関心のあるスポーツ選手や音楽アーティストなどにかんする記事を持参してきてもいい．それらを相互に比較して，記事から受ける対象人物の印象について，どのように共通であり，どのように異なるかを議論する．ここでは受け手として情報を読み解く能力について復習することになる．

つぎに，参加者はいくつかのチームにわかれる．どんな組合せでもかまわないが，一チームにつき二人ないし三人くらいが適正だろう．各チームではメンバーお互いを対象として，各自がそれぞれ取材し，人物紹介の記事としてまとめる．記事執筆の趣旨は，ペアを組んだ相手を魅力的に紹介するもの．つまり，読んだあとその人に会ってみたくなるような記事を書く，ということ．サンプルでは，根津弥生さん（仮名）の相方は本郷太郎くん（仮名）に決まった．

根津さんは本郷くんにインタビューする（同時に彼女は本郷くん

からインタビューをうける）．あらたまってインタビューせよといわれると，なにを訊いていいのかわからなくなってしまうことがある．堅苦しく考えず，まずお互いに好きなものについて雑談めいた話から始めるのがいいかもしれない．大切なのは，相手の話のなかで取材者が気になったり引っかかったりした言葉をメモしておくことだ．その言葉は，取材者が取材対象から感じとったキーワードだからだ．ある程度キーワードが集まってきたら，そのなかから相方をあらわすのに適していると考えられる言葉を三つ選ぶ．根津さんが選んだ本郷くんのキーワードは，アムステルダム帰り，話好き，メディア・エコロジーだ（高校生というサンプルの条件設定からはやや逸脱するが……）．選んだら，そのキーワードに即して，さらに相手に質問を投げかけ，話を引きだす．

　一般的に，人物紹介のインタビュー記事は，タイトル・リード・本文・写真またはイラストの四つの部分からなる．四つのどの部分

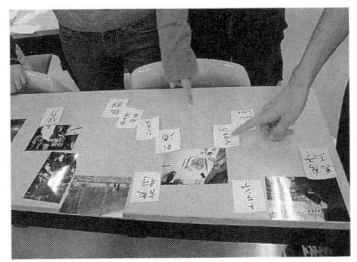

カードをつかってインタビューを可視化する．相手にたいして，関心のあるものや好きなものの写真を用意してもらう．相手と会話するなかで，取材者の気持ちに留まったキーワードをカードに書きだす．それらを関連するものどうしつなげて並べてみる．最大のキーワードがはっきりしていれば，それを中心にして放射状に並べてみるのもよい．これは「メモリーツリー」とか「マインドマップ」とよばれる手法をアレンジした方法だ．

並べたカードを前に，まわりのひとに声をかけて相談しよう．相談しながら，カードはどんどん並べ替えるとよい．作業は，全体の配置がだいたい固まったと思えるようになるまで続ける．最後はデジカメで写真を撮って記録する．

から考えてもかまわない．仮の見出しを考えて，作成者は，読み手を想定し，どんなことを，どう書くかを総合的に考えながら，記事の作成をしていかなければならない．どんな内容の記事に仕立てるか頭をひねる．インタビューを記録したメモを見ながら思索していた根津さんが最初にひらめいたのは，「世界をしゃべり倒す男」という惹句だった．これって，タイトルにいけるんじゃない？

　すると，そのタイトルが記事全体に枠組みを与えてくれることに気づく．その枠組みにしたがって，本文の組立を考えていけばいい．本文には，取材したすべてを盛り込むことはできないから，枠組みに合致しない素材は，残念だけれど今回は捨てなければならない．迷ったら相方と相談するのもよい．

　リードも考える．リードとは，タイトルと本文のあいだの橋渡しをする導入部分のことだ．たいていはタイトルよりは小さく，本文よりは大きな文字で組んである．タイトルに目を留めた読者が，どんな内容なのかを知りたくて読む部分だ．ここで惹かれれば本文まで読みすすんでくれるだろう．

　写真．構図や色味など，どんな写真がこの記事に即しているかをよく吟味しながら選定にあたる．写真の選び方ひとつで記事の印象はがらりと変わる．根津さんは，カメラが下から被写体を仰ぎ見る，いわゆるあおりの構図の写真を選んだ．その理由は，それが「世界をまたにかけて活躍している」堂々として頼もしいイメージにふさわしいと判断したからだった．写真は，デジタル・カメラやケータイのカメラ，あるいは使い捨てカメラなどでスナップを撮ってもいいし，取材対象者がすでにもっている写真をつかわせてもらうのでもいい．写真の代わりに似顔絵を描くやり方もある．写真と似顔絵の二つのバージョンを用意して，印象を比べるのもおもしろい．

　なお，記事制作の過程では，要所ごとに相方（取材対象者）に見せて，意見を聞いてみるとよい．制作者の立場から見て望ましいとおもわれるやり方が，取材対象者にとってもつねにそう感じられる

とは限らないからだ．

意図の多重性

　先に，この「友だちの絵本」で制作する記事は，「読んだあとその人に会ってみたくなるような」ものにすると述べた．現実のマスメディアのなかでは，人物紹介の記事とは基本的にこうした方向性をもっている．だが，あえてこうした条件を明示したのには，もうひとつ現実的な理由がある．それは，学校教育で実践するばあい，ときとして記事作成がいわゆる「いじめ」の助長につながらないとも限らないからだ．取材相手をからかったり，貶めたりするような記事を書いてしまうというケースは十分ありうるし，意図的でなかったとしても，表現の仕方ひとつでニュアンスは微妙に異なってくる．たとえば，根津さんが本郷くんのキーワードとして選んだ話好きという点について．それを単なる「おしゃべり」としてしまうと，中身のない口先だけ，という印象を読み手に与えかねない．そうではなく，話好きということそのものに魅力があるのだという姿勢であれば，読み手は本郷くんの話を聞いてみたいと思うことだろう．

　もっとも，こうしたことを事前にすっかり排除しておくのが望ましいかどうかは，考えどころだ．ネガティヴな記事があがってきたときに，事情を知らない読者が読んでどう思うだろうと問題提起に結びつけ，参加者どうしで議論してみるほうが，よりさまざまな気づきが生まれるかもしれない．とはいえ，それでもあまり嬉しくない記事を書かれた当の取材対象者の気持ちを傷つけていることに，変わりはない．どちらをとるべきか，一般則があるのではなく，その場の流れを適切に読みきって，ファシリテーターが舵取りしていくべきだろう．

　さて，こうやってつくった記事のパーツを，マイクロソフト・ワードのような簡単な割付機能をもったワードプロセッサー・アプリ

友だちの絵本

ケーションをつかって紙媒体に仕上げる．HTMLで組んでウェブページにしてもいい．ただし，レイアウト・デザインの出来映えには相対的にあまり重点はおかない．あらかじめテンプレートを用意し，それに流し込むだけでもかまわない．形を整えることは一般に考えられているよりずっと重要だが，このワークショップのばあい，限られた時間はできるだけインタビューや記事執筆にあてたほうが，ポイントを拡散させずに済む．各自が一作品を制作するわけだが，その過程では逐次チーム内で討論をおこなう．毎時の終わりに作業日誌をつけ，作業した内容，これからすべきこと，作業中に気づいたこと，感想などを記し，ファイルに時系列に綴じておく．このファイルがもっとも有効なのは，すべての作業と発表が終わり，ふり返りの段階に達したときである[4]．

こうして作品が完成する．根津さんのつくった本郷くんのサンプル記事をご覧いただきたい．まずは取材対象者である相方に見てもらうことになるだろう．つぎに合評会を開き，全参加者の前でひとりずつ口頭で発表する．そしてそこでの反応や意見をまとめる．このとき，それまでのつくり手の立場だけでなく，それが受け手にどんなふうに受けとられるのかについて，自分の意図との距離を測り知ることになる．また取材された自分自身についての発表も聞き，それへの反応も知ることになる．つまり本郷くんは，根津さんのつくった本郷くんを対象にした記事も見，それに対するクラスの反応にも接することになるわけだ．

取材される立場，記事を書く立場，記事を読む立場．いずれの立場にもそれぞれの意図があり，それらが交錯し，すれちがい，ぶつかり，説得し，融合したりする．そうしたさまざまな意図のせめぎあいのうえにメディアのテクストが成立していることが実感できれば，本ワークショップの目的はさしあたり達成されたといえよう．

[4] これを「ポートフォリオ」とよぶことがある．この言葉は，本来は紙ばさみや紙ばさみ形式の画集のことをさし，転じて代表的な作品を集めた画集の意味となった．

完成したインタビュー記事（サンプル）．マイクロソフト・ワードで作成．ごらんのとおり，あおった構図の写真が効いている．余白を残さず，三方断ち落としでレイアウトし，その上にメインタイトルを少し重ねて，迫力と躍動感を演出している．

さまざまな展開

　事情が許せば，制作した記事はすべてまとめて冊子にし，参加者全員に配付できるといい．そのうえで，最後にふり返りをする．そのやり方は別項に詳しく述べたので参照してほしい[5]．留意すべきなのは，作品（記事）の出来映えよりも，そこに至る過程において，参加者各自がどれだけ課題と格闘し，そこでなにに気づいたかという点に比重をおくことである．
　「友だちの絵本」は，メディアリテラシーの基礎を扱ったワークショップであることもあって，柔軟性に富んでいる．「絵本」といっているのは，取材対象者の写真や絵をフィーチャーしているから

[5] 本書「3　名刺パンフレット」22-33頁参照．

友だちの絵本

だが，テキストをうんと短くして，写真や絵の比重をもっと大きくしてもいい．記事を紙に印刷するのではなく，HTMLで組んでウェブにあげてもいい．写真の代わりに短い動画を組み込む方法もあるだろう．

　独立したプログラムとしても活用できるし，べつのワークショップの一部に組み込むこともできる．筆者は，本書で紹介した「あっというま名刺パンフレット」の一部に組み込んで実践したことがある[6]．これは新しい自己紹介ツールを考案するという趣旨のワークショップだが，作品制作を終えたあとで，他者の作品を紹介する記事を制作するという格好に変形している．ここでもポイントは，メディアを介して，自己を知り，他者を知り，相互の関係に気づき，そのなかでのメディアの役割を知ることである．

[6] 注[5]に同じ．**本書22-33頁参照．**

プログラム

[目的]
・メディアにおける「意図」を多面的に理解することを目標とする.

[特徴]
・メディアリテラシーのもっとも基礎的な課題を,身近な題材をつかって学ぶ.
・教育環境にあわせてアレンジできる柔軟性に富んだプログラムである.

[前提・必要条件]
・受け手としての一定程度の経験.基本的には高校生以上を対象.
・マイクロソフト・ワードなど,簡単なワープロソフトの操作能力.ただし,手書き・手貼りで作成するようにアレンジすることも可能.
・ばあいによっては,ファシリテータが事前に準備するもの
　　(1) 導入段階で使用する既成の人物紹介記事の選定
　　(2) レイアウトのテンプレート(サンプル)

[準備するもの]
・人物紹介記事(参加者に持参してもらってもよい),関心のあるものの写真(参加者が用意),白紙カード,解説用サンプル,記事制作道具(パソコン,紙,筆記用具など),撮影機材(デジタルカメラ,プリンターなど),プロジェクターなど発表用装置,各種シート(気づきを記入するもの,記事分析用,報告書用,評価用,ふり返り用など.汎用フォーマットをひとつ用意し,そのつど使い方を指定してもよい)など.

[実施の意義]
・メディアに流通する表象はすべてなんらかの「意図」にもとづいて構成されている.その事実を,頭だけでなく身体的にも理解することを目的としている.というのは,メディアにおける意図が必ずしも意識的にもたらされるものばかりではなく,そもそも表象するという行為自体に不可避に埋め込まれてしまうことを理解する必要があるからだ.だからこそ,メディア表象は自己のアイデンティティや他者の問題と切り離すことができないのである.
・本ワークショップでは,実際に取材・記事作成・発表・討論という過程をとおし,この能力を学習する.想定しているのは,高等学校における「総合的学習」だが,比較的汎用性が高いため,大学,社会人,シニアなど幅広い場面で応用可能.

[進行表]

時間の流れ	活動内容	人の動き	モノの動き	備考
0. 前日まで	既存の雑誌等から人物紹介記事を各自用意してもらう			
1. 導入①	概要説明，グループ分け，簡単な相互自己紹介．持参した人物紹介記事を題材に，気づいたことをディスカッション	グループワーク	人物紹介記事比較の気づきを記入するシートのフォーマットを用意．特定の人物に照準を当てた複数記事を教材として提供してもよい	
2. 導入②	記事を比較して，取り上げられ方の違いをディスカッション．気づいたことを全体で発表して共有する	ファシリテータは，議論が進まないグループのフォロー	人物紹介記事比較の気づきを記入するシートのフォーマットを用意．既存の人物紹介記事．	グループワーク時には，グループごとに机をわけるとよい
3. 導入③	記事分析：人物紹介記事を構成する要素をディスカッションして抽出．全体で共有	全体発表のあと，記事構成要素のリストを提示	記事構成要素分析シートのフォーマット，記事構成要素のリストを用意	
4. 実践①	インタビュー第1回	気づいたことを報告書に書き込んでもらう	白紙，カード，写真など．報告書フォーマットを用意	各自，関心のあるものの写真を持参してもらう
5. 実践②	インタビューのふり返り：うまくいった点，いかなかった点．インタビュー方法の基礎を解説する	参加者は，前回の報告書をもとにディスカッションする．ファシリテータは進捗具合を見ながら，インタビュー方法の基礎を解説する	前回の報告書（授業開始時に配付）	
6. 実践③	インタビュー第2回	参加者は報告書を作成し，提出	報告書フォーマットを用意	

7. 実践④	記事制作方法の基礎	ファシリテータによる解説．文章の組立方．見出しのつけ方．写真の構図など	解説用サンプル	
8. 実践⑤	インタビュー第3回，写真撮影など			
9. 実践⑥	記事制作	適宜，記事レイアウトの仕方などを解説	解説用サンプル	
10. 実践⑦	中間チェック	ファシリテータが「鬼編集長」となって，記事のドラフトをチェック．不適当な表現，わかりにくい点の指摘とともに個別に相談にのる	「鬼編集長」チェックの過程を参加者全員で共有できるよう，オープンな場所でおこなうこと	
11. 実践⑧	記事制作	相談には個別に対応	記事制作用の道具	
12. 実践⑨	相互チェック・仕上げ	取材対象者に記事を見てもらう．必要があれば修正		
13. 発表	ひとりずつプレゼンテーションしてもらう．参加者は発表を聞き，講評を評価シートに書き入れる	発表時間ややり方など条件を事前に提示し，当日はその条件を守る	発表に必要な装置（プロジェクター）など．評価シートのフォーマットを用意	発表が1回(90分)で終わらなかった場合，2回（計180分）に延長してもよい．ただし制作期間に長短ができるので，必ず参加者へのフォローを入れる
14. 振り返り	ふり返り・まとめ	ファシリテータが評価するのではないことを強調．評価するのは自分自身であり，同じ参加者どうし	ふり返り用フォーマットを用意	

・このワークショップは授業の一環として実践されました．1項目は，1授業＝90分が目安．

8 隣の国の晩ごはん

安美羅(あんみら)

身近なことほど知られていない

「隣の国の晩ごはん」は，メディアリテラシーと異文化交流を組み合わせたワークショップである．

外国との文化交流といえば，ふつうは伝統芸能の鑑賞や高尚な絵画の展覧会などが頭に浮かぶ．しかし私たちは外国の人々がふだんどのような暮らしをしているのか，たとえばどんな晩ごはんをどのように食べているかといったことについてはほとんどイメージを持っていない場合が多い．それぞれの国の食事のイメージの大半は，グルメ番組，海外旅行の雑誌やネット情報から得たステレオタイプなのである．

日本で長年暮らした私は，今でも韓国人によく，次のように聞かれることがある．「日本にいた時は刺身をたくさん食べたでしょう？」私が日本にいた頃，一番よく食べていたものはカレーだったけど……．逆に日本にいた頃は日本人から，韓国の焼き肉のことをよく聞かれたものだ．しかし生肉を直に焼いて甘辛いタレに漬けて食べるというスタイルは日本式で，韓国ではやらないことは今でもあまり知られていない．刺身と焼き肉に代表される両国の食べ物以外に，人々が日常的に食べている「ふつう」の食事はどのようなものか．実は意外と知られていない．日本テレビでは長い間，タレントのヨネスケが事前の連絡もなく見ず知らずの家を訪問し，そのお

うちの晩ごはんを取材するという人気コーナーがあった．あのコーナーが長続きした一つの理由は，同じ日本人でさえがふつうの人のふだんの食事をテレビで見聞きしたことがなく，新鮮だったことにあったそうだ．そのコーナーの名前が「突撃！ 隣の晩ごはん」．私たちのワークショップ名は，これをもじったものだった．

八ヶ岳とソウルを結ぶ！

　「隣の国の晩ごはん」はたがいの国のふだんの食事について，インターネットなどを使って学び合い，実際に調理をし，その国のマナーにそって食べてみることを通じて，メディアによってつくられたステレオタイプと外国の日常文化を深く体感しようという実践プログラムである．この活動をとおして，子どもたちは体験的に異文化を知り，自分たちが抱いていた相手国の食事のイメージと実際とのギャップがどうやって形成されたかを確認することができる．また相手国の文化と自分たちの文化のちがいと共通点を確認するきっかけにもなり，自分たちの文化について考え直す機会になる．私たちは大学院の授業でワークショップのプログラムをつくり，それを2001年秋に山梨県で開催された「全国マルチメディア祭」で実践した[1]．参加してくれたのは八ヶ岳山麓の小学5・6年生の子どもたち10名と，韓国・ソウル近郊の巨大なニュータウン，高陽市一山区の同学年の子どもたち．この八ヶ岳チームと一山チームを結びつけてスタートした．

　実践のあらましは次のとおりである．まず，相手の国がふだんどのような晩ご飯を食べているのかを想像し，文章や絵にしてネット経由で送る．届いた国では，そのメッセージと現実を比較しながら議論する．そして自分たちがふだん実際に食べている晩ごはんの代表的なメニューを決め，レシピを作り，交換し合う．そのレシピをもとに実際に食事を作り，相手の国の食事マナーにしたがって食べ

[1] このワークショップは，2000年度東京大学大学院学際情報学府の授業「メディア表現論」（担当：水越伸）でその原型がつくられた．その際のメンバーは，アヌラーグ・カシャップ，塚瀬三重，長谷川一，小喜多智彰だった．それを翌年10月から11月にかけて，小淵沢町からの依頼でメルプロジェクトのサブプロジェクトとして応用展開し，同年山梨

隣の国の晩ごはん

県で開催された全国マルチメディア祭の一環として実践、発表をすることになった。

八ヶ岳山麓の小淵沢町と近隣4町村（当時）と韓国高陽市一山区を結ぶ実践では、筆者、安美羅（イルサン）（当時・東京大学大学院学際情報学府）が全体をとりまとめ、日本側は安美羅、金児茂（当時・東京大学大学院情報学環助手）、黄朝煕（ふぁんちょひ）（当時・東京大学大学院学際情報学府）、内川奈津子（当時・早稲田大学教育学部）、小林麻美（当時・駒澤大学文学部）というメルプロジェクト・メンバーがチームで関わった。韓国側では黄朝熙と、神田外語大学韓国語学科の日本人留学生3名がファシリテートした。

最後にこの実践の実現には、小淵沢在住でメルプロジェクト・メンバーであった中森謹重氏（当時・小淵沢CATV局「にこにこステーション」局長）の尽力によるところが大きい。記して深く感謝したい。

てみる。これを日本と韓国で同時並行しておこなった。

1回目──相手国の晩ごはんをイメージしてみよう

初日の活動テーマは「相手の国の晩ごはんをイメージしてみよう」。まずは晩ごはん云々のまえに韓国という国のことからである。私たちは子どもたちに、韓国のイメージを図にしてもらった。真ん中に「韓国」と書いた楕円があり、その周りに8つくらいの空白の吹き出しを設けたシートを用意し、集まってくれた子どもたち各自にそこにキーワードを書き入れてもらったのである。キーワードは「日本からちかい」「キムチ」「塩がついたのり」など、だいたい似たような、ありがちなもので、数も少なかった。

次に韓国のお菓子を食べてもらった。日本にもある「かっぱえびせん」のようなスナック菓子などで、子どもたちは一気に興味を持った。同じようなんだけれど微妙に味付けがちがう。そこがポイントだったようだ。それから韓国のテレビ番組を見せ、そこに出てくる食事のシーンを解説して韓国のイメージを膨らませてもらうようにした。日本の番組と、これまた同じようなんだけれど微妙に内容がちがう。子どもたちの眼は画面に釘付けだった。考えてみればこの、同じようなんだけれど微妙にちがうというのが、日韓の関係性そのものかもしれない。

こうした活動のあとで、韓国の食事のイメージを各自、絵にしてもらった。その多くは、日本と同じようにごはんとおみそ汁が並びながらも「からい」「赤い」「やきにく」などというキーワードが書き加えられていた。絵はデジタル化して、韓国に送られた。

最後におこなったのは、「自分たちの食文化を振り返ってみる」こと。子どもたちは自分の家の最近3日間の晩ごはんのメニューを書き出してみた。たくさんのメニューの中から、「韓国の子どもたちに食べて欲しい」「これなら韓国の子どもたちも作れるかな」な

どと話し合って2品を選んだ．それは肉ジャガと天ぷらだった．ちなみに同じ活動をした韓国の子どもたちは「キムチ・チゲ」と「プルゴギ」を選んだ．子どもたちは結局，それぞれの国で代表的とされるメニューを選んだのである．

　実は日本の子どもたちが過去3日間の晩ごはんで一番よく食べていたのは，カレーやハンバーグだった．しかし子どもたちは，そういう洋食系ではなく，典型的な日本料理だと一般に思われているメニューを選んだ．この点は韓国も同じだった．子どもたちの間でもすでに「日本的なもの」「韓国的なもの」というイメージが，マスメディアによって作り上げられており，それにしたがったというのが現実だった．中高生や大人が相手であれば，このこと自体を議論の素材にできるだろうと思った次第である．

　この日は宿題が出た．2つのメニューについて，それぞれ自分の家の作り方のレシピを作成してくること．ネットや料理本は参照しない．そしてレシピとともに，それぞれの家庭の食事の風景や食器を写真で撮ってくることだった．

2回目──そのイメージはどこから来たんだろう？

　2回目は韓国の子どもたちからきた電子メールと，添付されていた日本のイメージの図を読み解くことからはじまった．メールの内容は，前回に送った「韓国の晩ごはんのイメージ」に対する返答である．ハングルで書かれた文章は子どもたちにとって新鮮だったようで「わぁ，まるで宇宙語みたいだ！」と驚いていた．ちなみにそれから子どもたちの間でハングルはずっと「宇宙語」と呼ばれていた．なかにはこれをきっかけに韓国語の勉強をはじめた小学6年生もいた．

　私が翻訳しながら伝えた韓国からの返事によれば，実際の隣の国の晩ごはんは，八ヶ岳チームがイメージしたものとはずいぶんちが

| 隣の国の晩ごはん |

八ヶ岳チームのワークショップの様子

っていた．そこで子どもたちはなぜちがうのか，どこがちがうのかを話し合うことにした．逆にどのような経緯で韓国の食事のイメージを持つようになったかも考えてみた．予想どおり，「テレビのグルメ番組で見た」という答えが多かった．

次に一山(イルサン)チームが描いた日本の食事イメージをチェックした．スシ，刺身，天ぷら，スキヤキなどが描いてあり，まちがってはいないものの，「毎日こんな豪華なものは食べていないよ」という印象を誰もが持った．また，配膳のしかたなどがあっているようで微妙にちがっていることも話題にのぼった．これについてもなぜそういうイメージが出来たのかを話し合い，八ヶ岳チームがイメージした韓国の食事イメージと同じようなかたちで，メディアが介在していることを確認した．

それから，各自が持ち寄った肉ジャガと天ぷらのレシピを1つにまとめる作業に取りかかった．これは案の定，大変手間がかかった．当然ながら材料，料理の手順，煮込む時間などが，家庭によってちがうからである．同じ肉ジャガでも，どんな具材を，どういう順番で入れるかは千差万別である．子どもたちは話し合いを通じて，共通しているおおまかなプロセスと個別のちがいを識別しながら，なんとかレシピをまとめていった．

このプロセス自体が子どもたちにとってはとても意味のある作業だった．なぜなら韓国の晩ごはんのイメージもメディアで作られて

いるが，日本の典型的な晩ごはんのイメージも，実は同じようにメディアが構成しているということがわかったからである．そのことを意識しつつ，子どもたちはグルメ番組や料理本などのメディアが提供してくれるのとはちがう，子どもたちなりの新しい肉ジャガと天ぷらのレシピをつくったのである．子どもたちが作成したレシピには，たとえば「おイモは箸でさしてみてやわらかくなるまで煮込む」などとわかりやすい表現が使われていた．

3回目——つくってみよう，演じてみよう

　3回目は相手国の子どもたちが送ってくれたレシピにしたがって実際に料理をつくり，その国の食事マナーで食べてみることにした．
　八ヶ岳チームは，食材も韓国市場で買ってきて気合い十分．本格的につくり始めた．子どもたちは「本場のキムチは辛い」「肉が日本のとはちがう」などと言いながら，韓国の子どもたちが送ってくれたレシピどおりに楽しく調理した．みんなの料理の腕前は予想以上で私は圧倒されてしまった．そしてすばらしいできばえの「キムチ・チゲ」と「プルゴギ」が完成した．
　いよいよ食事の時間．みんな大きい声で「チャルモッケスムニダ！（いただきます）」といってスタート．韓国では日本とちがい，お箸の他にスプーンも使う．しかも木ではなくて鉄など金属製だ．そしてお茶碗などの食器を手で持ち上げない．子どもたちは初めて使う鉄のお箸に「重いよぉ」「つまみにくい！」と苦労しながらも，韓国流で通した．キムチ・チゲの汁はスプーンですくって飲んでみた．辛いキムチに涙目になる子どももいた．日本と同じようにごはん，汁物，おかずが並ぶのに，食事の作法や食べ方が随分ちがうことに，子どもたちは驚いたようだった．
　ちなみに一山（イルサン）チームがつくった肉ジャガは，まるでカレーのようになってしまったということだった．肉ジャガとカレーは材料がほ

ぼ同じ，調理方法も途中までは似ているから，あり得ることだった．

隣の国の晩ごはん

最終回——フェスティバルでの発表

最終回は「全国マルチメディア祭」というIT振興のための総務省主催のフェスティバルでのイベントだった．定員300名の山梨県小淵沢会場は予想を超える人で満席．私たちは子どもたちを中心に，地元ケーブルテレビ局「にこにこステーション」が撮影してくれた「隣の国の晩ごはん」ワークショップの映像を上映しつつ，発表をした．はじめのうち，なにがはじまるのかと息を潜めていた客席の人々（地元の人々と，業界やお役所関係の背広族の人々）は，やがて好奇心と共感と笑いに包まれた．

ハイライトはなんといっても，韓国と日本の子どもたちをリアルタイムでつないだネット・ミーティング．それまでは電子メールとウェブサイトでの写真のやり取りだったが，最終回で初めて，お互いの映像をみながら話ができたのである．子どもたちは大喜びだった．感想を聞かれた日本の一人は次のように話した．「韓国の子どもが自分たちと同じ顔をしていることがわかった」．あまりにも当たり前のことだが，その子にとっては素直な感想だったのだろう．異文化交流で最も大切なことを学んでくれたと感じた瞬間だった．ワークショップの最後には，家族や地域の人々，関係者みんなに集まってもらい，お祭りのようななかで作品を見せたり，発表をしたり，意見を交換し合うのがよい．今回は大がかりなイベントの一環であったが，小さくてもいいからそうしたイベントをしめくくりに設ける重要性を，あらためて認識した．

プログラムが終ったあと，八ヶ岳の子どもたちと，韓国と日本の共通点，相違点について話し合ってみた．「顔が似ていた」「韓国のえびせんが日本のより味が濃くておいしかった」「住んでいる部屋が似ていた」「箸のおき方がちがう」などと話してくれた．「今回や

ったことで韓国が少し身近に感じられたような気がする」．多くの子どもがそういってくれたことは，私にとって，素直に，とてもうれしいことだった．

対称的，循環的，再帰的

　「隣の国の晩ごはん」は，韓国と日本だけではなく，いろいろな国や地域で応用可能だ．また国内でも東京と大阪の「晩ごはん」のちがいなどを通して，ローカル文化を理解し合うきっかけにできる．日本の中でも食をめぐるステレオタイプや誤解は少なくないはずだ．八ヶ岳と一山（イルサン）では，手描きの絵とネット・ミーティングというメディアを組みあわせて活動したが，アナログとデジタルを組みあわせるのが味噌．さらには子どもだけでなく，お年寄りまで対象にした幅広いプログラムをつくることもできるだろう．

　このワークショップのポイントは，相手となる国や地域の人々と自分たちが，同じ活動を同時並行してやり，相互交流していくことにある．相手もメディアを介して自分たちを誤解しているが，自分たちも同じことをしていること．相手国のお菓子と自分たちのふだんのお菓子．相手国の風習と自分たちの風習．そうしたことがらをつねに「対称的」に経験し，学んでいくことで，自国中心的なものの見方に陥らず，クリティカルであると同時に，どこかユーモラスな雰囲気を醸しながらお互いの関係を柔らかく開かれたものにしていくことができる．またメディアが一方的にステレオタイプを押しつけてくるのではなく，私たちもまたそのステレオタイプを生きて，その強化に荷担していることや，時にはメディアをしたたかに利用してイメージをつくり替えたりできることにも気づくきっかけをはらんでいる．この循環的，再帰的な特徴が，「隣の国の晩ごはん」の応用範囲を大きく広げ，メルプロジェクトの異文化交流系のワークショップに有形無形のかたちで応用されていったのであった．

プログラム

[目的]
・ふだんの晩ごはんという当たり前のことがらを通じて,異文化交流し,メディアリテラシーを体感していく.

[特徴]
・料理をつくって,その国の作法で食べる実践とネット・コミュニケーションの組合せであること

[前提・必要条件]
・交流相手国から来ている留学生などの協力が得られること
・調理して,食べるための施設や場所があること
・インターネットで相手国と交流ができること

[準備するもの]
・いくつかのワークシートと筆記具(複数色のペン)
・交流相手国でふつうに食べられているお菓子
・インターネットに接続可能なコンピュータ,画像を取り込むためのスキャナーかデジカメ
・相手からのレシピにしたがった食材と調理器具,食器など

[実施の意義]
・異文化交流を,食事という身近なことがらから深く体感できる.
・相手国と自国の活動が対称的で,役割交換しながら理解を深めることができる.

[応用プログラム,実施のヒントなど]
・国内の遠隔地間での異文化交流にも応用可能である.
・ぼんやりしたイメージを描き出し,交換することは,さまざまなタイプの異文化交流の出発点として活用できる.

[進行表](同じ活動を韓国チームも同時期に進行させた)

時間の流れ		活動内容	人の動き(モノの動き)	備考
1回目	15分	自己紹介と活動の説明		
	15分	韓国のイメージ調べ	用意したワークシート	子どもたち自身が自らの抱

				に，韓国のイメージをキーワードで記入してもらう	くイメージを確認するきっかけであると同時に，ワークショップ事前事後の評価のデータとしても活用
	15分	韓国のお菓子を食べる		韓国の子どもが普段よく食べているスナック菓子などをみんなで食べ，打ち解けたなかで印象を話し合う	高級菓子，おみやげなどではなく，普段のお菓子を準備すること．意外な共通性を子どもが発見するはず
	15分	韓国のテレビを見る		韓国ドラマの食事シーンなどを見て，リアリティを得る	お菓子を食べたままでよい．映画などでも代替可能．雑誌，マンガ，新聞などを併用すると効果的
	20分	韓国の晩ご飯イメージの描出		韓国の晩ご飯シーンを描く．紙と複数色のペン，色鉛筆など	終了後，スキャンあるいはデジカメで撮影，相手国へ送信．相手からも受け取る
	40分	日本側のメニューを決める		過去数日の夕食メニューを書き出し，韓国に伝えるメニューを決める	どのようなものを選ぶかについて大人が誘導しないように注意する
宿題		宿題		我が家のレシピを調べてくる	料理本やネットは使わず，家族にたずねて調べること
2回目	40分	韓国からのメッセージチェック		韓国から届いた絵やメッセージをめぐって感想を述べ合う．食事イメージにメディアが果たす役割を話し合う	自分たちが韓国へ送った絵やメッセージと対称的に比較するように助言
	50分	日本側のレシピ作成		持ち寄ったレシピを一つのものに総合する	相手国で作りやすいかどうか等に配慮した助言をする
3回目	120分	調理と食事		送られてきたレシピに基づき料理を作り，その国の作法に従い食べてみる	家族や友だち，近隣の人にも来てもらって試食会
4回目	90分	最終発表会		ここまでの活動をふり返り，相手国の子どもたちと交流する	写真やビデオはあらかじめ撮っておく．通訳の手配

コラム

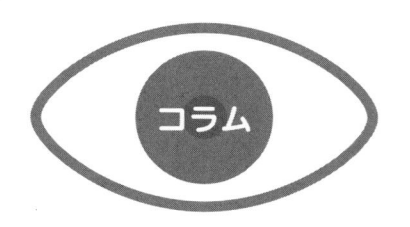

メディアのなかの「他者」

崔銀姫(ちぇうんひ)

　子どもの頃に光復節（8月15日．韓国の植民地時代終息記念日）記念番組でみた涙まみれの「在日」の姿は，妙に反日感情を煽った．近年，日本の夕方の情報番組などによく登場するようになった北朝鮮のイメージは，あの時の記憶を蘇らせるようで後味が悪い．韓国出身の私は，来日後さまざまな「在日」に出会い，初めて自分のステレオタイプな認識の愚かさを嘆いた．特にワークショップで出会った朝鮮学校の女子高校生たちの「普通」の明るさと元気な笑い声は，新鮮な刺激と希望を与えてくれた．メディア表現をテーマとしたワークショップの回数を重ね，自分を表現するなかで朝高生たちは，マスメディアによる固定的なイメージの反復的な生産に対し，捨てられた表象の欠片を拾い合わせて自分のアイデンティティを改めていった．

　ワークショップ実践を通じて，参加者は現実とステレオタイプなイメージとの違いにクリティカルに気づき，その経験を日常生活にも応用できるようになる．たとえば「他者」の立場に立つ経験を通じて，日本と韓国の文化的イメージの鏡像的な関係や，それを乗り越えた多様性を自覚することができる．実践を通じて目指したいのは，さまざまな「他者」の表象が可能なメディア空間の創造だ．批判的な受容と創造的な表現をワークショップで実験的に相互作用させるなかで，「自己」のアイデンティティが反復的，重層的，批判的，そして再帰的にとらえられるようになることである．

　実際いくつかのワークショップをやってみると，学生にとって，テレビが映し出す「他者」のステレオタイプなイメージの影響は相変わらず根強いことがわかる．魑魅魍魎が跋扈するような言説やイデオロギー，小規模なコミュニティの隆盛，追いつかないくらいの猛スピードで進歩するテクノロジー，混沌するグローバルな政治・経済情勢のなかで，「自己」を確立することは容易ではない．そういう意味でも，実践を日常的な生活のレベルにまで成熟させるためには努力と忍耐が必要だろう．

　しかしながら，今，マスメディアの創る画一的なイメージに悔しさを抱くあなたは，既に気づいている――そのような疑問こそが，表象空間をダイナミックなものに変えていく原動力であることに．

③ メディアを結ぶ

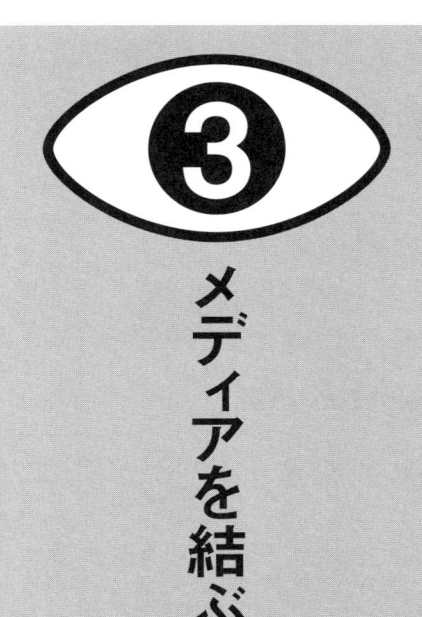

私たちはテレビを毎日のように見るにもかかわらず,どのように番組が誕生するのかあまり知らない.放送局は,いわゆる専門家だけの遠い世界だ.互いに専門家と市民が行き来して対話することはほとんどない.他にもジャーナリズム,博物館,科学技術,法律など専門家と市民の間に溝がある領域は多い.では,専門家と市民をつなぐために,どのように橋を架けることができるのだろうか.ここではメディアをめぐる4つの実践を紹介する.いずれも,その可能性や課題を論じているが,強調したいのは,関係性をただ観察したり,分析したりするだけでなく,実践的に組み替えていくことまでを視野にいれていることだ.その意味で新しいメディア研究のあり方とはどのようなものかについての問題提起を含んでいる.

(境真理子)

博物館と市民をつなぐ

村田麻里子

博物館と市民との乖離

　専門家と非専門家とは，どのような関係にあるのだろうか？　わかりやすい例として，マスメディアにおける情報の流れをみてみよう．「あなた送る人，わたし受け取る人」という構図にみられるように，テレビや新聞など大量の情報を一方向的に大人数に向けて発信するマスメディアでは，情報を扱う専門家と，情報を受け取る非専門家との間には，大きな距離がある．こうした距離が拡大すると，さまざまな局面で認識の違いをもたらし，ときに弊害を生み出す．もちろん，これはマスメディアを扱う組織の規模やがたいの大きさとも密接に関係している．しかし，この専門家と非専門家の乖離という現象は，なにもマスメディアに限ったことではない．私の研究している博物館の領域でも，これと相似の関係性が博物館と市民の間にみられるのである．すなわち，博物館職員という専門家と，市民という非専門家の間の乖離である．

　博物館にはどのような人たちが働いているのだろうか．それは博物館の持ち主[1]によっても異なるが，どの博物館でも共通して働いているのが，学芸員という人たちである．学芸員は，博物館の基本的な仕事である収集・展示・保存・研究の全てにたずさわる，博物館のなかでも特に専門的な知識が求められる人たちだ．たとえば展覧会を開くときなどは，彼らが業者と協力しながら，展示空間をデ

[1] 大きく分けて国立，公立，私立がある．公立は，県や市町村などの地方公共団体の所有．私立は企業，財団法人，個人，NPOなど持ち主は多種多様．

ザインしたり，出品物を貸し借りしたり，広報をしたりする．そのほかに，博物館の館長（や副館長）も重要な決定に関わる専門家である．さらには県や市町村の職員，科学者，研究者などの専門家たちが博物館にたずさわっている．ところが，展示をみにいく市民である私たちは，作品のことについては考えても，いったい誰がどうしてこういう展示を企画したのかということや，普段誰がどのように作品を管理しているのかについて，あまり考えない．そして，じつは博物館の側も，「市民のため」と謳い文句を掲げつつも，市民の姿がみえていないことが多い．

ミュージアムには誰が来ないの？

　博物館にはどんな人たちが来るのだろう？　家族連れ，カップル，友達同士……．勉強熱心な学生（美大生など）や，専業主婦同士のグループ，子どもを連れたお母さんなども多い．これらは基本的には，余暇で訪れる人たちや教育（勉強）熱心な人たちだ．でも，ここではあえて質問を逆にしてみよう．博物館に来ない人は誰だろう？

　「博物館に来ない人」には，「博物館にそもそも関心のない人」と，「博物館に来られない人」の2パターンがある．前者と後者の線引きは見かけほど簡単ではないが，ここではとりあえずこのように分けて，後者について考えてみよう．「博物館に来られない人」というのは，さまざまな時間的あるいは物理的制約から来られない層である．たとえば仕事や生活に手一杯で来られない人たちがいる．単に忙しくて来られない人だけでなく，金銭的な余裕がなくて来られない人たちがいる．他にも，障害者や高齢者など，身体に不自由のある人たちにとっては，博物館はハードルの高い余暇だ．さらに，入院生活を送り続けている人や，体の病弱な人にとっても同様である．

博物館と市民をつなぐ

　「博物館に来られない人」は，社会のなかに多数存在する．じつは，博物館はそもそも非常に限られた層に向けてのみ開かれている施設なのだ．博物館法という法律によれば，博物館は「一般公衆の利用に供し，その教養，調査研究，レクリエーション等に資するために必要な事業」を行う機関として位置づけられている．すなわち市民の「教養」と楽しみのための存在ということになるのだが，もちろん上記のような制約のある人たちは，ここで博物館の想定する「市民」からはするりとこぼれ落ちてしまう．それなのに，博物館は「市民のため」という言葉の中身をまったく疑わないまま，この法律を拠りどころにしている節がある．

　博物館の専門家は，博物館に喜んで来る人たちのことはある程度みえても，博物館に足を運ばない人たちのことはなかなかみえない．しかし，これでは博物館と社会の回路は非常に限られたものになってしまう．そして，専門家と市民との回路も，とても限定的なものになる．

博物館と病院をつなぐワークショップ？!

　博物館と社会とのあいだに新たな回路をつくって，博物館の可能性を広げたい．そんな思いから，博物館と病院をつなぐプロジェクトを，数年間行った．

　それはじつにひょんなことから始まった．元看護師だった同級生の修士論文のテーマについて相談にのっていた折に，たまたま病院と博物館をつなげるワークショップという案を出したところ，実際に自分が一緒にやることになってしまったのだ．まさかこのプロジェクトが，その後数年続くことになり自分にとって重要な研究になるとは，そのとき全く思っていなかった．博物館のコレクションを病院の院内学級[2]や養護学校に持ち込み，そこで学芸員と共にワークショップを行うというこの実践は，単純なようでじつに難し

[2] 院内学級にはいくつかパターンがある．病院内に学校の特別支援学級が一部設置されている場合や，病院内に養護学校の一部または全部が設置されている場合など．

く，同時に意義深いプロジェクトであることが，はじめると同時にわかってきたのだ．というのも，博物館の専門家が病気療養児のいる側に入り込んでいくというこのプロジェクトは，博物館に足を運ばない人たちの博物館に対する認識の希薄さを，彼ら自身が目の当たりにしなくてはならない場となりうるからである．つまり，いままで全く回路のなかった専門家と市民との間を急につないだことで，専門家たちが戸惑い，自分たちの存在意義が揺さぶられるような場面に遭遇したのである．

専門家がショックを受ける

　長野県にある養護学校と，東京の科学館を結びつける実践[3]を行ったときのことは，その意味で印象深い．いま思えば，この実践が学芸員の人たちにとっていかに大変で挑戦的な実践であるか，本人たちのみならず私自身もまだわかっていなかった．

　この養護学校は，病院と隣接しており，子どもたちが病院の治療を受けながら通っている学校である．私たちは，学芸員とともにいろいろな機材や道具を準備して，長野県へ出張し，そこの学校の教室でワークショップをすることになった．必要な荷物はダンボールに詰めてすべて郵送し，現地のビジネスホテルに泊まりながら，数日間レンタカーでその養護学校に通った．

　学芸員らが今回ワークショップを行う環境は，当然普段と全く異なる．彼らがいつもワークショップをする相手は，当たり前のことだが博物館にわざわざ足を運んだ人たちである．そして，もちろんワークショップへの参加を望む人たちである．カッコいい科学館の開催するワークショップに参加できたラッキーな人たちである．しかし，今回実践を行ったのは，普段は学校の授業が行われている教室だ．しかも，相手はよくわからないまま参加させられた子どもたち．ワークショップの結果そのものはまずまずだったのだが（大き

[3]この実践は，東京大学大学院情報学環メルプロジェクト，日本科学未来館，長野県寿台養護学校とが連携協力して実現した．ワークショップ実施日は2003年7月29・30・31日の3日間で，学校開放日を利用して行われた．

な失敗はなかった），それでもこちら側の期待どおりにはいかなかった．そのことに，学芸員の人たちのプライドは大きく傷ついてしまった．そのため私は不十分なコーディネーターだと彼らの恨みをいっしんに買うことになったのだが（そしてもちろん不十分な面は多々あったのだが），じつは本人たちはとてもショックだったのだと思う．同時に，何が起きたのかを，うまく整理できなかったのであろう．「博物館に来ない人」を対象にワークショップを行うことは，これほどまでに大変なことなのだ．そして，こういう層に，普段博物館は全く目を向けていないのである．

病院関係者たちの不安

　もうひとつ，別の実践例[4]をみてみよう．元看護師の同級生は，かつて働いていた大学病院に，院内学級があることに着目していた．そこで，私たちはその院内学級と，同じ大学敷地内にある大学博物館とを連携させる計画をたてた．院内学級からみれば子どもたちのQOL向上[5]のために，博物館からみれば外部への発信と資源の活用に，という目標設定をたて，それぞれの施設に話をもちかけた．とはいっても，博物館の学芸員とは知り合いだったため，このときに実質的に必要だったのは，院内学級側との交渉だった．

　交渉には想像以上に苦戦した．私たちは，自分たちの極めて素直で「善良」な試みが，いぶかしげに思われるとは予想だにしていなかった．しかし，病院に博物館のコレクションを持ち込み，子どもたちにむけて学芸員がワークショップをするといういたって「無害」なこの仕掛けに，院内学級の先生方は容易にゴーサインを出してはくれなかった．ワークショップの枠組みが学習指導要領と合わない，学習効果がなにか文書で示してほしい，子どもたちにアンケートの類はとらないでほしい，記録用であってもビデオカメラはまわさないでほしい，学芸員とのビデオレターは子どものプライバシ

[4] この実践は，東京大学大学院情報学環メルプロジェクト，東京大学総合研究博物館，東京大学医学部附属病院内東京都立北養護学校東大こだま分教室とが連携協力して実現した．ワークショップ実施は2002年12月，2003年7月，2005年11月の3回．「総合的な学習の時間」を利用し，それぞれ1～3日間かけて行われた．なお，東京大学総合研究博物館は大学博物館であるため，学芸員は大学教員が兼ねている．実践の趣旨を理解し，敢えて異なる学芸員が毎回博物館に来てくれた．

[5] QOLとは，クオリティ・オブ・ライフ(quality of life)のこと．定義はさまざまだが，おおまかに言って病気にもかかわらず生きる意欲をもてるような状態を目指すこと．

ーに関わるのでやめてほしい，などなどこちらが予想もつかないような細かい指示が次々に出て，私たちは実践がどんどん縮小されていくような焦燥感を感じた．楽しい企画を提案するたびに，それは子どものプライバシーに関わるので医師や親御さんの承認が必要で面倒だ，もしかしてこの実践自体がだめになるかもしれない，と脅されている感じがした．とにかくプライバシーを理由になにもやらせてもらえないのだ．なにより不満だったのは，まるで私たちが子どもたちを使ってモルモットの実験でも行うかのような警戒心が感じられたことだ．

　しかし，徐々にわかってきたのは，病院という建物のなかに学校があることの特殊性である．病院には「延命」という絶対的な軸がある．この延命のためになされる治療は，いかなる事情にもまして優先されるべきものであり，いかなる論理よりも正しい．学校の授業ですら，邪魔であるかのような扱いを受けることもある．治療の論理の前には，たとえば日々の患者（子どもたち）の暮らしぶりやストレス，退院後の生活などは全く考慮されることはない．ましてや，この論理のなかに私たちのような外部が入り込むことの困難さは予想以上だ．ここで優先されるのは，最先端の医療であって，わけのわからないワークショップではないのだ．学校の先生たちも，医師や子どもたちの親に遠慮しながら日々教育活動をしており，かなり神経質になってしまっているのだ．私たちを受け入れたことで，なにか起きたらどうしようかと．

　そして，病院で「延命」のための治療と表裏一体をなすのが「研究」だ．大学病院では患者への治療は，実験と研究でもある．院内学級の先生たちが大学院の「研究」の一環である私たちのプロジェクトに警戒を示すのには，こうした病院文化が背景にあるようだ．子どもたちを対象にした研究イコール実験と結びついてしまうようだ．

　さまざまな面での院内学級の消極性に当初私たちはしばし憤りを覚えたけれど，よく考えてみれば，博物館側（今回は私たち）だっ

博物館と市民をつなぐ

て，博物館が外に向けて発信することはよいことだと，こちら側の価値観を押しつけていたともいえる．そして，これは博物館が常に陥りがちな罠だ．博物館が外に向けて発信したいと考えたとき，こうした相手（市民）との認識のズレに必ず直面する．それを乗り越えて外に向かってこのような実践を行っていくのは，容易なことではない．博物館はやはり自分の建物に来る市民を待ち構えているほうが楽なのだ．その結果，博物館には同じ種類の人しか来なくなり，閉じていってしまう．

しかし，一度目の実践にこぎつけた後は，院内学級の先生方もとても喜んでくれた．マスクをして点滴の管を身にまとった子どもたちが学芸員の話をきらきらした目で聞いたり，コレクションに触れて穴のあくほどみつめている姿をみて，ほっとしたようだった．そして，学芸員の側も，実際に彼らと接することで衝撃を受けたと言ってくれたことは，大きな成果だった．ここの学芸員たちは，当初からこの実践に深い理解を示してくれてはいたが，彼らが普段縁遠い層の市民と関わることで新たな刺激を受けたことは，このプロジェクトにとっては重要だ．この院内学級との連携は，はじめから大変だったにもかかわらず，なんとその後，数回続けることができた．

博物館の専門家にとって，想定外の市民と接することの重要性がこの実践からみてとれる．ちなみに，ここにおける想定外の市民とは，病院を取り巻く人々（教員，病気療養児，その家族，医者など）である．外部に向けて発信するとき，そこでは博物館のなかで当たり前の常識は通用しないのだ．

異文化コミュニケーションは楽じゃない

それにしても，いったいなぜここまで大変な思いをしてワークショップをしたのか？　正直な答えとしては，結果的に想像以上に大変だった，ということだ．はからずも，このプロジェクトは当初の

ワークショップ当日の様子

眼目だった博物館の専門家と市民との乖離について考えるという枠内に全く収まりきらないプロジェクトだったのだ．

つまり，専門家と非専門家の乖離という問題を抱えていたのは，博物館だけではなかったということだ．病院も，学校（院内学級や養護学校）も，同じようにそうした問題を抱えた組織だったのだ．したがって，このプロジェクトは，病院，学校，博物館という全く異なる組織の文化が接触する，異文化コミュニケーションの場を生起させるものとなった（図1）．

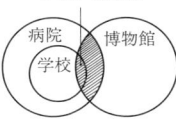

図1 学校・病院・博物館の接触

私たちは日ごろテレビのニュースや新聞に接するなかで，毎日のように国家間や民族間の衝突や，文化的な摩擦の報道を耳にする．ある文化で当たり前になっていることが，別の文化ではまったく非常識だったり不可解だったりするため，異文化コミュニケーションはとても難しい．私たちはそのことを頭ではわかっているし，国家レベルや民族レベルの摩擦を実際肌で感じることもある．けれども，「文化」というのは，じつは組織や機関も持っているのだ．それは同じ日本人同士だとかいったこととは全く関係がない．それぞれの組織や機関には，それぞれの文化があり，それに基づいて機能している．したがって，そのなかで当たり前になっていることにすら，気がつかないのだ．そのため，今回の実践では，小さな摩擦がたくさん起きた．その摩擦こそが，それぞれの組織が内向きだったり，組織として閉塞していたりする現状を浮かび上がらせる興味深い現象となった．それは組織の限界や視点の狭さや抱えている問題に気づかせてくれる．そして，そのことに気がついた組織は，立ち直る契機を持つことになるともいえる．専門家と市民の回路を考えていくと，異文化コミュニケーションの問題につきあたるというわけだ．

異文化コミュニケーションは，言うほどは簡単ではない．しかしその摩擦の意味を考えていくことが，組織の閉鎖性を考えていくことにつながる．私自身，実践をやりながらそれに気がついていったことが，なによりも意義深い．

プログラム

［目的］
・博物館と市民との間の新たな回路をつくる．

［特徴］
・当日のワークショップのみならず，病院とミュージアムという異なる組織をつなげようとするプロセスそのものを実践と捉え，そのコミュニケーション自体に着目すること．

［前提・必要条件］
・ミュージアム，病院それぞれに協力してくれる人物がいること．
・事前にワークショップの対象となる患者の病状を確認しておくこと．

［実施の意義］
・ふだん博物館が接している市民とは異なる市民に触れることで，博物館（の関係者）が社会とのつながりや，館のコミュニケーションについて捉えなおすきっかけになる．一方で，病院という限られた空間内で生活する院内学級の子どもたちが，移動という身体的に大きな負担を経験することなく博物館の活動や資源とじかに触れる機会をつくる意義も大きい．その意味で，回路作りを通じた社会のノーマライゼーションを目指す実践ともいえる．

［実施のヒント］
・病院とミュージアムでなくても，幅広い文化施設や組織を対象に行うことができる．また，たとえば高齢者など開拓すべき市民層もいろいろと考えられる．

[進行表]

※実践は複数回行われているため，今回はプログラムの1例を示す．1回目は，貝を研究している学芸員に子どもたちが記者になって取材し，新聞記事を書く．2回目は，貝自体の観察を目的として好きな貝殻を学芸員持参のコレクションから選びスケッチをする．

時間の流れ		活動内容	人（スタッフ）の動き	活動の具体
（準備）		博物館および院内学級との交渉（実はここが実践の難関であり肝！）		企画書を作成し，博物館および病院とそれぞれ交渉（数ヶ月前から交渉を開始）．病院側のプライバシーに関する方針の確認，子どもたちの症状の把握，学習指導要領における位置づけの明確化，博物館のコレクションの持ち出し条件など細かい交渉を繰り返し，それに沿う形のワークショップ内容の提案とすり合わせを行う．適宜双方の交渉や要望によって対応する
0. 事前学習		ビデオレターを作成して渡す（博物館の紹介，学芸員の挨拶，ワークショップで扱うコレクションなどについて）	院内学級側に，放課後などに子どもたちにみせてもらえるように依頼	本来，ビデオレターの相互交換が望ましいが院内学級側の方針による
1回目				
1. 導入	5分	スタッフ挨拶，概要説明	スタッフ：ファシリテーター，アシスタント，学芸員の3名（最低限），および院内学級の教員	コレクション，作業シート，原稿用紙などを持参．デジタルカメラ，文房具などは事前に院内学級に用意してもらう
2. ネタ提供	15分	学芸員によるレクチャー（貝の不思議について）	学芸員が自らの研究をわかりやすく伝える	

3. 取材	15分	記者（子どもたち）による質疑応答		
4. 企画構想	15分	記事の構想を練る（記事の内容，レイアウト，とりたい写真を考える）	スタッフが随時アドバイスやサポート	
5. 記事作成	45分	再インタビュー（必要であれば）		
		記事の執筆と撮影		新聞のレイアウトをあらかじめ決めておき，目安の量を提示．新聞は病院の壁に張られることを伝える
6. おわりに	5分	ワークシート（アンケートの変わりに）		子どもの体力的な負担軽減のため，学習とアンケートを兼ねたごく簡単なワークシートを作成
	（2回目までに）			新聞の記事らしくレイアウトし，白黒コピー．子どもたちに配布し，同時に病院内のコーナーに展示してもらう
2回目		(子どもたちの体力的な負担が内容に影響するため，1回目との連続性にこだわらず，緩やかに捉えるほうが企画側の心労も少ない)		
1. 導入	5分	導入	スタッフ：ファシリテーター，アシスタント，学芸員の3名（最低限），および院内学級の教員	白Tシャツとアイロンプリント用用紙を人数分用意．院内学級側に絵の具や色鉛筆，スキャナーやアイロンを用意してもらう
2. 題材選び	10分	好きな貝殻を選ぶ		学芸員に貝の名前や特色などを聞きながら選ぶ
3. スケッチ	45分	スケッチ・色づけ		学芸員も子どもたちとスケッチすることで，子どもたちがそれをみながら貝殻のスケッチの仕方を学ぶことができる
(おま	45分	Tシャツ作成		・スキャニングで取り込み，ア

け)					イロンプリント用紙に出力．Tシャツに押し付けて完成 ・体力的負担の少ない範囲で子どもたちにスキャニングやプリントをさせる

10 送り手と受け手の対話づくり

境真理子

送り手と受け手を分ける溝

　どちらも「わかってないよなあ」と感じている．それが放送の送り手と受け手をめぐる不幸な現実だ．溝は深く，乖離は広がり続けている．

　放送をめぐる現実は，送り手と受け手に大きく二分されていて，たがいに対話をすることはほとんどない．たがいに全く無関心かというと，そうではない．送り手と呼ばれるひとびとは，専門家の誇りを持ちながら番組を作る．受け手と呼ばれるひとびとは，憧れや反発が混じり合った眼差しで日々膨大な番組を受けとめている．受け手にとって放送局は敷居の高いところだ．放送が，どのようなひとびとによって，どのような背景や過程のなかで作られたのだろうと想像するのは難しい．送り手にも自分たちが送り出している先の，ひとびとの顔は見えない．電波に乗って番組だけが届けられ，消費されている．

　もともと放送は市民には近づきがたい領域である．長く専門性という名のもとで閉じていたから，「素人はプロが作ったものを見ていればよいのだ」という言い回しも普通に支持されていた．いまは時代の要請もあり，少しずつ開きかけているが，送り手と受け手が自由に語り合う場はほとんどない．自然に双方が歩みより，対話が起きることも考えにくい．

しかし，おたがいのあいだにある矛盾をはらんだ溝を放置していても何も始まらない．不幸な関係を越え，よりよい放送を求めるなら，「あいだ」で何かをしなければ変わらない．であれば，アカデミアや公共文化施設などが，中間に場を設けて専門家と市民を出会わせる仲介人を引き受けることが必要ではないか．送り手と受け手が，普通のひとびととして話し合う対話の場を設けよう．相手が遠すぎて，眼差しを交わしあうことがないのであれば，そのあいだに回路を作ろう．そのような問題意識から「送り手と受け手の対話ワークショップ」は構想された．日本民間放送連盟と東京大学大学院情報学環メルプロジェクトの共同研究で行われ，放送の送り手と受け手が，たがいを理解し合い，対話を進めるための場のデザインを試みたのである．

回路を作ろう

　新たな回路を作り出すことができれば，私たちのメディア社会はもっと豊かで優しくなれるだろう．送り手と受け手がたがいに学びあい，わかりあえる場とはどのようなものか．たがいの眼差しを交換し，豊かな対話が生まれる回路とはどうすれば作ることができるのか．当然，勝手に線を引けば道ができるわけではない．回路は自然にできるものではない．では，どのような場を作ればよいのか．

　送り手にとっては，自らが何を送り出しているかを客観視するきっかけとなるような場が必要だ．普段あまり意識化されていない仕事を対象化，相対化することを通して，メディアのあり方を変えることにつなげたい．また受け手にとっては，マスメディアを批判的，創造的に読み解いていくことで，固定化したコミュニケーションを回復するきっかけとなる場である．

　そこで，ワークショップという手法を通して，回路を見出そうと考えた．そのために，ワークショップのデザインが必要となる[1]．

[1] 企画実践の中核メンバーとなったのが，長谷川一，宮田雅子（両者とも東京大学大学院学際情報学府博士課程・当時），佐藤翔子（多摩美術大学研究科修士課程・当時）の3人である．

送り手と受け手の対話づくり

課題を整理してみよう．送り手は仕事を対象化できず，送り出した結果に無頓着だ．受け手の側は，暮らしに入り込んだ放送が自明なものに思われ，膨大な情報に無防備でその影響を自覚しにくい．送り手の無意識と受け手の無防備を，強く意識するためには，見えにくいものを見えるようにする，可視化のデザインも必要だ．また，テーマだけでなく，時間や場所，参加人数，チームの組み合わせ，ファシリテーターの人数など，隅々まで細かく見渡すことも含めて重要なデザインであるととらえていった．

溝の中間地帯にコミュニケーションの場をデザインするなかで，重視すべきポイントが明確になっていった．単なる話し合いやセミナーではなく，身体を使い感覚をフル稼働させて，理解し，表現するワークショップが有効だと実践チームは考えた．そして，「送り手と受け手の対話ワークショップ」は，2004年と2005年の2回にわたって，東京と山口で実施された[2]．

東京のワークショップの場を，科学ミュージアムに選択したのには理由がある．放送もミュージアムもどちらも情報を発信するメディアであり，抱える課題もよく似ていた．つまり，専門家である科学者と非専門家である市民は，そのまま送り手と受け手の構図に当てはめて考えることができた．専門家と市民の乖離という課題は共通していたからである．そして，専門と非専門という従来の二項対立図式を越えていくヒントが，ワークショップという手法からみえてきた．

初期の段階で，重要だと考えたのは，送り手と受け手それぞれが持つ偏見に，私たち自身がからめとられないようにすることだった．そのためにまず従来の偏見を異化し，対象化できないか試行錯誤した．通常は，送り手や表現者に「創造的な」という形容詞が，受け手には「批判的な」という形容詞が付けられるが，それを逆にして組み替えを試みた．すなわち，受け手を「創造的なオーディエンス」，送り手を「批判的な表現者」と呼び，たがいを結びつける回

[2] 1回目が，2004年11月19-20日，東京の日本科学未来館で，2回目は2005年1月7-8日，山口市の山口情報芸術センターで実施された．

路作りに注目した．関係性を編み直すことで参加者の気づきを促し，さらに，地域に還元するための先端的モデルを作る実践をめざした．

構想の初期は，まきこみ型の対話空間に30人から35人くらいが参加するワークショップを想定し，送り手が，子どもたちを含めた異分野からの参加者と出会い，対話を深め，やがて種となって地域へ出て行くイメージを描いた．このようにしてはぐくまれた対話が生み出すものを次のように整理した．(1) 放送に関わる人間の全体性を回復する．(2) いまある放送を異化し，オルタナティブな可能性に気づく．(3) それらを通して地域社会における放送の公共的な意義や役割を意識できるようになる．(4) 対話を通して，あらたな放送ビジョンを描けるようになる．

放送は国家による規律，業界の習わし，制作上の慣習など，さまざまな「掟」がピアノ線のように張りめぐらされたシステムだ．対話において，なによりもそのシステム内部に棲む送り手を覚醒させることが重要だった．もしそれができれば，科学技術，医療，裁判員制度などの，専門家と非専門家（市民）との乖離をつなぐデザインに応用できるだろうと考えていた．

対話を生みだすワークショップデザイン

3人の企画者を中心としたプロジェトメンバーは，テレビをめぐる偏見を異化し，対象化するにはどうすればよいか議論をかさね，テレビが存在する社会の時間軸や空間軸を動かしてみるという，奇想天外なことを思いついた．

たとえばテレビのない時代にタイムスリップしたとして，その時代の人々にテレビを説明してみる．あるいは未来人に，いま現在のテレビのありようを説明する．そうした説明を，モノを作ったり，身体で表現したりというアクティング・アウトを用いた演劇的なワークショップ形式で行うのだ．

送り手と
受け手の
対話づくり

演劇の中で課題を説明

王国から課題が提出され議論が続く

チームに分かれてディスカッション

しつらえた演劇的空間でグループ発表

　何度か模擬実験を行い，最終的には，現実社会とはちがうパラレルワールドを想定し，その世界の放送を送り手と受け手が協力して構想することを通じて対話を深める，合宿形式のワークショップを実施することになった．

　パラレルワールドとは次のようなものである．太平洋上に架空の島国がある．その島国は先進国として発展し，新聞もインターネットも普及しているが，放送だけが存在しない．長年にわたり，島の上空を覆う謎の粒子群が電波を跳ね返してきたからだ．だから島民はテレビというものを知らない．しかし近年，電波障害が解決されたので，国王はテレビを普及させたいと考えた．さて，見たことのないテレビとはいかなるものなのか．この国の放送はどのようなあり方がいいのか．これが物語の前段だ．参加者は王様から招待された訪問者となり，放送がない架空の島国に，新しい放送の仕組みを作り出す共同作業に取り組むことになる．それはいま日本にあるような姿である必要はなく，技術，制度，産業，組織，文化など，いろいろな次元においてオルタナティブを構想していく必要があった．

　まず，王国からテレビのある国に視察団が派遣され，いまの日本の放送のありようが検討される．本当に放送を導入しても大丈夫なのか．どのような放送なら地域や暮らしをより豊かにできるのか．次に，そうした問題解決のため，現役の民放局員，他のメディアの関係者，学校教師，子どもたちを含む一般のひとびとがグループワークをした．1グループが7人ほどのチームを作り，議論を重ね，紙や布，木材やモビールといった素材を活用してモノを作りながら，新たな王国の放送のありようを寸劇のかたちで表現して提案した．

　各グループから飛び出したアイディアはどれも独創的なものだった．たとえば，国民は，一定の期間，必ず放送局で働かなければならないとする「徴放送制度」を思いついたグループ．盆踊りのような櫓を作り，テレビを街中でみんなが見るメディアとしたグループ．このほか，放送局の社長や局長を選挙で選ぶ仕組みや，市民がケー

タイ端末で番組づくりをするシステムなど，である．言うまでもなく，アイディアの優劣ではなく，話し合うプロセスが大切なのだ．そしてこれらのアイディアは，いまの放送が抱える深刻な問題を，見事に照らし出していた．市民の自由で気のおけない言葉は，切っ先鋭く専門家に突き刺さっていく．それが閉じた領域の専門家を驚かせ，気づかせることにつながる．それによって放送のさまざまな可能性が複眼的に見えてきたのだった．

　プロセスにそって，このワークショップを整理すると5つのポイントにまとめることができる．①ストーリー仕立てである．②身体を使って表現する（アクティング・アウト）．③説明する，語る．④振り返る．⑤一連の流れを緻密に計算された小道具や空間のしつらえが支えている．

　私自身はファシリテーターの役割を担いつつ，グループワークにも参加した．参加者として振り返ると，演劇表現のアクティング・アウトは思いのほか楽しいものであった．架空の世界で別人になれる開放感．思えば何十年も，身体を使っての表現，演劇やダンスなどをしたことはなかった．表現とは，もっぱら文章を書く，映像の編集をするなど，机の上の世界に片寄っていた．ひとびとを説得するために扮装し，大きな手振りや身振り，声を出して動きまわることなど，場と物語が設定されなければ大人の世界ではほとんど不可能だ．ワークショップに取り入れられた演劇的表現は，「ぶっ飛んだ」発想を閉じこめることなく，堂々と外に出せる力を生み出す．思いこみを捨て去り，新しくものを考えるときに有効だと思われた．

ワークショップの有用性と課題

　参加者がひとつの目的に向かって一緒に作業をし，ほかのひとびとに向かって発表していくというテーマが与えられた2日間の「王国の旅」では，送り手や受け手という立場や年齢も，限定的にしか

放送のありようを寸劇のかたちで提案

アクティング・アウト後の振り返り

振り返り．感想を述べ合う

送り手と受け手の対話づくり

意味をもたない．全員が，あたり前の現実や日常から切り離され，不安定な状況で作業をしていかなければならないようなとき，私たちは否応なくひとびととコミュニケーションをしなければならない．コミュニケーションをとることなしに進むことができない．普段は対話がおきる瞬間やプロセスなど考えたことがないから，不安定な状態のなかから対話がおきてくる経験は，対話の誕生を見届けたような興奮があった．

一方，ワークショップという普段の所属や地域とは関係のない非日常的な場に投入されると，チームは疑似家族を形成するようにも思われた．現実につながりのないメンバーは，無意識に家族のように振る舞い役割を振りあてあう．短いワークショップであっても，家族のような保守的なコミュニティを，いわば偽装したいと考え，そのなかで各メンバーが自分の居場所を確保しようとする心理については，さらに分析が必要だと思われる．

私自身の放送制作者としての経験を振り返ると，映像制作は，五感を総動員する身体的行為である．たとえば撮影は凝視することだ．なにげなく見る（見える）ことから，選択して見つめる（決める）ことへの転換である．また自分の視点やアングルを他者に見せる責任を伴う．映像とは，カメラアイが無機的に撮ったわけではなく，自己の身体が決断してフレームを切り取っていく作業なのだ．同じように，編集も構成もナレーションも，視覚，聴覚，触覚などあらゆる感覚を総動員して判断する行為だ．

ワークショップはどうだろうか．ワークショップで身体を意識することは，捨象と選択の無意識を，意識的に取り戻す営為だと言えないだろうか．私たちは，普通に何かを捨てたり選んだりする行為を繰り返している．それは，日常的であるがゆえに，行為を意識化，対象化していくのは難しい．だからこそワークショップによって，判断する自分を身体の経験として意識化する機会を設けようとした．

メディア遊びとメディアリテラシー

　王国に入り込んだ参加者の感想はどうであったか．1回目のワークショップではファシリテーターも含めて60人，2回目では42人の参加者がいた．振り返りで吐露された声をいくつか拾ってみる．
　まず送り手の参加者の感想である．「王国の放送を作ってほしい？何言ってんだ．こっちはテレビでメシ食ってるんだ！と思ったものの，放送って何だっけ？インターネットより優れているのは何？頭をクラクラさせながら必死に書いてます」「脳が汗びっしょり，シワが増えた．普段，放送って何？なんて考えなかった．目からウロコ」「ニュースの現場にいてたまに虚しさを覚えることがある．一体，自分が伝えようと一生懸命になって取材・編集したものがどのように伝わっているのか．受け手の側はどう感じてくれたのか，わからなくなって不安になる」．
　次に受け手の参加者の感想を紹介する．「送り手と受け手との間の大きな壁は……メディアが意図的に作られている限り（送り手の意図が入っている限り），あり続けるものなのかもしれないなと思います．このワークショップの狙いは，メディア制作者と視聴者の出会いの場を設けることで，現実を直視した上で，自分たちはいかにあるべきかという問題提起をそれぞれの参加者に返すことにあったのではないでしょうか」．
　高校生の感想．「学校で学べないものを学べたと思う．知らない言葉を使うすごい人は僕の頭を混乱させる．混乱ばっかだったけどホントにウケた．笑えた．またやりたい」「ド素人の高校生と技術者etc.の方々が同じ立場になって話し合えるのが，スゴク楽しい」．
　送り手の感想の特徴は，視聴者の多様な姿に触れ，放送の意味をとらえなおそうとしていることである．また，高校生や教師など受け手の感想から浮かんでくるのは，たがいの言葉の違いや違和感，

送り手と受け手の対話づくり

境界線や溝を埋める難しさを感じながらも，同時に違いを認識できたことから始まる理解や希望である．

全体として，一過性のワークショップから次につなげるために，今後どう展開していくのか自問自答を書いた参加者が多い．送り手も受け手も対話から新たな関係が生まれることを予感しつつ，これからどう進むのかを問いかけている．ワークショップはひとびとを揺り動かす非日常の装置として機能するが，その後，呼び覚まされた気づきや発見をどう展開させていくのか，先端的モデルの後にくる日常の試みを，どう続けていくことができるかという問いである．

私たちは，メディアリテラシーのことを，ひとびとが，コミュニケーション活動をなかだちするメディアの存在を意識し，新たな関わり方を見出していく活動であるととらえてきた．メディアリテラシーにひとつの正しい姿があるわけではない．メディアと人間の今ある関係を組み替えるような，楽しさにあふれた「メディア遊び」は，「メディア実践」に結びつけられることで，より深いものとなる．

メディア遊びと実践を繰り返し，循環させ，言語化していくなかで個別の答えを導き出していくしかない．回路をつくる，あいだを行き来する，ワークショップはそのための有効な方法のひとつだ．

対話ワークショップは，メディアリテラシーの可能性と多様性を体感する場ともなった．いろんなメディアリテラシーがあるし，あっていい．正解はひとつであるという窮屈な場所から解放されることもワークショップの醍醐味である．

メディアをつなぐ実践の地平から，メディアと私たちの関係を組み替えていく力が生まれる．メディアの生み出すステレオタイプなイメージに取りまかれた社会のなかで，人と人が場所と時間を共有し，生身で対話すること，そこから回路が生まれ，問いを共有し，経験の知が育つ．専門家と呼ばれる人たちと市民が話し合うことの意味はここにある．

プログラム

［目的］
・放送における送り手と受け手のあいだをつなぐ新たなコミュニケーションの回路をつくる．

［特徴］
・「架空の世界」を舞台にした演劇仕立ての物語へ参加者を誘う．
・立場の異なる者どうしが同じ目標に向かって協力することを可能にする．
・放送の「あるべき枠組み」を協働的に創造する．

［前提・必要条件］
・送り手も受け手も一様ではない．参加者はなるべく多様に．また受け手の人数は送り手よりも若干多めのほうがよい．
・討論・準備・発表など各段階において，モノに触れ，身体をつかうことを重視する．
・演劇仕立ての物語をささえるアイテムの用意が不可欠である．会場空間のしつらえも重要．

［実施の理由・意義］
・送り手という専門家集団と，視聴以外のかたちで放送に参加することができない受け手．両者のあいだのコミュニケーションは著しく非対称であり，互いに「言葉がつうじない」．その溝を越えてあらためて対話の回路の構築をめざす．その意義は以下のとおり．
(1) 自明になっている枠組み（放送）をまず意識し，相対化する．(2) ゼロから新しい枠組みの提案を考えることで，現在ある枠組みの意味や固有性を逆照射し，メディアへの想像力をとりもどす．(3) 立場に起因する差異を解消することではなく，違いを相互に理解することで，対話の回路をひらく．

［留意すべき点］
・「架空の世界」を演劇仕立てで扱うという性格上，大がかりにならざるを得ない．周到な準備と，技量のある一定数のスタッフが不可欠．
・WS 企画・実施者が介入できうる対象は「対話そのもの」や「対話の内容」ではなく，対話を可能にする条件であることを十分にわきまえること．

［応用プログラム］
・地域の文脈に即した形にアレンジすることが可能．
・放送にかぎらず，同じように専門家集団をめぐって非対称な構造の見られる分野において応用が可能．

[進行表]

時間の流れ	活動内容	人の動き	モノの動き	注意事項
前日まで	事前準備	参加者リストにもとづき,事前にグループ分けをおこなう.各グループのバランスには十分な配慮を	会場設営,すべての小物類,キャスト衣装の用意.会場のほかにバックヤード(準備・作業室)を用意する	演劇の公演を一本打つくらいのつもりで周到に準備する
第1日目 1	参加者受付	受付時に,参加者ひとりひとりが専用の「参加者キット」をうけとる	「参加者キット」にはWSに必要な小道具やシート類が一式セットになっている.WS期間中つねに携行してもらう	
2	イントロダクション	司会登場.WSの趣旨・経緯・デザインについてごく簡単に説明する.そこへ「架空の世界」から使者到着の報が舞い込む	現実世界と「架空の世界」とを媒介するアイテム(招待状など)	現実と架空のモードの切替を明瞭に演出すること
3	グループ分け・課題説明	グループに分かれ,指定されたコーナーへ移動し,自己紹介.その後,WSの概要,課題内容,舞台となる「架空の世界」の世界観などの説明をうける	世界観説明のための各種小道具,およびプロジェクタ投影	
4	アクト1(作業)	グループで話しあい.各グループに1名ずつファシリテーターを埋め込んでおく.かれらが議論をまわ	付箋・模造紙などをつかって議論を可視化.グループワークのようすをスタッフが撮影して記録.写	キャストは会場を巡回して質問に答える

		す	真は出力して掲示板に貼る	
5	アクト1（発表）	グループごとに寸劇の発表（実演と解説）．キャストがコメントする	会場にあらかじめプレゼンテーション用のスポットを設営しておく	
6	レセプション・パーティ．第1日目をふり返る	参加者，キャスト・スタッフ全員	第2日目の発表順を決める	スタッフはアクト1のまとめ．翌日配付資料の準備など
第2日目 7	挨拶など		第1日目の資料を配付	第1日目の活動，第2日目の概要の確認．スケジュールなど実務的な注意事項も
8	アクト2（作業）	グループごとに話しあい，発表の構想をまとめ，実演できる形に練りあげる	前日同様，スタッフによるグループワークの記録．素材バーの素材を必要におうじて補充する	キャストは会場を巡回して質問に答える．できるかぎり十分な時間を確保すること
9	アクト2（発表）	グループごとに寸劇をまじえた提案を発表する．キャストがコメントする．終了後，キャストは提案をもって「架空の世界」へと帰還する	プレゼンテーション・スポットにて	バックヤードにて，ふり返り用スライドショーやビデオの制作
10	ふり返り・まとめ	掲示された写真をとってきて，各自のシートに貼り，自由記述で書き込む	活動を記録した写真の掲示（多数）．ふり返り用シート（キットに装備）．ふり返り用スライドショー・ビデオの上映	各自のキットは記録・記念として持ち帰ってもらう

・プログラムと進行表は，企画者である長谷川一が記述した．

10　送り手と受け手の対話づくり

ジャーナリスト教育と送り手のメディアリテラシー

水越伸

はじめに

ここで紹介するのは，2001年度，下村健一，菅谷明子，橋場義之と僕が幹事役を引き受けておこなった「Jワークショップ」というジャーナリスト教育のためのワークショップだ[1]．Journalistsの頭文字Jを冠したこのワークショップがユニークだったのは，当時の大半の研究者やジャーナリストがバラバラなこととしてとらえていたジャーナリスト教育とメディアリテラシーを結びつけたことにあったといえる．送り手から受け手までのメディア表現のスペクトラムの上でジャーナリズムという営為を位置づけ，ジャーナリスト教育の基礎部分をメディアリテラシーに重なるものとしてとらえたのだった．

ジャーナリズムだけに閉じないメディア表現活動一般が抱える問題を対象とし，硬直化しがちなマスメディアのプロたちの状況をもみほぐすような活動をおこなうこと，送り手と受け手のあいだに，メディアリテラシーの観点から回路を作り直していくこと．そのような目的のために僕たちは「Jワークショップ」を実施した．

市民参加型のジャーナリスト教育

Jワークショップは，マスメディア事業体や業界団体の内部では

[1]「Jワークショップ」は，2001年度，ジャーナリストの下村健一（当時・東京大学社会情報研究所客員助教授）と菅谷明子（当時・同非常勤講師），そして毎日新聞編集委員（現・上智大学文学部新聞学科教授）であった橋場義之と僕の4名が幹事となり，赤木孝次（当時・東京大学大学院人文社会研究科大学院生），赤羽雅浩，高重治香（ともに当時・東京大学社会情報研究所教育部研究生）らの支援を受けつつ，メルプロジェクトのサブプロジェクトの1つとして企画・実施した．

なく，大学という公共的な知的空間を活用し，多様なジャーナリスト，メディア関係者に集まってもらい，学生を含む市民とともに自らのメディア表現活動を振り返り，その意味を考えていくことを目的とした実験的なプログラムだった．

　Ｊワークショップには，他の研修やセミナーにはない，4つの特徴があった．

　第一に，さまざまなメディアで働く多様なジャーナリストに集まってもらったことである．ここに力点を置いた理由は3つある．まず，ジャーナリスト教育的イベントの多くは個別企業，あるいは新聞なら新聞という個別マスメディアの業界団体や労働組合で主催されることが大半だが，その個別性を打ち破りたかった．次に，マスメディア事業体に属していないルポライター，ビデオジャーナリストなども含めて，日本のジャーナリズムを幅広くとらえたかった．最後に，同じテーマを追う同業他社の人間，ちがうメディアの人間と交わることを通じて，メディア特性やジャーナリズムのあり方のちがいに気づいてもらいたかったからである．

　第二に，Ｊワークショップは，いわゆる技能研修などとは異なり，メディアの送り手同士のあいだで，あるいは送り手と受け手のあいだで，一時的な学びの共同体を生み出しながら展開することを想定していた．したがって，多人数の受講者による講義形式ではなく，少人数によるワークショップ形式で進めた．

　第三に，Ｊワークショップはプロの送り手たちだけでなく，学生を含む一般市民にも参加してもらった．約15名から20名の送り手に対して，約10名程度の受け手が参加し，グループワークやディスカッションをともにおこなった．ここには，送り手と受け手の立場の逆転をワークショップのなかで意図的におこなったり，受け手から送り手への質問というかたちで視点の転換を図ることを通じて，送り手にジャーナリズム活動の全体性を取り戻してもらいたいという意図があった．

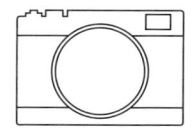

ジャーナリスト教育と送り手のメディアリテラシー

最後に，このワークショップには，大学に現役ジャーナリストが集うという空間論的な戦略を織り込んであった．大学は現在，様々な問題を抱えてはいるが，それでも公共的な知の共同体として成り立っている．ただし一般社会から切り離された象牙の塔だといわれて久しい．その状況を打開し，社会に向けて開かれた姿へ変わっていくことが望まれている．Jワークショップは，そんな立場におかれた大学を意図的に利用しつつ，研究者がメディア表現者に教えるのではなく，メディア表現者と市民が交流しあいながら，自律的に学んでいくことを目指した．

リハーサル，実験，そして継承

僕たちはテレビと新聞という2つのマスメディアに焦点をあてた．それには，このワークショップの意義に賛同し，いっしょに企画開発，実施，評価分析を進めてくれた下村健一と橋場義之の存在が大きい．それぞれテレビ，新聞のプロだった．

多様な人々が集う実験的な試みとなることが容易に想像されたため，まずはリハーサル版をおこない，その成果や課題を公開研究会というかたちで総括した．そのうえでパイロット実践的な意味合いを込めて実験版を実施した．それらすべての成果は，2002年3月のメルプロジェクト・シンポジウムにおいて報告した[2]．

じつは実験版以降はJワークショップというかたちでは実施していない．ただしその成果は一連の民放連メディアリテラシー・プロジェクト，「送り手と受け手の対話ワークショップ」[3]をはじめとする，プロと市民が交じり合うタイプの，複数のワークショップに発展的に受け継がれることになった．

[2] 2001年度に実施された「Jワークショップ」の日程などは次の通り．

まず，リハーサル版Jワークショップ（それぞれ約30名参加）は，テレビ篇（進行役・下村健一）を11月21日 19:30〜21:30 (120分)に，新聞篇（進行役・橋場義之）を11月22日 19:30〜21:30 (120分)に開催した．

総括のための公開研究会（司会・水越伸）は1月12日 15:00〜17:30 (150分)．

次に，実験版Jワークショップ（それぞれ約25名参加）は，テレビ篇（進行役・下村健一）を，1月23日 20:00〜21:30 (90分)と1月26日 14:00〜17:00 (180分)の2日間でおこなった．新聞篇（進行役・橋場義之）は，2月27日 20:00〜21:30 (90分)と3月2日 14:00〜17:00 (180分)でおこなった．そして3月10日のメルプロジェクト・シンポジウムで総括報告した．

テレビ篇の実際

[3]本書「10 送り手と受け手の対話づくり」108-109頁参照.

　一連の実践のうち，2001年1月下旬におこなわれた実験版テレビ篇の中身と流れを例として取り上げ，概説しておく．

〈1コマ目：テレビ・ジャーナリズムの表現技法の意識化と洗い出し〉
（1）プレゼンテーション（約40分）
・下村健一から，彼自身がTBS報道局新人時代に作成した「ニュースの森」（同局夕方ワイドニュース）内の特集「従軍慰安婦の証言」（8分）について，取材・制作過程と，達成点と課題などを詳細に報告してもらい，ビデオを視聴した．ちなみに，この特集テーマは，1980年代半ば当時としてはとても目新しいものだったという．
（2）ディスカッション1（約10分）
・特集の対象（素材）についての事実関係や基礎知識，背景情報などについて，参加者のあいだでディスカッションをした．特集の対象自体を議論するのが目的ではないので短時間でまとめた．
（3）ディスカッション2（約40分）
・特集の表現技法をめぐる課題を洗い出した．下村は「普遍的な表現技法」は存在するかという問いかけをし，技術と倫理，形式と内容の関係などについて議論した．
・「ニュースの森」という番組の特性，慰安婦だった人物の証言の信憑性，テロップや音響効果の妥当性などをめぐって議論が交わされた．
・ディスカッションの成果は，アイディア・プロセッサーを活用してリアルタイムに大画面に映し出した．

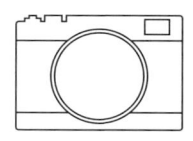

ジャーナリスト教育と送り手のメディアリテラシー

(4) アンケート回答（約5分）

〈2コマ目：他メディアへの置き換えによるグループワーク〉
(1) ディスカッション3（約20分）
・他局，他メディアからの受講者を中心に，1コマ目に洗い出した表現技法をめぐる課題について議論をした．その過程で，技法がはらむそれぞれのメディア特性を相互に自覚する機会を持った．

(2) グループワーク（約90分）
・「従軍慰安婦の証言」の素材やテーマを別のメディアで表現した場合にどのようになるかをグループワークで実践した．
・参加者全員が自主的に相談をした結果，テレビドラマ，テレビドキュメンタリー，新聞記事（100行くらいの長めのもの），ノンフィクション（月刊誌用で原稿用紙30枚程度）の4つのメディア班ができた．それぞれが大きな白紙，ペン，付箋などを用いて，内容を企画し，実際の物語を仮想的に構成した．

〈3コマ目：成果発表とまとめ〉
(1) 成果発表（約40分）
・4つのメディア・チームによる内容発表と質疑応答．この過程で，それぞれのメディア特性が浮き彫りにされた．

(2) まとめと振り返り（約30分）
・東京大学社会情報研究所教育部研究生をはじめ，日頃は受け手の立場にいる人々とジャーナリストたちとの質疑応答をおこない，さらに今回のワークショップそのものについてのコメントをしてもらった．
・以上の内容を反省的に振り返りつつ，ワークショップのまとめをおこなった．
・今回のワークショップについて，アンケートに答えてもらうと

同時に，合評をおこなった．

送り手のメディアリテラシーの育成

「Jワークショップ」は，アンケート結果によれば，参加者からは幸いにも好評を得た．その声を総括すると，次のようなことがいえる．

第一に，参加したジャーナリストからは他人，他社が作った番組，記事などに日々触れているものの，その人や事業体がどのような意図や経緯でそれに取り組み，どんな限界があり，なにが可能であったかといったことがらをつまびらかに聞き，ディスカッションをする機会はほとんどなく，とても新鮮な経験だったというコメントが多く寄せられた．ジャーナリスト教育以前の話であろうが，宴の席などをのぞき，異なるマスメディア事業体に所属する表現者たちが一緒にワークショップなどに参加すること自体が，日本のメディア表現者たちを活性化させる効果を持つことには留意しておいた方がいいようだ．

第二に，日本では異なるメディアに従事する表現者たちが一堂に会し，共通の問題を考え，グループワークなどを通して理解を深めるということもまた，これまでほとんどなされてこなかったようである．アンケート結果には，「自分たちの毎日の仕事がいかに会社の枠組みに縛られていたかがよくわかった」，「テレビと新聞，雑誌の違い，ニュースとドキュメンタリーの違いといったことについては何となくあるのだろうと思っていたが，今回のワークショップでそれにはっきり気がつくことができて勉強になった」といった感想が多く，グループワークによって各メディア特性の違いに気がついてもらうということには，ある程度成功したのではないかといえる．

しかし課題もまた明らかになってきた．

第一に，時間的な問題である．多忙なジャーナリストたちにとっ

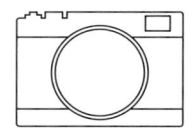

ジャーナリスト教育と送り手のメディアリテラシー

ては，平日の夜や週末の複数の日時にまたがって大学に集まり，一同でワークショップをおこなうこと自体がきわめて困難だ．ウェブサイトやeラーニングを導入することである程度は対処できるだろうが，根本的にはマスメディアを中心とした現在のジャーナリストの雇用形態，番記者，発表報道などの体制や規範が変革することでしか克服できない，意外に奥深い問題である．

　第二に，ワークショップで取り上げるテーマ，すなわち中身の問題と，そこで用いられている技法，技術の問題，そして倫理的な問題の3つが，時に渾然一体となってしまい，議論が拡散してしまったり，堂々めぐりをしてしまうことがあった．たとえば従軍慰安婦問題の場合，どうしてもそのテーマをめぐる議論が多くなりがちだった．この点についても，今後何度か同様のワークショップを実施するなかで，具体的な補助線を引きつつ修正を加えていく必要があるだろう．

　いずれにしても「Jワークショップ」は当初，現役ジャーナリストの再教育のための短期集中型プログラムとして試行されたが，実践の結果からはジャーナリスト教育というよりも，送り手のメディアリテラシーを育成するためのプログラムとしての意義を強く持っていることがわかってきた．

おわりに

　Jワークショップについての2003年の論考のなかで僕は次のように述べた．「実務的なジャーナリスト教育，マスメディア事業体へのインターンシップなど，どれも大切な活動である．しかしそれらだけに注目していては，ジャーナリスト教育は浅薄な技能訓練や資格制度になったり，マスメディア事業体毎の新手の青田刈りの手法に堕してしまいかねない．事実その兆候は，近年のジャーナリスト教育をめぐる新しい動きについて回って見える．そのような流れ

を回避し，ジャーナリスト教育を豊かに展開するためには，まずメディア表現の学びの場を作るための実践的なプログラムが開発されなければならないだろう．大学の担うべき役割は少なくない」[4]．そうした志から僕たちは，Jワークショップの知見をメルプロジェクトのサブプロジェクトである「民放連メディアリテラシー・プロジェクト」，さらには「マス＆コミュニケーション・プロジェクト」へと持続的に発展させてきた．

　だが総じていえば，ジャーナリスト教育とメディアリテラシーは，相変わらず切り離されたままである．そしてJワークショップ当時より，2009年現在の日本のジャーナリズム，とくにマスメディア・ジャーナリズムは衰弱している．そうしたなかで送り手のメディアリテラシーが効き目をもたらす猶予があるのかどうか．事態を冷徹に，批判的に見つめつつ，粘り強く活動を継続展開する度量を，僕たちは持たなければならない[5]．

[4] 水越伸「メディアリテラシー・メディア表現・ジャーナリスト教育——Jワークショップの実践報告」，花田達朗・廣井脩編『論争 ジャーナリスト教育』（東京大学出版会，2003年），214-226頁．

[5] 参考情報として次が詳しい．日本放送労働組合編『メディアリテラシー——市民とメディアをつなぐ回路』（日放労文庫，1997年），水越伸・菅谷明子・下村健一・橋場義之「Jワークショップ——ジャーナリズムと送り手のメディアリテラシー」『東京大学社会情報研究所紀要』No. 64（2002年），19-81頁．

プログラム

［目的］
・メディアリテラシーの観点から，マスメディアの送り手と受け手が一緒になってジャーナリズムについて学ぶ．

［特徴］
・市民参加型のジャーナリスト教育であること

［前提・必要条件］
・一つの放送局や新聞社の社員に閉じるのではなく，フリーランスも含めた，多様なメディアのジャーナリストに参加してもらうこと
・大学生や一般市民にも参加してもらうこと
・しっかりした番組や記事をつくった当事者が，オーガナイザーとなること

［準備するもの］
・番組や記事そのものと，それらの制作過程の資料
・模造紙，複数色のペン，付箋
・番組ならモニターと再生用メディア，記事なら人数分のコピー

［実施の意義］
・メディアのちがいによるジャーナリズムのちがいを実感することができる．
・送り手のメディア・リテラシーに覚醒することができる．
・プロと大学生や一般市民の対話の場を生みだし，相互に刺激を受けることができる．

［実施のヒント］
・マスメディアの送り手と受け手が対話を深めるためのワークショップへと応用していくことができる．
・マスメディア企業や労組の研修などで実践可能．ただし複数の事業体やメディアのジャーナリストや市民が入り交じる状況を生みだすことが肝要である．

[進行表]

時間の流れ		活動内容	人の動き（モノの動き）	備考
0. 準備	前日まで	ニュース映像，取材，制作資料の収集と整理		なるべく詳細な資料を用意．報告者となるジャーナリストが取るに足らないと思うものも含めて準備してもらう
1-1. 導入	5分	WSの主旨説明		
1-2. プレゼンテーション	40分		【報告者】番組ビデオを上映（新聞記事を閲読）しつつ，その制作過程，番組で達成できたことや残された課題を詳細に報告	成功談だけではなく，失敗談も．組織の力学，メディア技術など周辺情報も大切．
	10分	ディスカッション1	【参加者】事実関係や背景情報について確認するための質疑応答	
1-3. ディスカッション	40分	ディスカッション2	報告者，参加者が，おもに番組の表現技法を中心に，番組の特性，証言の信憑性，テロップや音響効果のあり方などをめぐって議論	アイディアプロセッサ（企画やアイディアを図示して検討したり，説明するためのソフト）を使い，議論の中身をプロジェクターで投影し，確認できるようにした
1-4. アンケート回答	5分			
2-1. ディスカッション	20分	ディスカッション3	他局，他メディアの受講者を中心に，これまで洗い出した表現技法について意見交換	アイディアプロセッサの利用
2-2. グループワーク	90分	4グループに分かれて企画構成	各グループで，番組ビデオのテーマを別のメディアに置き換えて企画構成し，模造紙に図解したり，書き表す	多様な人々が交じって活動できるよう，あらかじめグループ分けしておく．模造紙，複数色のペン，付箋を利用
3-1. 成果発表	40分	4グループが作った企画の発表	発表と質疑応答．この中でそれぞれのメディア特性がはっきりと浮かび上がってくる	
3-2. まとめとふり返り	30分	まとめの議論	WSそのものについての評価と意見交換，アンケート回答	特に大学生，一般の人々の意見を拾うようにする

12 送り手と一緒にテレビをつくる

本橋春紀

"電波の城"の住人

　テレビ局の敷居は高い．テレビ局と一口に言っても，社員千数百人の民放キー局から百人に満たないローカル局までさまざまだが，東京のキー局ではセキュリティを重視して，入り口にチェックゲートがあり，ID用のICカードをかざして開けてもらえないと入れない．民放ローカル局でも，ICカード式のチェックゲートこそないものの，警備員がいて立ち入りがたい雰囲気を醸し出しているところが多い[1]．数十万～数千万人に瞬時に情報を送り出すことのできる機能（つまり"権力"）をもっているのだから，当然かもしれない．

　しかし，"電波の城"の中で行われているのは，極めて人間臭い営みだ．最近の日本の工場は自動化が進み，広大な敷地の中は閑散としている．ロボットが同じ商品を大量に毎日毎日生産し，人間はこれを監視・管理しているだけのこともある．

　これに対して，民放テレビ局には社員だけでなく関連会社から派遣された社員や出演者など，種々雑多な人間が出入りしている．ある日の構内（テレビ局の中をこう呼ぶ）で働いている人数は，社員数の3～4倍にもなる．生産しているのは，多種多様な表現物であり，毎日毎日，昨日とは異なるものを生産している．

　ローカル局で制作されている番組の大半はニュースや情報番組だ．

[1] 日本の民放では，東京の5つのテレビ局（日本テレビ，TBS，フジテレビ，テレビ朝日，テレビ東京）が全国ネットの番組の大半を制作し，全国に配信するキー局として機能している．それ以外のレギュラーの全国ネット番組は大阪の局と名古屋の局が制作・配信している．ほかの局は，自らのエリアである都道府県を対象に主にローカル番組を制作している．

マス・コミュニケーション論で，"送り手"と呼ばれているテレビ局員は，毎日，ナマモノである社会の現実をニュースに再構成して放送して暮らしている．事件や事故にあった被害者の悲しみ，いい加減な行政への怒りをわずか数十秒から数分間の枠のなかに収めようと苦労している．"電波の城"の中で長年暮らすうちに，悲しみを悲しみとして，怒りを怒りとして感じるよりも，枠に収めるにはどうしたらよいかを考えてしまう性分も身につく．

民放連メディアリテラシー・プロジェクト

そんな「送り手」が，素人である子どもたちにテレビ番組のつくり方を教えようというプログラムが，民放連メディアリテラシー・プロジェクトである．

業界団体である日本民間放送連盟（民放連）が，メルプロジェクトに委託して，全国の民放局に呼びかけて参加を募り，2001～2002年にかけて行われた．この第1期に参加したのは，東日本放送（宮城，テレビ朝日系），テレビ信州（長野，日本テレビ系），東海テレビ放送（愛知，フジテレビ系），RKB毎日放送（福岡，TBS系）の4局である．

その後，第1期の成果を集大成した『メディアリテラシーの道具箱——テレビを見る・つくる・読む』（2005年発行）をテキストに，第2期の取り組みが2006年度から始まり，5年間継続する予定だ．2006年度は，青森放送（日本テレビ系），中国放送（広島，TBS系），テレビ長崎（フジテレビ系），2007年度は北海道放送（TBS系），山口放送（日本テレビ系），愛媛朝日テレビ（テレビ朝日系），2008年度はチューリップテレビ（富山，TBS系），岡山放送（フジテレビ系），南海放送（愛媛）で実践し，2009年度は和歌山放送，RKB毎日放送（福岡，TBS系），鹿児島テレビ（フジテレビ系）が取り組んでいる[2]．

参加した子どもたちの集団は多様だ．第1期の宮城では南方町ジ

[2]第2期のとりくみでは，南海放送，和歌山放送，RKB毎日放送がラジオ番組づくりに取り組んだ．

送り手と一緒にテレビをつくる

ュニアリーダーサークルの高校生，長野では県内10校以上の中高生，愛知では春日丘中学・高校の中高生，福岡では地元の「子どもとメディア研究会」に属する小学校高学年〜中学生の子どもたち．子どもたちとテレビ局員の間に，メルプロジェクトのメンバー（研究者や実践家）がコーディネータとして入り，さらに地元の教育関係者や社会教育関係者も巻き込む形で展開された．第1期の実施の枠組みは図1のようになる[3]．

このような多層的な枠組みになったのには理由がある．「送り手」と「受け手」が出会っただけでは，学びが自然発生するわけではないからだ．番組づくりという局面では，プロである「送り手」が圧倒的に優位な位置にある．テレビ局員が既存の手法をそのまま子どもたちに，教える（押し付ける）ことになりかねない．これでは，学ぶ側の主体性・批判性を発動させるというメディアリテラシーの基本コンセプトが実現しない．そこで，メルプロジェクト・メンバーがコーディネータとして関与して，その関係をずらすことが必要となった．

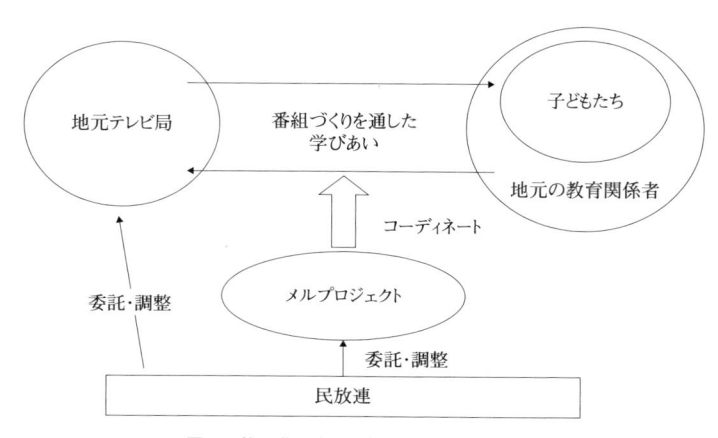

[3] メルプロジェクト解散後の第2期は全国の民放連加盟局から公募をし，採択された放送局とのメディアリテラシー実践については，東京大学水越伸研究室「マス＆コミュニケーション・プロジェクト」（駒谷真美，境真理子，下村健一らが参画）と民放連の共同研究のかたちで進められている．

図1　第1期民放連プロジェクトの枠組み

テレビ局へのアプローチ

　冒頭で書いたように，テレビ局の敷居は高いと感じられると思う．しかし，最近では多くの局で，テレビ局員による「出前授業」が実施されている．民放連が2003年に実施した調査[4]では，5社に1社の民放が何らかのかたちでメディアリテラシーにかかわる活動を実施しているし，「条件があえば，実施したい」としている社が約4分の3に上る．また，メディアリテラシー活動とまではならなくても，局舎の見学や社員を講師として派遣することには積極的な放送局が大半だ．キー局でも，テレビ朝日やTBSなどは出前授業に会社全体で取り組んでいる．

[4] 本橋春紀「拡がる民放のメディアリテラシー活動」『月刊民放』日本民間放送連盟，2004年6月号．

このプロジェクトはワークショップの複合体

　実際のプロジェクトの進行はどうなるだろうか．プロジェクト全体の流れは，0. 参加者の決定，1. 顔合わせ，2. 企画会議，3. 取材・撮影のガイダンス，4. 取材・撮影の実施，5. 編集のガイダンスと編集作業，6. 完成した番組の上映，7. 放送などによる公表――となる（「プログラム」の「進行表」参照）．このうち，1〜5の各プロセスはそれぞれ単体のワークショップを組み込んで実施することができる．例えば，「3. 取材・撮影のガイダンス」の際にこの本で紹介されている「友だちの絵本」[5]のようなワークショップを実施して，身近な事実の多面性を理解させることもできるし，「5. 編集のガイダンスと編集作業」の前に，同じく「ねんどアニメ」[6]のワークショップを組み込み映像の基本を学ぶこともできる．

　むしろ，1〜5のプロセスをワークショップの複合体と捉えたほうがよい．実施の期間の長短，対象者の属性（年齢，もともと個人だったのかグループだったのかの違いなど），実施する場（放送局

[5] 本書「7　友だちの絵本」72-83頁を参照．

[6] 本書「2　ねんどアニメをつくろう」12-21頁を参照．

内，学校内，社会教育施設内の違い）など，その時々の条件に応じて，かたちが変わる．実際に，民放連メディアリテラシー・プロジェクトといっても，実施の中味には相当の幅がある．短期集中型では手順1〜6を5日間で終えたケースもあるし，長期型では半年近くにわたったケースもある．

紙幅の関係で，さまざまなパターンの紹介や手順の詳細を記述できないので，いくつかのポイントを示しておく[7]．

[7] 映像づくりの実際については，久保田賢一編著・中橋雄・岩崎千晶『映像メディアのつくり方』（北大路書房，2008年）が参考になる．

子どもたちにどこまで教えるか

プロが番組づくりを教えるという場合，常にどこまで教えてよいのかが課題となるが，そのことは，学びの重点をどこに置くかによって変わる．メディアリテラシーの基本コンセプトの1つは，メディアは現実を再構成して提示しているというところにある．

テレビというメディアはいくつもの次元と手法で，現実を構成している．このプロジェクトの手順にそって箇条書きにしてみよう．カッコ内は「○○学校の自慢」をテーマにした場合の例だ（なお，このテーマ選定自体も現実の切り取りである）．

1. そのテーマにかかわる素材の選択（A班──○○学校には弥生時代の遺跡がある．B班──○○学校にはピアノコンクールで優勝した先生がいる．C班──○○学校の前にはおいしいパン屋がある．以下，A班の場合）
2. 何を撮影するか（学校内の発掘現場，遺跡を発見した人，学校の歴史の先生，学校の展示室に飾られている土器……）
3. 撮影のしかた（発掘現場の場合，全景かそれとも近くからか．歩きながら撮るか固定して撮るかなど）
4. 編集のしかた（導入はどうするか，いきなり発掘現場か，学校の全景か．ほかのシーンはどう組み合わせるか）

5. 音声やテロップをどうつけるか（悲しい音楽か，目立つテロップか地味なテロップか）

　十分な時間が取れるのであれば，これらすべてを学びの対象とすることができるが，実際にはむずかしい．放送局員は「教えない」ということを基本にしながら，「編集はある程度教えてしまうが，取材・撮影は教えない」というような選択もありえる．
　たんなる番組づくり体験講座であれば，むしろプロが積極的に教えるかたちになるが，このプロジェクトでは，メディアリテラシーの学びが生まれることをめざしているため，子どもたち自身の気づきの余地を残さなくてはならない．

出会いの場をどうつくるか

　プロジェクトに参加するテレビ局員には，事前にメディアリテラシーに関して勉強して，「自分の考え方を子どもたちに押し付けてはいけない」ということを十分意識してもらわなくてはならない．そのうえで子どもたちが番組をつくり始めると，どこまで自分の考え方を強く伝えてよいのかどうか，とまどうことになる．民放連プロジェクトでは，コーディネーターとして入ったメルプロジェクト・メンバーである研究者や，地元の教育関係者（学校の先生や社会教育施設の担当者）などが，両者の間に立って，その加減を調整した．また，子どもと大人をつなぐ存在として，大学生のお手伝い役がいたケースも多く，有効であった．
　出会いの場のデザインも重要だ．黒板を背に，テレビ局員が一段高い教壇に立ち，子どもたちはきちんと整列して対面する，"学校形式"のデザインは最悪だ．送り手と受け手の"上下関係"をそのまま強化してしまう．できれば，子どもたち自身がグループを組んで座ったり，むしろ椅子にきちんと座らずに行うとか，いろいろと

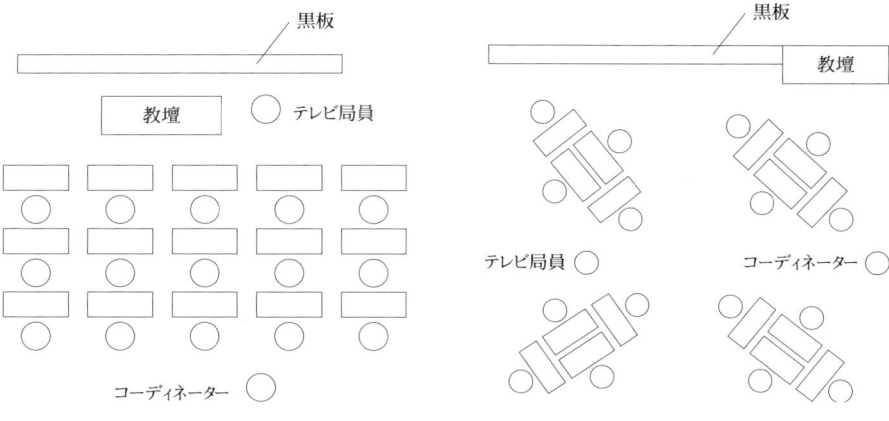

図2　関係を固定化する悪いレイアウトの例　　図3　関係性が可変的な望ましいレイアウトの例

工夫ができる．また，固定した位置関係ではなく，作業の途中で席を移動したり，組み替えるなど，関係を固定化しないことに留意したほうがよい（図2, 3）．

番組を放送することの意味

　民放連プロジェクトでは，子どもたちの制作した作品を何らかのかたちで放送することを条件とした．ここも単なる番組づくり体験講座との差となる．仲間内で楽しむだけの視聴覚作品の制作は，テレビのメディアリテラシーの学びにはつながりづらい．仲間内でわかっていることを前提にするからだ．先の「○○学校の自慢」の例にしても，同じ学校に属する人だけが対象であれば，学校の歴史や地域の特性を説明する映像は不要となる．ところが，テレビでの放送を前提とする以上，不特定多数の人に未知の事実を伝えることを意識する（送り手が毎日のように直面していることだ）．また，テレビでの放送を前提とすれば，制作する番組の長さはおのずから制約を受ける（民放連プロジェクトでは3分間という設定が多かっ

た).限られた時間の中に,取材してきた事実をいかに再構成するかに,子どもたちは四苦八苦することになる.

このことで,テレビが時間のメディアであるとともに,非常に限定された尺(時間の長さ)の中で,現実を再構成していることが理解できる.実施にあたって放送局の協力や実際の放送時間を確保できない場合でも,こうしたことを意識した条件づけと,できる限り多様な人々が集う場での公開や,インターネット上での動画公開を前提とすべきだ.

放送局員は何を学ぶか

このプロジェクトのもう1つのポイントは,送り手自身のメディアリテラシーの学びだ."送り手"と言われる放送局員だが,実際の仕事は制作現場であっても分業(記者,カメラマン,ディレクター,プロデューサー,技術,編集など)しているし,非制作現場(営業,総務,事業など)に属する人もいる.メディアの全体像を知っているわけではない.また,自らが送り出した放送番組が,実際に視聴者にどのように受け取られているのかは,実はよくわからない.こうした放送局員が,子どもたちに向かって番組づくりを教えようとしたとき,自らの仕事の原点と全体像を否応なくつかみ返す.このプロジェクトでは,学びは双方向的なものとなる.

おわりに

民放連プロジェクトのようなフルスケール版ではなくても,「メディアリテラシー」ということを意識しながら子どもたちがビデオ作品づくりに取り組むことで,学べることは多い.民放連プロジェクトに参加した子どもたちの言葉を紹介する.

「自分にとっては短い時間でもその裏には長い時間がかかっているんだ」
「テレビで流れているのが順番どおりに撮ったものでないことがわかった」
「カメラマン・ディレクターが何を考えてこの映像を撮っているかを考えるようになった」

ビデオカメラの世帯保有率は40％，パソコンの保有率は70％を超えている．ビデオ作品づくりに取り組むための条件は多くの地域や集団でそろっているのではないか．プロ自身にも学びが発生するというメリットを強調して，"電波の城"の住人にアプローチしてみてはどうだろう．

プログラム

［目的］
・プロと一緒に，テレビ番組の制作を体験することで，視聴覚メディアが表現を通じてどのように現実を再構成しているかを知る．

［特徴］
・プロである送り手との共同作業である．
・作品を実際に放送することで，自らの表現の社会的広がりを実感できる．

［前提・必要条件］
・テレビ局，ケーブルテレビ局などの番組制作のプロの参加とそこでの放送．
・ビデオカメラ（家庭用のものでも可だが，できれば高性能機．少なくとも外付けマイクとこれが付けられるカメラが必要）．
・映像編集できる程度のパソコンおよび映像編集ソフト，またはプロ用編集機材を使用できる条件（地域の大学や社会教育施設で編集機材を保有している場合も多い）．
・メディア研究を行っている大学などの研究機関の参加が望ましい．

［準備するもの］
・ビデオカメラやマイクなど映像撮影機材，パソコンや編集ソフトなど映像編集機材，プロジェクターなどの映像上映機材，付箋，振り返りシートなど．

［実施の意義］
・プロとの共同作業は，メディア理解を飛躍的に高めることができる．
・プロの側にも，自らの仕事の社会的意味を見直す機会を与える．

［応用プログラム，実施のヒントなど］
・放送局内でも温度差があるので，間違った部署にアプローチすると，門前払いの可能性もある．何らかのきっかけをつかむか，他の団体（例えば，都道府県教育委員会など）と連携してアプローチするとうまくいくケースもある．
・実際に，番組づくりを教える人だけでなく，コーディネータ役の研究者などを見つけることが成功のこつ．
・フルスケール版でなくても，短期型やより小さなメディア（例えば，校内放送や地域での上映会，インターネット上での公開）や放送局 OB との共同でも，視聴覚メディアの特性はつかまえられる．

[進行表]

時間の流れ	活動内容	人の動き	モノの動き	備考
0. 参加者の決定	・参加者の決定（放送局側からアプローチする場合と教育関係者からアプローチする場合と両方が考えられる） ・大人の参加者に対するディレクションと実施に向けた打ち合わせ	参加する子どもを一定のグループで募集する場合と，個人を募集して後でグループに編成する場合がある．長期的なプロジェクトで，個人単位の募集を行った場合，スケジュール調整が至難となるので注意		参加する放送局員や学校の先生自身がメディアリテラシーに関するミニワークショップなどを経験するとよい．本書記載のWSのいくつかは参考になる
1. 顔合せ 120～180分	・子どもたちと放送局員や教育関係者との顔合わせ ・プロジェクトのスケジュール説明	コーディネータ役の研究者や，お手伝い役の学生など多彩なプレイヤーが参加することが望ましい	机の配置は図2参照	振り返りシートを準備し，学んだ内容を振り返るきっかけをつくる
2. 企画会議 120分～	・子どもたちのグループ編成と企画会議 ・グループ毎の企画の決定	子どもたちの主体性を尊重しつつ，学生たちがディスカッションに参加する．コーディネータや放送局員はうろうろする	付せんを利用してアイディアの書き出しと分類する手法がある	・番組づくりは集団制作なので，ディレクター，記者，カメラマン，編集・音声担当など4～6人程度のグループが基本形 ・番組の長さはテレビの場合，3分間が1つの基本，長くても5分間程度に収めるべきか
3. 取材・撮影のガイダンス 120分	放送局員による取材・撮影に関するガイダンスと取材・撮影計画の決	カメラの基本操作は教えるが，撮影のこつめいたことは控える	グループに1つずつ，カメラとマイクが必要	どの程度教えるかは，学びの重点の置き方による．短期の場合は，クロ

	定			ーズアップ，ロングショットの使い分けなどの基本を教えてしまい，長期の場合はそこから学び始めるなど
4. 取材・撮影 半日〜数週間	取材・撮影の実施（途中で他グループの状況を報告しあう機会を設けることも有用）	年齢に応じて，放送局員やサポーター役の学生が同行．街中での取材であれば安全管理の意味もあり，同行の必要がある．高校生なら不要か	取材場所を限定するかどうか難しいところ	・取材結果に応じた企画の見直し（必要に応じて追加取材）も必要．当初の構成が組み変わることは重要な学びの1つ
5. 編集のガイダンス 60分〜	放送局員による編集に関するガイダンス			取材・撮影のガイダンスと同様，周囲の大人がどの程度手を出すかはケースバイケース
6. 編集作業	子どもたちによる編集作業	編集機材の操作はプロが，子どもは編集の指示だけということもありうる	多人数の場合は，プロジェクターにより編集過程の映像を共有する場合も	
7. 上映 120〜180分	完成した番組の上映会と振り返り	1つ1つの作品にコメント	プロジェクトの振り返りシートの配付と回収により，リフレクションを意識する	作品の出来を評価するのではなく，学びの質に対するコメントが必要
8. 放送	完成した番組の放送（子どもたちが出演することも）			放送，公表後に社会的な拡がりの中に自分の作品が置かれたことについての振り返りのチャンスがあるとなお可

・手順1と2を1日で行うなど，各手順を組み合わせることはもちろんできる．
・所要時間はあくまで目安です．ケースによって大きく変動します．

コラム

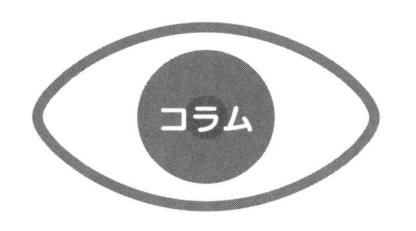

メディアの「作り手」から「送り手」になるために

宇治橋祐之

　「作り手であり，送り手である」という言葉に違和感を覚えることがある．「作り手」と「送り手」は果たしてイコールのものなのだろうか？「作り手」に対する「受け手」がいて，そこに何かを伝えられれば自動的に「作り手＝送り手」が成立するのだろうか？

　紙であれ，音声であれ，映像であれ，メディアで表現する作業は基本的には同じであろう．「テーマを決める」「資料を集める」「人に会ったり，現場に行ったりして取材する」「取材したことをまとめる」「まとめたものを発信する」．こうしてしらべてまとめたことを自分だけのものにするのでなく，発信するという意味では「送り手」といえるのだろうが，「送り手」というのはそれだけのことなのだろうか．

　インターネットが登場したとき，テレビをはじめとする既存のメディアに対して双方向という言葉がしきりに言われたのも，これまでのメディアに何かが足りなかったという意識があったからのように思う．もちろん，視聴者の声を聞くしくみはモニター制度や，視聴者との対話イベントなどとしてある．そうした場で，「作り手」が「受け手」に何が伝わっていて，何が伝わっていないのか，意図したものはどう受け入れられたのかといったことを知る機会もある．ただ，そのことが次の作る作業にどれだけつながっているのか．そもそも組織として，「受け手」と向き合う部署と「作り手」の部署が離れていて，「受け手」の声が「作り手」に届きにくくなってはいないだろうか．

　メディアで表現するということは，最終的には表現したことで世の中がほんの少しでも変わること，動くことだと思う．そのためには，発信するだけでなく，その一歩先，人を動かすためにはどうしたらよいのかまで考えることが必要だ．

　「送り手」とは，発信したものを受け取る他者の存在を明確に意識し，その批判を受け入れると同時にそれを次の作る作業につなげていく自分の中の回路をもつ，そうした形で「受け手」と常に関係を結んでいく回路をもち続けていく存在のことではないだろうか．それは時間も手間もかかることだけれど，メディアを使って表現することがますます容易になる時代だからこそ，特にマスメディアにいる者が意識し続けるべきことと考える．

④ メディアで育む

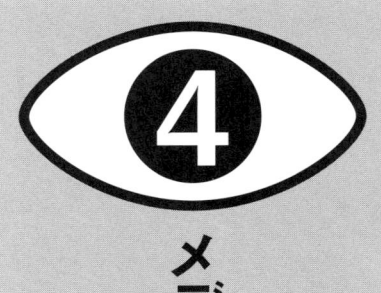

　メディアはコミュニティを育む．どんなコミュニティでも，メディアなくして成り立つことはできない．

　コミュニティとは「場」だ．いくつもの関係が交差し，異なる次元の重なりあう複合的な空間である．価値，情報，言語，場所や時間などの共有を基盤に何かが共感されることで，ひとびとは結びつけられる．そうした関係が束ねられる．

　ワークショップとは，既存の関係を支える要素を抽出し，操作をくわえることだ．すると，それまで自明だったものが異なる角度から捉えられるようになる．メディアリテラシーのワークショップは，メディアの豊かな可能性を引きだして再編成するばかりか，そのメディアを基軸に立ちあらわれるコミュニティをも育む力を秘めている．本章ではその具体を，事例に即して紹介していきたい．　　　　　　　　　　　　（長谷川一）

13 パブリックなカフェづくり

ペク・ソンス

思考するためのコミュニケーション

　私がはじめてシンポジウムに参加したのは大学2年生の時だった．正確なタイトルはもう思い出せないが，現代社会が抱えるある問題について社会学，宗教哲学，歴史学の学者たちが意見を述べるものだった．私はそこで話される内容の半分も理解できなかったが，その熱い雰囲気に頭がボーッとするほどの興奮と刺激を受けた．いわゆる学問の世界をはじめて覗き込んだという思いで，心の底から喜びがわきあがった感覚を今も鮮明に覚えている．

　以降，随分年月が経ち，すっかり出不精な人間になったが，それでも年に何回かは講演会やシンポジウムに出かける．大きな満足を得て帰ってくることもあれば，その会の内容が自分のなかで整理できず中途半端な状態で終わることもある．しかし自分が得られる成果はともかく，講演会であれ，シンポジウムであれ，またはある種の会議であれ，段々それらの会に対する期待値や自分のふるまい方も固まってきたような気がしている．自分なりの参加の仕方を覚えてきたと言えるが，一方，心のどこかでは物足りなさも感じている．こんな気持ちになるのは，自分のなかで勝手に描いている理想とつい比べてしまうからかもしれない．

　このような私の思いには原風景がある．高校の教科書にあった2枚の絵画の写真で，最初の1枚はラファエロの『アテネの学堂』．

プラトンもソクラテスもアリストテレスも，この時代の哲学も芸術もよくわからなかったけれど，このように歩きながら好きなところに集って勉強ができればどんなにいいだろう，座ったまま眠ることもないだろうし，お尻が痛くなることもないだろう，と思ったものだ．

　2枚目は，17世紀のイギリスのコーヒーハウスの様子を描いたものである．ひらひらのブラウスにストッキングをはいた男たちが新聞を片手に堂々と自説をふるったり，議論していた．ジャーナリズム発生の拠点にもなったといわれるこのコーヒーハウスでの風景は，当時のヨーロッパの革命・改革をめぐる政治情勢の話と一体になって，私の頭に大きな感動を与えた．きびしい言論統制が行われていた当時の韓国社会の中で，これらの絵画は私にとって自由，平等，言論，学問などを象徴的に表していた．今になってみると誤解や思い込みも多く混じっていたけれど，どんなに見つめていても飽きない，想像を掻き立てる絵だった．

　ほとんどの人にとって，シンポジウム，講演会，ワークショップなどに参加することは非日常的なことだと思う．時間を作ってそれらの場所に出かけるには，ある程度高い意識と努力が必要になる．人によって参加する動機は異なるが，基本的なことは何かを学ぼうとする意欲だろう．そこではいい話が聞けたり，知りたかったこと，または知らなかったことを知ることもできる．しかし，それでも多くの人が私のように，何か物足りなさを感じてしまうのではないだろうか．

　人々はあるテーマについて疑問や意見を持ち，それらを発展・解決するためにパブリックな場に出向くのだと思う．しかし私は，それらの目的を果たす，つまり新しい学びが成立するには，一方通行的なコミュニケーションによる教えや知識の披露では物足りず，それ以外の何かが必要ではと思うようになった．そしてどのようにすれば，より多くの人たちが満足できる学びのコミュニケーションの

パブリックな カフェづくり

場を作り上げられるかを考え，いくつかのワークショップを実践してきた．

ここでは，それらのワークショップの基本的な理念，具体的な方法，そしてその成果について話をしてみようと思う．私たちは，自分たちが夢描く場所——身体的な拘束から開放され，個々の自由な知が連帯し，共通の学びを形成していく場——の実現に近づくためにいろいろなことを試してきた．この話がこれだけに留まらず，それぞれの人が自分が理想とする場を構築するための一つのヒントになればいいと願っている．

新しいコミュニケーション場をデザインする「パブリック・カフェ」

まず，2003年に東京大学で行われたメルプロジェクト・シンポジウムで実施した「パブリック・カフェ」の話をしよう[1]．「パブリック・カフェ」とは，新しい学習の形態を構築するため，その学びが行われる空間そのものと，その場と時間とを共有する人々の間のコミュニケーション形式をデザインするワークショップ型の研究実践だった．既存の教育制度や組織における会議，学会など，社会制度として機能している諸システムを否定するのではなく，それに補完的な要素を加えることによって，より豊かで効率的なコミュニケーション行動や学習が行われることを目指す研究活動だった．この日の「パブリック・カフェ」もシンポジウムから独立したプログラムではなく，シンポジウムの「振りかえり」の意味を含めて，シンポジウム全過程における議論の完成度，参加への満足度を高めるといった目的を持って，デザインされ，実施されたものである．

というものの，この「パブリック・カフェ」において既存の活動のどのような部分を問題視しているかは明確に言及する必要があるだろう．なぜなら，私たちが問題視したその部分こそが，新しいコミュニケーションと学習の過程を思い描く出発点になったからであ

[1]「パブリック・カフェ」は，学びやコミュニケーションをめぐる問題意識を共有するメルプロジェクト・メンバー（上田信行，境真理子，須永剛司，ベク・ソンス，水越伸）が中心となって，2003年3月8〜9日，同プロジェクト・シンポジウム（東京大学）で行われた．

る．第一の問題意識は，社会的な次元におけるコミュニケーションや学びの活動において「送り手」と「受け手」の関係が固定されることが多く見られ，結果的にこれらはある種の知的活動やコミュニケーションの可能性を収縮し，制約してしまうということである．そこで私たちは新しい知的活動が活性化するために，その制約されたコミュニケーションや学びの活動をどのように，どんな文脈で解放できるかという可能性を提示しようと試みた．

　第二の問題意識は，さらに新しい知的活動を活性化するために，視点を変えて，空間そのもの，そこで使われる道具，ディスプレイの手法などを考えようというものである．コミュニケーションと学びが行われるその場そのものをデザインすることによって，活動自体を活性化させようと考えたのだった．

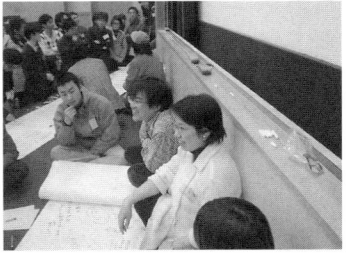

図1　「パブリック・カフェ」の様子

パブリックな
カフェづくり

「パブリック・カフェ」の進行

　メルプロジェクトシンポジウムでは2日間で基調講演と6つの研究発表が行われた．「パブリック・カフェ」はそれを引き受ける形で幕を開けたわけだが，まずシンポジウム期間中に話されたことを6つのテーマに分け，それぞれをグループ化することからはじめた．詳しくは後述の進行表を参照してもらいたい．

　このときの「パブリック・カフェ」ではロール紙（幅90 cm×5 m）やカラーペンなどを準備し，参加者に話をしながら自由に書いてもらった．その目的は，討論時間の経過によって忘れ去られる話題をなくすため，個々人の思考経緯を記録しながら討論全体を可視化するためだった．

　簡単にまとめると，「パブリック・カフェ」では，まずこれから始まる時間の楽しさを感じてもらい，次に手と体を動かしながら話し，素早く，たくさん議論をおこない，記録によって可視化する．その後は可視化された話題をまとめ，リフレクションをしながら議論をダイアグラム化および構造化し，最後に発表や総括にむけて，まとめた考えをじっくりと味わうことができるようにする．このようにデザインされたワークショップ，ということができる．

知の創造のプロセスを楽しむ「会議のデザイン」

　「パブリック・カフェ」には先行研究があった．私たちは情報活動やコミュニケーション行動に「デザインする」という概念を取り入れることの意味と可能性について考えようと，「HIT」という研究グループを作っていた．2002年9月，私たちはこれを「会議のコミュニケーション・デザイン」（以下「会議のデザイン」）と称し，議論を続けていた[2]．

[2]「パブリック・カフェ」のアイディアの源泉は，2002年9月に「会議のコミュニケーション・デザイン」を実践的に研究するためにはじまった「HIT」（前述メルプロジェクト・メンバーで発足，メルプロジェクトのサブプロジェクト）という研究グループにある．「HIT」は，人々の集まり（たとえば会議）と，そこにおける対話や人工物，タイムスケジュールなどをデザインすること，すなわちコミュニケーション・デザインの研究に取り組んだ．

そのようななか，2002年12月，須永剛司（多摩美術大学）を中心に科学技術振興機構後援の異分野研究者交流フォーラムとして「科学技術と芸術——知の創造に向けて」のワークショップが行われた[3]．須永はこの会のテーマを「異分野・異世代の多様な人々が集まり，知の創造のプロセスを楽しみ，共有すること」とした．そこで私たちは，何ヵ月も積み重ねてきた「会議のデザイン」の議論をこのフォーラムで実践してみることにしたのである．

「会議のデザイン」について，須永は「人々の知的で共同的な集まりをより豊かにする」ものと言う．私たちはフォーラムに参加する研究者たちがよりこの会の趣旨を理解し，異分野交流の成果が出るように，フォーラムの準備から当日会場での進行，記録，成果に対するリフレクションにまで関わった．具体的な仕事の内容は数多くあるが，すべては円滑なコミュニケーションによる状況の共有と共感，そして成果の達成にむけられたものだった．

[3] 2002年12月25～27日，異分野研究者交流フォーラム（JST）の一環として，日本科学未来館において「科学技術と芸術—知の創造に向けて」が行われた．

コミュニケーションの場や出来事をデザインする実験

これら二つだけでなく，私たちはその後もこうしたワークショップを研究会や授業などいろいろなところに適用し，形を変えながら応用・発展させてきた．しかし，問題意識や理念は今も変わらず共有されている．コミュニケーションの場をデザインするとき，大事な要素はたくさんあるが，私たちは特に二つのことを強く意識してきた．まずは人々が自然かつ積極的に議論に参加できるようにするためのプログラムを組み立てることと，そのプログラム運営者のやり方の工夫である．私たちは人々の身体の条件や動き，移動するときの動線，人の配置，時間の流れと配分などについて話し合いを重ねた．

二つ目は，プログラム全体で使われる道具をデザインすることである．道具とは，個人の身体の延長として使うもの，みんなの意見

パブリックなカフェづくり

を収斂していくためのもの，発表に使われるもの，全体の雰囲気を作るための音楽，飲み物，食べ物などすべてを含む．「パブリック・カフェ」では幅 90 cm×5 m のロール紙，多様な色のクレパスやマジックペン，各種色・サイズの画用紙，コーヒーやお茶などの飲み物，お菓子，簡単な食事，音楽のテープが用意され，「会議のデザイン」では立て壁，即席カメラ，マジックペンなどが使われた．

これらの道具は固定されたものではなく，その会や場の性格，進行，参加人数などを考慮し，毎回しかるべきものを選ぶとよい．上記以外にも，その場に応じて携帯電話，付箋紙，壁紙などいろいろなものを使ってきた．モノや方法の選択にあたっては，基本理念・姿勢を忘れないことが肝要である．

これらのワークショップをやってきて，その意義を探ってみると大きく分けて二つのことが言える．まずは，参加者から高い満足感が得られたこと．これは参加者全員が，能動的・積極的に自分の意見や質問を発せられる場を作り上げることができたからだと評価している．第二は，その場において，運営者が計画し，予測した以上の知的活動や刺激が参加者によって作り出されたこと．登壇者と聴衆，しゃべり手と聞き手という関係性を崩すことによって，より多様で多次元な知的会話ややり取りが作られたのだった．

しかしながら，いくつかの課題は残されたままである．一つは，非日常的な場における学びの可能性をどのようにより一般化できるかという問題である．つまり一過性のイベントとして終わらせるだけではなく，そこから見出された学びとコミュニケーションの仕掛けの可能性を日常的な活動にどう応用できるか．そして二つ目は，人材と道具の一般化の問題．ワークショップや会議は，進行者やスタッフの資質やパフォーマンス能力に左右されることが多くある．特殊な人的才能や物的資源に頼ることをできるだけ排除しながら，プログラムの組み方やプログラムの運営能力をどこまで公式化・理論化していけるかが問題であり，今後の課題であると考えている．

プログラム

[目的]
・新しい学習の形態を構築するため，その学びが行われる空間そのものと，同時間にその場を共有する人々の間のコミュニケーション形式をデザインする．

[特徴]
・社会的な次元におけるコミュニケーションや学びの活動において，「送り手」と「受け手」の関係は固定されることが多く見られる．結果的にこれらはある種の知的活動やコミュニケーションの可能性を収縮し，制約する場合もあるが，このワークショップではその制約されたコミュニケーションや学びの活動をどのように，どの文脈で解放し，新しい知的活動が活性化するかの可能性を提示しようとするものである．
・新しい知的活動を活性化するために，空間そのもの，そこで使われる道具，話題の可視化と提示の手法などを考える．つまりコミュニケーションが行われ，そして学びが行われる場そのものをデザインすることによって活動自体を活性化するということである．

[前提・必要条件]
・このワークショップは基本的に単独で行なわれるものではなく，シンポジウムや講演会のプログラムの一環として実施されるものである．

[準備するもの]
・話題や参加者たちの発言・意見などが可視化できるような道具（紙，黒板，筆記道具など）を準備する．
・参加者たちがシンポジウムなどのメインイベントからリフレッシュしてから参加できるように飲食物を用意する．

[実施の意義]
・メインイベント（シンポジウムや講演会など）におけるコミュニケーション率を高め，参加者の学習効果や満足度を最大にする．

[進行表]

時間の流れ	活動目的	人の動き	モノの動き	備　　考
1. 導入	表現したい！話したい！という気持ちにさせる	・全体のリーダー：本ワークショップの意義・全体像・手順を説明する ・各グループリーダー：それぞれテーマを紹介し，参加者に呼びかける	グループごとに場所を決めておく	
2. グループ選び	グループごとに話題を可視化する	・参加者：食事テーブルに行って飲み物や食べ物を手に取り，参加したいグループのところに移動する ・各グループリーダー：自分の場所で参加者に声をかけ，談話しながらグループをまとめる	食事テーブルに，携帯して食べられるような飲食物を準備する	
3. グループの決定	リフレッシュ，移動	・各グループで，みんな集まってなんとなくはじめられそうな雰囲気をつくる．必要であれば，参加者はグループ間を移動する ・議論の内容は，必要に応じて紙に書きとめる	ロール紙，ペン，付箋など可視化のためのツールを準備しておく	
4. 話し合い	話題の可視化，話のまとめ	・各グループで，本格的な話し合いに入り，各自が意見を交わす		グループリーダーは現在の話題の可視化だけではなく，参加者が話す，ま

		・議論の内容は、必要に応じて紙に書きとめる		たは聞くだけにならないよう常に「意見や思考過程」の可視化を心がけ、書きながら議論への参加を促す
5. まとめに向けて	総括討論の準備をする	・ダイアグラムを2、3分で語ってみる ・まとめと総括セッション会場へ移動する		
6. 発表・総括		・各グループがそれぞれ10分間ずつ発表をする ・最後に、総括のスタッフはみんながやったことの意味や成果について整理してみせる		

14 メディア・バザールと流通システムの実験

伊藤昌亮

シルクロードから盛り場へ

　メディア・バザールとは，メディアにかかわるモノやアイディアを持ち寄って売り買いするための集いの場だ．自分で表現したものや発信してみようと思うこと，誰かに伝えたいことや受け取ってもらいたいものであれば何を持ち寄ってもかまわない．映像作品のビデオやDVD，自作の本や雑誌，写真やイラストやソフトウェア，あるいは研究会の案内やワークショップのプログラム，教材や報告書からイベントの企画やツアーの計画にいたるまで，品物としてかたちをなすものばかりでなく，アイディアやプランやパフォーマンスなどはっきりとしたかたちをもたないものでもOK．ギターを弾いて歌ってもよいし料理を実演してもかまわない．

　「バザーリ」と呼ばれる売り手は「モバザール・スーツ」と呼ばれる身体装着型テーブル，強化ダンボールで組み立てられ，首からぶら下げて両側から支え持つよう設計された軽量かつ堅牢なテーブルを身につけ，その上におのおのの「売り物」を載せて会場をめぐり歩く[1]．買い手は思い思いに売り場を見て歩き，あちこちで売り手とやりとりしながら気に入った商品を探したり確かめたりする．欲しいものが見つかったら買い手は売り手と交渉して値段を取り決め，商談が成立すればその場で実際にお金を支払って商品を受け取る．もちろんはっきりとしたかたちをもつ商品ばかりではないので，

[1] モバザール・スーツは，須永剛司と草野剛を中心とする多摩美術大学のチームによってデザインされた．

その場で約束が取り交わされたりパフォーマンスが実演されたりするだけでもよい．

　こうした試みを私たちは 2004 年と 2005 年の二度行った．29 組のバザーリと 100 名を超える買い手が参加して行われた第 1 回メディア・バザールのコンセプト・イメージは「シルクロードの市場」．迷路のように入り組んだ会場では，色とりどりのリボンやシールではなやかに飾り立てたモバザール・スーツを身につけ，呼び込みの口上を大声で述べ立てながらさまよい歩くバザーリがそこかしこで買い手と交渉をくりひろげる．雑踏と喧騒のなか，けばけばしい民族衣装に身を包んだ「自称ガイド」が徘徊し，商談を盛り立てようと暗躍する．めでたく商談が成立すると「カネ鳴らし」と「風船屋」がやってきてにぎやかにカネを打ち鳴らし，色とりどりの風船を売り手と買い手双方の腕にくくりつける[2]．

　27 組のバザーリとやはり 100 名を超える買い手が参加して行われた第 2 回メディア・バザールのコンセプト・イメージは「盛り場」．薄暗い会場では，入口にたたずむ「占い師」に言い渡されたそれぞれの色に導かれてめぐり歩く買い手が，赤・青・黄・緑の各色のスポットライトに照らし出されたそれぞれのコーナーで待ちかまえているバザーリと出会い，交渉をくりひろげる．熱気と興奮のなか，姿の見えない「DJ」の声がにぎやかな BGM にのってひっき

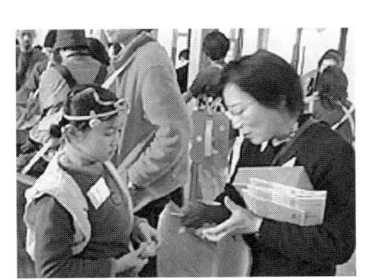

[2] 2004 年 3 月 7 日，メルプロジェクト・シンポジウムの一部として東京大学弥生オーディトリウムで行われた．売り手はメルプロジェクト・メンバーのネットワークを通じて募集され，日本のほか韓国から 2 組，台湾から 1 組，香港から 1 組，ウルムチから 1 組が参加した．企画・運営にあたったおもなメンバーは以下のとおり（順不同）．上田信行，ペク・ソンス，境真理子，長谷川一，伊藤昌亮，須永剛司，草野剛，小早川真衣子，永井由美子，松井貴子．

第 1 回メディア・バザール（2004 年）．コンセプト・イメージは「シルクロードの市場」．

14　メディア・バザールと流通システムの実験

メディア・バザールと流通システムの実験

りなしにしゃべりつづけ，商談を盛り上げようと奮闘する．めでたく商談が成立すると，黒いスーツを着てサングラスをかけた「ウェイター」と「ウェイトレス」がやってきて色とりどりのレイを売り手と買い手双方の首にかける[3]．

いずれの回も幕が切って落とされるやいなや交渉の場はヒートアップし，盛り上がりはたちまち最高潮に達した．売り手は自分の作品や計画の価値を買い手にわからせようとやっきになり，買い手はときに失望したり失笑したりしながらも，自分にとって少しでも価値のある掘り出し物にめぐり合おうと夢中になる．しかも実際にお金をやりとりすることのリアリティが交渉の場の盛り上がりに拍車をかけた．商談すること，吹っかけたり値切ったりしながら値段を取り決めることがこれほどまでにわくわくするような営みであることを，しかもメディアにかかわるモノやアイディアのやりとりにそぐわないどころか，意外にもむしろ適合的な営みであることを私たちはあらためて思い知った．

が，メディア・バザールとは単に楽しみのための場でもなければもちろんお金儲けのための場でもない．意外に思われるかもしれないが，それはメディアリテラシーを学ぶための取り組みとして大まじめに企画され，実践されたものだ．とはいえ，商談することからどうやってメディアリテラシーを学ぶことができるのだろう．吹っかけたり値切ったりしながら値段を取り決めることのいったいどこ

[3] 2005年2月20日，メルプロジェクト・シンポジウムの一部として東京国際フォーラムで行われた．売り手はメルプロジェクト・メンバーのネットワークを通じて募集され，日本のほか韓国から4組，台湾から1組，ノルウェーから1組が参加した．企画・運営にあたったおもなメンバーは以下のとおり（順不同）．上田信行，水島久光，長谷川一，伊藤昌亮，宮田雅子，佐藤翔子，飯田豊．

第2回メディア・バザール（2005年）．コンセプト・イメージは「盛り場」．

から，どういうふうにメディアリテラシーを学べばよいのだろう．またかりにそうしたことが可能だとしても，そのときメディアリテラシーの概念はどのようなものとして捉えなおされなければならないのだろう．それらの点について次に説明しよう[4]．

流通という問題圏

　メディアリテラシーを学ぶための取り組みは多くの場合，メディアの受け手，次いでその送り手の活動に焦点を当てるかたちで行われている．たとえばマスメディアの受け手としての立場を見なおし，テレビ番組を読み解くことを通じて情報を批判的に受容する力を身につけること．あるいはオルタナティブ・メディアの送り手としての立場に身を置き，作品を実制作することを通じて情報を創造的に表現する力を身につけること．これらの取り組みが意義あるものであることに疑いの余地はないだろう．が，メディアリテラシーの概念をより広く，より柔軟に捉えるとすれば，別の活動に目を向けてみることもできるのではないだろうか．

　メディアとはそもそも送り手と受け手のあいだのコミュニケーションを媒介するものだ．それをひとつの「系」として見れば，そこでは送り手が情報を表現する活動や受け手が情報を受容する活動とともに，送り手と受け手のあいだを取り結ぶための活動も行われていることがわかる．しかもそれは送り手や受け手それぞれの活動に付随するような副次的なものではない．なぜなら両者のあいだを取り結ぶしくみが機能していなければ，そもそも送り手が送り手になることもなければ受け手が受け手になることもないからだ．いいかえればメディアがひとつの系として成り立つためには，そこで送り手や受け手それぞれの活動が行われているとともに，両者のあいだを取り結ぶしくみが機能していることが必要となる．

　そのためマスメディアなりオルタナティブ・メディアなりをひと

[4] 以下の議論，とくにマスメディアとオルタナティブ・メディアの流通システムをめぐる議論はおもに，筆者とともにこのプロジェクトを推進した長谷川一の以下の論文にもとづく．長谷川一「メディアの新しい『流通』のかたち──『メディア・バザール』」『循環型情報社会の創成を目指したメディア・リテラシーの理論と実践に関する研究』（代表：水越伸）（平成14～16年度科学研究費補助金基盤研究（B）（2）研究成果報告書，2005年）．

メディア・バザールと流通システムの実験

つの系として見てみれば、そこではそれぞれの系に即したかたちで、送り手と受け手のあいだを取り結ぶしくみが運用されていることがあらためて明らかとなる。たとえばマスメディアの場合を見てみよう。テレビ放送では、キー局を基点とする系列ごとの全国ネットワークを通じて番組を配信するしくみが整備されている。あるいはオルタナティブ・メディアの場合を見てみよう。市民メディアや同人メディアでは、地域の人びとや同好の士のあいだのつきあいそのもののなかに作品をやりとりするしくみが組み込まれている。

このように送り手と受け手のあいだを取り結ぶしくみを「流通システム」と呼ぶことにしよう。流通システムに目を向けることは、系として成り立つメディアのあり方を理解するうえでとても有効なアプローチとなる。そこで行われている活動に批判的にアプローチするにしても創造的にアプローチするにしても、流通システムに目を向けることなしにメディアの問題を考えることはできないだろう。なぜなら送り手や受け手それぞれの活動は、そのあいだを取り結ぶしくみそのものに強く影響されながらかたちづくられているからだ（一方でもちろん、逆方向の影響関係も考えられるだろうが）。

しかし、メディアリテラシーにかかわる取り組みのなかにこうした視点が取り入れられることはこれまであまりなかった。その理由のひとつは流通という活動が、表現や受容などどちらかといえばプリミティブな活動に比べてより複雑に制度化され、ときに高度に産業化されたかたちで営まれるもの、そのため経済システムにかかわる問題としてより専門的に理解され、分析されなければならないものと受け取られてきたためだろう。メディアリテラシーの枠組みのなかで経済システムの問題を扱うことは必ずしも容易ではない。

ただしメディアリテラシーを学ぶことの趣旨からすれば、流通システムに目を向けることのそもそもの意図は、系としてのメディアのあり方を経済合理的に説明しつくそうとするところにあるわけではない。むしろそれを批判的に問いなおしたり創造的に組みかえた

りするためのきっかけを見出そうとするところにある．つまりメディアという系の中枢に組み込まれていながら，よく見えないところで動きつづけている隠れたメカニズムに触れてみて，それをいじりながら系全体の動き方をあれこれと確かめたり，さらにそのいろいろな動き方を試したり考えたりすること．そこでは説明することよりもむしろ体感し，実験し，想像することのほうに重きが置かれなければならない．

　だとすればそこに求められるのは流通システムを経済システムとして扱いつつも，身体性と遊戯性，そして想像力を通じてそのメカニズムに触れることのできるような場を作り出すことだろう．そのためには流通システムを経済システムとして見ながらも，同時に狭い意味での経済システムの枠組みを乗り越えるようなさまざまな可能性を含みもつもの，いいかえればより広い意味づけへと拡張された経済システムとしてそれを見ることのできる視点を用意しなければならない．そうした視点があってはじめて，流通という問題圏を狭い意味での経済システムの問題としてではなく，より広い意味づけへと拡張された問題設定としてメディアリテラシーの枠組みのなかに取り込むことができるのではないだろうか．

　そこで私たちは流通という問題圏に取り組むにあたって，その基礎となる経済システムの枠組みを押し広げ，「産業経済」「贈与経済」「バザール経済」という3つのモデルを設定してみた．次にそれぞれのモデルの意味と，それらを踏まえて実践されたメディアリテラシーのための取り組み，メディア・バザールの意図について説明しよう[5]．

なぜ「バザール」か

　「産業経済モデル」とは，産業資本主義社会で典型的に営まれている経済活動のしくみに沿って流通システムをモデル化したものだ．

[5]「産業経済」「贈与経済」「バザール経済」をめぐる以下の議論は，おもに以下の文献にもとづく．クリフォード・ギアツ『解釈人類学と反＝反相対主義』（小泉潤二訳，みすず書房，2002年）．

メディア・バザールと流通システムの実験

そこではモノやサービスの送り手と受け手のあいだに「生産」と「消費」という関係が成り立つ．つまり規格化された品を送り手が大量に生産し，受け手が大量に消費する．大量生産品としてやりとりされるそうした品には品目ごとに値段が設定されるので，そこでは固定価格による取り引きが行われる．そうした取り引きは広告や宣伝を通じて演出され，その過程でそれぞれの送り手，つまりそれぞれの企業の独自性と優位性が表現される．そこから送り手どうしの競合関係がかたちづくられる．産業市場での企業間の競争にともなうそうした競合関係を軸に回転し，維持されていくのが産業資本主義社会のシステムだといえるだろう．

一方で「贈与経済モデル」とは，部族社会や民俗社会で典型的に営まれている経済活動のしくみに沿って流通システムをモデル化したものだ．そこではモノやサービスの送り手と受け手のあいだに「贈与」と「互酬」という関係が成り立つ．つまり送り手が品を贈り与えると，それに応えるかたちで受け手が礼を返す．贈り物としてやりとりされるそうした品に値段が設定されることはないので，そこでは価格不在の取り引きが行われる．そうした取り引きは儀式や儀礼のかたちで演出され，その過程で送り手の気前のよさ，そして受け手の感謝の念が表現される．そこから送り手と受け手のあいだの信用関係がかたちづくられる．共同体での仲間うちの交流にともなうそうした信用関係を軸に回転し，維持されていくのが部族社会や民俗社会のシステムだといえるだろう．

産業経済モデルにしても贈与経済モデルにしても，それぞれの社会に存在する唯一の流通システムというわけではない．いいかえればひとつの社会にはひとつの流通システムしか存在しないわけではない．たとえば私たちが暮らしている現代の社会ではおおかたの場面で産業経済モデルが機能しているといえるだろうが，一方で親族や友人，あるいは地域の人びとのあいだでプレゼントをやりとりするような場面では贈与経済モデルが機能している．

そうした状況は私たちを取り巻く現代のメディア環境にも当てはまるのではないだろうか．産業経済モデルと贈与経済モデルの位置づけをそれぞれ現代のメディア環境に当てはめてみれば，産業経済モデルがマスメディアの流通システムに，贈与経済モデルがオルタナティブ・メディアの流通システムにそれぞれ当たるものとして位置づけられるのではないだろうか．

　マスメディアの場合，情報の送り手と受け手のあいだに成り立つ関係は生産と消費の関係として捉えられる．そこではたとえばキー局を基点とする系列ごとの全国ネットワークを通じて，規格化された情報を送り手が大量に生産し，受け手が大量に消費するという活動が番組の配信というかたちで行われている．送り手どうしの競合関係，たとえば視聴率争いによる企業間の競争を勝ち抜くことにもっぱら主軸が置かれてシステムが回転しているため，表現と受容のあいだを取り結ぶ関係は広告や宣伝に主導されるものとなる．一部のマスメディアがみずからの系のなかに閉塞していく傾向をもつとすれば，それはその中枢に組み込まれている流通システムのメカニズムがこうして，産業市場での企業間の競争という原理のなかに閉塞してかたちづくられているからだろう．

　一方でオルタナティブ・メディアの場合，情報の送り手と受け手のあいだに成り立つ関係は贈与と互酬の関係として捉えられる．そこではたとえば地域の人びとや同好の士のあいだのつきあいのなかで，贈り物としての情報を送り手が贈り与えると，それに応えるかたちで受け手が礼を返すという活動が作品のやりとりとして行われている．送り手と受け手のあいだの信用関係，たとえば情報交換にともなう仲間うちの交流を維持することにもっぱら主軸が置かれてシステムが回転しているため，表現と受容のあいだを取り結ぶ関係はむしろ儀式的・儀礼的なものとなる．一部のオルタナティブ・メディアがみずからの系のなかに閉塞していく傾向をもつとすれば，それはその中枢に組み込まれている流通システムのメカニズムがこ

メディア・バザールと流通システムの実験

うして，共同体での仲間うちの交流という原理のなかに閉塞してかたちづくられているからだろう．

このようにマスメディアとオルタナティブ・メディアの流通システムをそれぞれ産業経済モデル，贈与経済モデルとして位置づけてみると，それぞれの系の成り立ちがあらためて明らかとなるとともに，そこに内在する問題の構造が浮かび上がってくる．こうしたアプローチは系としてのメディアのあり方を批判的に問いなおすことにつながるだろう．では一方でその問題を乗り越え，そのあり方を創造的に組みかえていくためにはどうすればよいのだろう．

それはもちろん容易なことではない．なぜなら複雑に制度化され，ときに高度に産業化されたかたちで営まれているこれらの活動を再編成したり再構築したりするのはそう簡単にできることではないからだ．しかしそのメカニズムに触れてみて，そのためのきっかけを見出すこと，ちょっとしたヒントやアイディアをそこからつかむことは可能だろう．そのためにはマスメディアの場合ともオルタナティブ・メディアの場合とも異なる独自の流通システムの動き方を試したり考えたりすることが必要となる．そこで私たちは経済システムの枠組みをさらに押し広げ，産業経済とも贈与経済とも異なる「バザール経済」という第三のモデルを設定してみた．

「バザール経済モデル」とは，とくにアジア各地の伝統的な市場で典型的に営まれている経済活動のしくみに沿って流通システムをモデル化したものだ．そこでは売り手と買い手のあいだの言い値と言い値のぶつかり合いを介してモノやサービスがやりとりされる．それを売り手はいかに高く売りつけるか，一方で買い手はいかに安く買いたたくかを考えながら互いの腹を探り合い，ときにだまし合う．そこではあらかじめ値段が取り決められることはない．なぜならそのつど値段を交渉すること自体が取り引きの眼目となるからだ．売り手と買い手はともに有利な条件で商談を進めようとして，自分の側の情報を相手に探り出されないようにしながら相手の側の情報

を探り出そうとする．そのため情報がストレートに伝えられることはなく，それは隠匿されたり歪曲されたりする．しかもあえて情報がストレートに伝わらないよう，取り引きの場はことさら迷路のように見通し悪くしつらえられ，雑踏のなかで騒々しく営まれる．そうしたなか，売り手はいわくつきの品の価値を買い手にわからせようとやっきになり，買い手はときにだまされたりふんだくられたりしながらも，自分にとって真に価値のある掘り出し物にめぐり合おうと夢中になる[6]．

　産業経済モデルや贈与経済モデルが現代社会のいろいろな場面で使い分けられているとすれば，そうした状況はバザール経済モデルにも当てはまることだろう．一部の伝統的な市場では今でもバザール経済モデルが機能しているといえるだろうが，それよりも昨今，たとえばフリーマーケットやネットオークションなどのかたちでより新しいタイプの市場が出現し，普及しつつあることにむしろ注目してみたい．そうした場面で私たちは大量生産品でも贈り物でもなく，レアな中古品やコレクターズ・アイテムなどの掘り出し物にめぐり合うことができる．

　そうした状況を現代のメディア環境に当てはめてみることはできないだろうか．マスメディアが企業間の競争という原理のなかに，一方でオルタナティブ・メディアが仲間うちの交流という原理のなかにそれぞれ閉塞していく傾向をもつとすれば，バザール経済モデルから生み出される言い値と言い値のぶつかり合いのダイナミズムを，それら両面の閉塞状況を打ち破るためのきっかけとして位置づけてみることはできないだろうか．

　そもそもメディアに媒介される情報の多くは，大量生産品のようなものでも贈り物のようなものでもないはずだ．それは送り手と受け手のあいだのめぐり合いのなかでのみ真に価値をもつもの，つまり掘り出し物としての性格をむしろ強くもつものだろう．だとすればバザール経済モデルのメカニズムは産業経済モデルや贈与経済モ

[6] バザール経済モデルのメカニズムを産業経済モデルや贈与経済モデルと比べてみると，そこには両者と異なる独自性がさまざまに存在することがわかる．産業経済モデルでは固定価格による，贈与経済モデルでは価格不在の，バザール経済モデルでは変動価格による取り引きが行われる．産業経済モデルでは広告や宣伝を通じて，贈与経済モデルでは儀式や儀礼のかたちで，バザール経済モデルでは交渉や商談を介して取り引きが演出される．産業経済モデルでは送り手どうしの競合関係が，贈与経済モデルでは送り手と受け手のあいだの信用関係が，バザール経済モデルでは売り手と買い手，つまり送り手と受け手のあいだの競合関係がシステムの回転軸となる．産業経済モデルでは大量生産品としての，贈与経済モデルでは贈り物としての，バザール経済モデルでは掘り出し物としての財がやりとりされる．

メディア・バザールと流通システムの実験

デルよりも，メディアの流通システムにむしろ適合的なものだと考えることもできる．少なくともそのしくみの特殊性と独自性から見るかぎり，系としてのメディアの中枢にバザール経済モデルのメカニズムが組み込まれれば，その動き方はマスメディアの場合ともオルタナティブ・メディアの場合とも異なるものになるだろう．

もちろんそうした系を実際に構築したり編成したりするのはそう簡単にできることではない．が，メディアリテラシーを学ぶことの趣旨からすれば，重要なのは系としてのメディアのあり方を実際にそれらしく作り上げることではない．むしろそれを批判的に問いなおしたり創造的に組みかえたりするためのきっかけを見出すことだ．そのとき批判の眼目となるのは産業経済モデルや贈与経済モデル以外のメカニズムでもかまわないし，また創造の契機となるのはバザール経済モデル以外のメカニズムでもかまわない．

重要なのはあくまでも，メディアという系の中枢に組み込まれていながら，よく見えないところで動きつづけている隠れたメカニズムに触れてみて，それをいじりながら系全体の動き方をあれこれと確かめたり，さらにそのいろいろな動き方を試したり考えたりすること，しかも身体性と遊戯性，そして想像力を通じてそれを体感し，実験し，想像することだ．そのための一つの試みとして実践されたのが，しかもそうした試みがメディアリテラシーのための取り組みとなりうることを証明するための試みとして実践されたのがメディア・バザールだ．

プログラム

[目的]
- メディアの「流通システム」に目を向け，そのあり方を批判的に問いなおすとともに創造的に組みかえていくための視座を養う．
- メディアにかかわるモノやアイディアを持ち寄り，売り手と買い手それぞれのあいだで値段を取り決めながら売り買いする．

[特徴]
- 「流通システム」のメディアリテラシー——メディアリテラシーを学ぶための取り組みは多くの場合，メディアの受け手または送り手の活動に焦点を当てるかたちで行われている．しかしこのワークショップでは両者のあいだを取り結ぶしくみ，つまりメディアの「流通システム」に焦点を当て，そこで行われている活動を題材により広い意味でのメディアリテラシーを養うことを目指す．
- 「商談すること」を題材に——題材となるのは「商談すること」だ．売り手と買い手が交渉したうえで実際に買い手が金銭を支払い，売り手が商品を手渡す．ただしそこからメディア・ビジネスのノウハウを学ぼうとするわけではない．むしろメディアの「流通システム」の動きに触れ，そのあり方を問いなおしたり組みかえたりしていくための視座を養うことを主眼とする．

[前提・必要条件]
- 参加者が用意しておくこと——売り手は，メディアにかかわるモノやアイディアを「売り物」として用意しておく．自分で表現したものや発信してみようと思うこと，誰かに伝えたいことや受け取ってもらいたいものであれば何を持ち寄ってもかまわない．
- ファシリテーターが用意しておくこと——売り手を選定し，「売り物」を用意しておくようそれぞれの売り手に連絡しておく．また売り手が身につける「モバザール・スーツ」（強化ダンボールで組み立てられ，首からぶら下げて両側から支え持つよう設計された身体装着型テーブル）の部材と，飾りつけのための素材，さらに「商談」の場を盛り上げるためのさまざまなアイテムを用意しておく．

[準備するもの]
- 売り手用商品陳列台（モバザール・スーツ），売り手用小道具（装飾用の紙やモール，糸，ペンなど），ファシリテーター用小道具（衣装，鐘，風船など），ビデオカメラ，上映装置など．

[実践の意義]
- 「流通システム」に目を向ける——「流通システム」に目を向けることは，系として成り立つメ

ディアのあり方を理解するうえでとても有効なアプローチとなる．なぜなら送り手や受け手それぞれの活動は，そのあいだを取り結ぶしくみそのものに強く影響されながらかたちづくられているからだ．このワークショップではまずメディアの「流通システム」に目を向けることを学ぶ．
・「流通システム」を体感する――「表現すること」や「受容すること」に比べると「流通システム」の活動はわかりにくく，とっつきにくい．このワークショップでは「商談すること」を通じて，メディアという系の中枢に組み込まれていながらよく見えないところで動きつづけているその隠れたメカニズムに触れ，メディアの「流通システム」の動きを身体的に感じ取ることを目指す．
・「流通システム」の問いなおしと組みかえ――メディアの「流通システム」は多くの場合，複雑に制度化・産業化されたかたちで営まれている．このワークショップでは売り手と買い手が対面し，それぞれのあいだで値段を取り決めながら売り買いするという最も基本的なかたちに立ち戻ることによって，そのあり方を問いなおしたり組みかえたりしていくためのきっかけをつかむことを目指す．

［実践のヒント］
・「商談すること」の楽しさを再発見する――そこからメディアの「流通システム」に目を向けることの可能性が開かれる．
・「めぐり会いのゲーム」を楽しむ――そこからメディアの「流通システム」を体感することの可能性が開かれる．
・「めぐり会い」を演出するために――空間の配置に配慮するとともに，「めぐり会い」の導き手として個性的なキャラクターを設定する．
・「ゲーム」を盛り立てるために――多彩なアイテムを活用するとともに，「ゲーム」の盛り上げ役としてキャラクターを設定する．
・単なるフリーマーケットに終わらせないために――「商談」の終了後に参加者とファシリテーターが一緒になって活動を振り返る．

［進行表：メディア・バザール 2004］

時間の流れ		活動内容	人の動き		
			売り手	買い手	ファシリテーター
0. 事前準備	前日まで		売り物を用意しておく		売り手を募集する．モバザール・スーツの部材と飾り付けのための素材，その他小物類を用意しておく

1. セットアップ・バザーリ・	60分	ワークショップの概要説明，自己紹介	ワークショップの概要説明を受ける．各組30秒で自己紹介し，その様子をビデオに撮影してもらう		ワークショップの概要を売り手に説明する．売り手の自己紹介ビデオを撮影する
2. 導入部	30分	出店準備	バザール会場でモバザール・スーツを組み立て，思い思いに飾り立てる	ワークショップの概要説明を受ける．売り手の自己紹介ビデオをホール会場で見る	ワークショップの概要を買い手に説明する．売り手の自己紹介ビデオをホール会場で上映する
3. バザール・セッション	60分	「バザール」にて売り買いを行う	モバザール・スーツを身につけ，会場内をめぐり歩きながら買い手を呼び込む．やってきた買い手と交渉，商談が成立したらお金を受け取って商品を手渡し，カネ鳴らしと風船屋を呼んで商談成立を報告する	売り物を見て歩く．売り手と交渉，商談が成立したらお金を支払って商品を受け取り，カネ鳴らしと風船屋を呼んで商談成立を報告する	自称ガイドは出店者リストを持って会場内をうろつき，買い手にたずねられたら適当な売り手を紹介する．カネ鳴らしと風船屋は，商談が成立して呼ばれたらカネを鳴らし，売り手と買い手に風船をくくりつける
4. 振り返り	30分	成果を発表する．商談の成果と感想をコメントする	ファッションショー形式で一組ずつ登壇．	売り手のコメントとともにカネ鳴らしと風船屋の解説を聞き，メディア・バザールとはそもそも何だったのか，その意味を考える	自称ガイドがショーの司会をする．その後，メディア・リテラシーのための取り組みとしてのメディア・バザールの意図と意義をカネ鳴らしと風船屋が解説する

・会場は中央のホール部分とその周囲を取り巻く通路部分とに分かれている．入り組んだ構造をもつ通路部分がバザール会場として設定された．導入部はバザール会場とホール会場に分かれて，バザール・セッションはバザール会場で，振り返りはホール会場で行われた．

15 思い出のビデオアルバム

見城武秀

はじめに——ワークショップのねらい

　ここでは，2001年8月から9月にかけて東京都三鷹市立第四小学校でおこなわれたワークショップ，「思い出のビデオアルバムを作ろう！——地域で学ぶメディア・リテラシー」について紹介する[1]．

　このワークショップは，「自分たちが住んでいる地域にまつわる家族の思い出」をテーマに，親子で5分程度のビデオ作品を制作してもらうというものである．この作業を通じ，参加者に映像メディアの特性を理解してもらうだけでなく，「自分と家族とのつながり」，「家族と地域とのつながり」についても振り返ってもらうことが本ワークショップの特色である．このようなワークショップのデザインには，以下のようなねらいがこめられている．

　メディアリテラシーについて学ぶ上で，自ら情報の送り手としての体験をすることは不可欠の実践であるといってもいい．一連の制作作業を経験することで参加者は，完成した作品が送り手の意図や情報の編集によって構成されたものであることに自然と目を向けるようになるからだ．その結果，いつも当たり前のように付き合っているメディアが普段とは別の角度から，新鮮な姿形のものとして見えてくる．

　と同時に参加者は，情報の送り手＝表現者という立場をとること

[1] 本ワークショップは，メルプロジェクトが東京都生活文化局の委託を受けておこなった「東京都メディア・リテラシー・プロジェクト」の一環として実施された．このプロジェクトでは，学校教育や社会教育の現場に配布するための指導書が作成されており（東京都生活文化局編『はじめてみよう！　メディア教育——公民館で，美術館で，学校で……青少年のためのメディア・リテラシー学習』，東京都生活文化局，2003年3月），本章の内容の一部はそれに依拠している．また，本ワークショップは当時東京大学大学院学際情報学府に在籍してい

で，世界をいつもと違う視点から眺め直すことにもなる．その際，表現対象が身近なものであればあるほど，表現行為がもたらす視点移動の効果は劇的になる．見慣れていた対象の見えていなかった部分，あるいは見えていたはずなのに見ていなかった部分が明瞭に意識されるからである．それにともない，表現過程においてメディアが果たす役割の大きさも，一層強く実感されることになるだろう．本ワークショップが「家族」と「地域」を作品制作のテーマに選んだ理由は，この点にある．

　さらに本ワークショップでは，親子が共同して作品を制作するという条件を設けることで，それぞれが家族や地域を眺める視点の「ずれ」が顕在化しやすいようなデザインを採用した．このように，身近な人とともに，身近な対象についてメディア表現をおこなうことで，身近であるがゆえにかえって見えにくくなっているメディアや家族，地域から少し距離をとり，眺め直すこと．そして自分に見えていなかった部分，見えていたはずなのに見ていなかった部分の存在に気づくこと．本ワークショップが目指したのは，このような発見をもたらすきっかけを参加者に提供することであった．

ワークショップの進め方

　実際のワークショップの模様を紹介しよう．参加した親子は6組12人．そのうち「父親—男の子」，「母親—男の子」という組み合わせが1組ずつで，残りの4組は「母親—女の子」という組み合わせだった．また子どもの学年は3年生2人（いずれも女の子），4年生2人（いずれも男の子），5年生2人（いずれも女の子）であった．ワークショップは各回2時間，全6回で，以下のように進められていった．

た安美羅によってデザインされたものである．さらに，ワークショップの実施にあたっては三鷹市で活躍する2つのNPO法人，「シニアSOHO普及サロン・三鷹」と「むさしのみたか市民テレビ局」の協力を得た．

**思い出の
ビデオアルバム**

作品のテーマを考え，カメラの使い方を学ぶ

　初回では，ワークショップの概要について参加者に説明した後，どんな「思い出のアルバム」を作りたいか，親子でイメージを話し合ってもらった．とはいえ，突然の話し合いに，どのように話を進めればよいのか戸惑う親子もあった．うまく話し合いを進めている組をみると，「どんなことを撮影したい？　どんなものに作りたい？　お母さんはみんなのランドセルを撮って……．お姉さんの話も入れようか？」といったように，親が積極的に自分の意見を述べながら子どもにも発言を求めていた．他方，話し合いが弾まなかった組では親自身が講座の趣旨をよく理解できず，何を話せばよいのか話題に困っているようだった．

　話がある程度まとまった段階で，あらかじめ用意したシートに沿って作品のタイトルと概要をまとめ，発表してもらった．その結果出てきたのは，「3人の子どもたちの三鷹での成長日記」や「私たちの夏休み」，「私のとっておき」など，多種多様なテーマやストーリーだった．

　次に，ビデオカメラの使い方や撮影の基本を学ぶ時間を設けた．基本的なカットの種類やカット割りについては，マンガ雑誌などの資料を用いながら，「ロングショット」や「バストショット」，「クローズアップ」の使い分けなどを説明した．

　親との話し合いが大変だったのか，こうした説明の最中，子どもたちの顔はかなり疲れて見えたが，ビデオカメラを手にした途端に表情が明るくなり，うれしそうにあちこちをいじりはじめた．カメラを持って会場からいなくなった子どもたちを探すと，学校のいたるところを撮影してまわっていた．職員室に行った子は，先生たちがカメラに向かって面白いポーズを取ってくれるので，さらに楽しくなっているようだった．その他にも，図書室の様子を撮る子，一輪車で遊んでいる友だちを自慢げにカメラで追いかけている子など，子どもたちはカメラ撮影を十分に楽しんでいるようだった．

最後に，子どもたちが撮ってきた映像を全員で見ながら，撮影上注意すべき点についてアドバイスをおこなった．

映像の特性を学び，作品のストーリーを練る

初回はビデオ作品のテーマに関わる話が中心だったので，2回目は参加者にメディアリテラシーについて考えてもらうための話し合いを中心にワークショップを進めた．素材は，前回のワークショップ後に参加者がそれぞれ撮ってきた映像である．

初回と2回目との間に2週間ほど時間があったため，参加者たちはみな膨大な量の映像を撮影していた．初回に比べ，みな見違えるほど映像の撮り方が上手になっていたことに加え，各自の工夫も随所に見られた．たとえばある子どもは，夏休みの宿題で育てている縦に長くのびた朝顔をフレームに収めるため，カメラを横向きにして撮っていた（おそらくスチルカメラの技法を応用したのだろう）．その結果，モニタ画面には横向きの朝顔が映し出されることになったのである．それ以外にも，メダカを撮るのに外光がどうしても水槽に反射するため，何度も撮りなおしをした挙げ句，窓に黒い布をかけて撮る工夫をした子どももいた．

これらの映像を細かくチェックし，それぞれに対して，映像の特性や構成を意識させるようコメントを加えていった．たとえば，「このシーンは○○ちゃんのテーマとどういう関係があるのかな」，

ビデオカメラによる撮影　　　映像のチェック

15　思い出のビデオアルバム

「これは普段の〇〇ちゃんとは違うんじゃない」,「この場面をテレビ画面で見たらどういう風に見えるかな」といったものである.

続いて, ストーリーの展開を考えるためのヒントとして, 過去にアマチュアが制作したビデオ作品を見てもらった. これは参加者たちにとってとても参考になったようだった.

最後に, 自分たちの作品の構成表を作り, ストーリーを練る作業をおこなった. 前回作ったストーリーと撮ってきた映像をベースにしながら, もう一度親子で映像の中身について話し合ってもらい, 構成用紙にタイトルや「何を伝えたいか」,「作品の構成要素」,「全体の構成」を書き込んでもらった. そして現時点で足りない映像をチェックして撮ってくることを次回までの課題とした.

絵コンテを用いて映像を構成する

3回目のワークショップでは, 編集の前段階として映像の構成について説明した. 具体的には, 絵のつなぎ方を変えることによってストーリーがどのように変化するかを体験してもらい, 自分たちの作品を編集するための準備作業として絵コンテを書いてもらった.

まず, 何枚かの絵を使ってモンタージュについて説明した. 次に, 4カットの絵をばらばらに切り離して順番を自由に入れかえ「お話」を作る作業を親子で進めてもらい, できた物語をお互いに発表し合った.

さらに, 全9カットから成る「うさぎとかめ」のセットを利用し, よく知られたこの話でも, 絵の順番を並べ替えることでまったく異なる話になることを実体験してもらった. 子どもたちは絵をはさみで切り, 順番を決めて張っていく作業に夢中になった. 原作はかめの勝利で終わるが, 参加者がつくった話の中にはうさぎが勝つという物語もあれば, 話の展開をまったく元のものと変えてしまったものもあった.

このような作業を通じて参加者たちは, 同じ絵を使っても, 見せ

る順番を変えたり，説明（＝ナレーション）を付け加えたりすることでまったく違うストーリーになってしまうことを学んだ．映像作品を作るとき，どのような映像をどのような順番で見せるか，またそれにどのようなナレーションをかぶせるかといった構成を考えることの重要性をあらためて確認したのである．

その後，参加者は前回作った構成表をさらに練り直し，絵コンテを書く作業に取り組んだ．この作業は困難をきわめた．というのも，最終的に5分程度の映像作品を制作する予定であったにもかかわらず，みな張り切って大量の映像を撮ってきたため，それらを取捨選択してまとめることが大変むずかしくなってしまったからだ．どの映像を選ぶかで親子に意見の食い違いもあり，話し合いは難航したものの，最終的には全組，なんとかテーマにそって話をまとめ上げた．

映像を編集し，完成させる

4回目ではまず，編集とは何か，なぜ編集をおこなうのかを全員で話し合った．子どもたちの回答は「映像の流れをきれいにするため」，「音とかナレーションを入れるため」といったものだった．子どもたちは，3回目のワークショップで絵の並べ方によってストーリーが変わるという体験をしたため，編集によって話の流れが変わるという点について理解を深めていたようだった．

映像の構成について説明　　　パソコンによる編集作業

思い出の
ビデオアルバム

　続いて，パソコンと映像編集ソフトを使い，本格的な編集作業にとりかかった．この回の目標は，作品に必要な映像を選び，それらをとりあえず順番に並べてみる「あら編集」まで終わらせることだった．最初のうちは大人と子どもが一緒になって編集を進めていたが，やがてこの作業は主に大人中心になってしまった．子どもたちは長い編集作業に最後まで興味を維持できず，また，大人たちは時間内に終わらせたい気持ちから自分自身でどんどん編集を進めていったからだ．

　5回目のワークショップは4回目の翌日におこなわれた．2日連続の編集作業は参加者にとってかなりきついもので，子どもたちは地味な編集作業に我慢できなくなったのか，編集を親に任せきりにし，パソコンから離れて遊ぶようになった．

　この日の目標は映像の並び替えを終え，音，ナレーション，タイトルを入れて作品を仕上げることだった．親を中心に熱心な編集作業が続き，何とかタイトルを入れ，作品を完成することができた．

作品を発表する

　最終回は完成したビデオ作品の発表にあてた．この日はワークショップ参加者以外の人にも出席してもらえるよう，各方面に声をかけた．完成させた作品を他人に見て評価してもらうことは，制作者にそれまでの作業の意味を再確認させ，新たな表現欲求を生み出す上で重要な契機だからだ．

　発表会は1ヵ月にわたって作品づくりに励んだ参加者の慰労を兼ね，お菓子や飲み物を用意しておこなった．1本の作品を見た後，制作した親子に制作時のエピソードや苦労などを聞き，さらにゲストたちの感想や質問を聞く時間を設けた．こうして全組の発表を終えた上で，講座の趣旨をあらためて確認し，全体のまとめをおこなった．

　このワークショップで一つだけ残念だったことは，当初はできあ

がった作品を地元のケーブルテレビで放送してもらう予定だったのに，それがいろいろな事情で実現できなかったことだ．参加者同士の発表会の後，地域のより多くの人に見てもらう．それが話題となってまたワークショップが開かれていくという，循環型のメディア表現がこれから増えていくことを期待したい．

ワークショップの評価

　参加者たちはこのワークショップを通じ，メディアや家族，地域についてどのような発見をしたのだろうか．ワークショップ終了後におこなったアンケートでは，「テレビの見方が変わった」（大人4人，子ども3人），「映像作品を作る楽しさや大変さがよく分かった」（全員）といった回答が多く寄せられた．「テレビをみるとき，えいぞうのことが気になってしゅうちゅうできなくなった」と書いてくれた一人の子どものコメントが象徴するように，ワークショップを経験することで，参加者たちが映像メディアに向ける視線のあり方は確実に変化したようである．

　アンケートからは，参加者が自分と家族とのつながりについても多くの発見をしたことがうかがわれる．親からは「子どもと作品にしたい材料が違い大変だったけど，子どもの思い出がどこにあるのか知ることができた」，「子どもの外での姿をみることができてよかった」といった感想が寄せられた．また，子どもの一人は「お母さんの頑張りぶりには驚いた．ご飯が遅れてお父さんに怒られたが……」という微笑ましい感想を寄せている．

　一方，参加者と地域とのつながりについては，大人2人が「地域への関心が増した」という感想を寄せてくれたものの，子どもからは地域の見方が変わったという趣旨の感想は聞かれなかった．「自分たちが住んでいる地域にまつわる家族の思い出」という本ワークショップのテーマは，地域についての振り返り・気づきを促すとい

**思い出の
ビデオアルバム**

う点では少し漠然とし過ぎていたようだ．たとえば「○○に住んでいる人に紹介したい三鷹の思い出」というように，地域性を意識させるテーマ設定が必要だったのだろう．

その他，撮影時に撮影時間に関する制限を設けるべきだったのではないか（先述したように，今回は素材となる映像の量が膨大だったため，編集時に苦労した）．また，編集のためにもっと時間を割くべきだったのではないかといった反省点は残るが，全体として見れば，1回2時間，計6回という限られた時間の中で，ワークショップのねらいは概ね達成されたといってよいだろう．

さらにくり返しいえば，ケーブルテレビや地方の民放テレビ，ラジオとタイアップをして，ふつうの人が参加した番組づくりができれば，こうした活動の意義はさらに増すことになる．

ワークショップの応用

最後に，どうしても敷居が高くなりがちなパソコンによる映像編集をおこなわずにワークショップを実施する方法を紹介しておこう．

本ワークショップのねらいを達成するためには，とくに凝った編集をおこなう必要はない．映像の並べ替えは，ビデオカメラの他にビデオデッキなどの録画装置があれば，ビデオカメラの映像をならべたい順番にダビングしていくことで簡単にできる．ナレーションはビデオカメラで撮影するとき同時に吹き込んでしまえばよい．場合によっては映像と同時に録音された音声を一切使わず，「無声映画」のように映像に合わせて生でナレーションや音楽をあてていく方法すら考えられる．このように，私たちがすでにもっている「映像作品」や「テレビ番組」のイメージをくずしていくこともメディアリテラシーの実践の一環である．既成のメディア表現を前提とした作品の完成度にこだわらず，自由な発想でメディアのもっている可能性を引き出してみてほしい．

プログラム

[目的]
・「自分たちが住んでいる地域にまつわる家族の思い出」を親子でビデオ作品化する作業を通じて，映像メディアの特性を理解すると同時に，親子それぞれが「自分と家族とのつながり」，「家族と地域とのつながり」について振り返るきっかけをつくる．

[特徴]
・ビデオカメラを用いた表現を通じて，表現者は表現手段としてのメディアを普段と別の角度から眺めることになるだけでなく，自分が表現する対象をも，いつもと違う視点から眺め直すことになる．本ワークショップでは，「家族」や「地域」という参加者にとって身近な対象について，親や子という身近な人間とともにメディア表現をおこなうことで，身近であるがゆえにかえって見えにくくなっている家族や地域の姿を発見することを目指している．表現の方法に関する振り返りだけでなく，表現される対象に関する振り返りを促すことも目指している点が本ワークショップの特徴である．

[前提・必要条件]
・親子での参加が条件となる．

[準備するもの]
・ビデオカメラ，各種シート（作品構成用，絵コンテ用，アンケート用），映像編集機材（パソコン，編集ソフトなど），映像の構成を説明するためのカット集など

[実施の意義]
・メディアリテラシーに関するワークショップでは多くの場合「表現手段としてのメディアに関する気づき・振り返り」に焦点が当てられ，「表現される対象に関する気づき・振り返り」が焦点化されることは少ない．しかしながら，メディアを通じて表現するという行為はつねに，表現する手段と表現される対象の双方に関する批判的・反省的考察を表現者に対して求めているはずである．本ワークショップの意義は，家族や地域という身近な対象を作品制作のテーマとして設定することで，表現者が表現対象について経験しているはずの気づき・振り返りを表現者自身が意識しやすい状況を作りだしている点にある．

[応用プログラム，実施のヒントなど]
・本ワークショップではパソコンと映像編集ソフトを用いた実施方法を紹介したが，これらを用いずにワークショップをおこなうことも可能である．

[進行表]

時間の流れと各国のテーマ	活動内容	期待される学習目標	備考
1. ストーリの構成とカメラの撮り方	・講座の概要を説明 ・自分たちの作品について親子で話し合い，シートにまとめて発表する ・カメラの撮り方を習う	・講座の概要を理解する ・親子の話し合い（地域や家族をテーマに）を通じ，作品のイメージを膨らます ・カメラの基本的な撮り方を学び，楽しさを覚える	次回までに映像を撮ってくる
2. メディアリテラシーと絵の工夫	・みんなが撮ってきたものを見ながらディスカッションする→テレビの映像とも比較しながら，映像の特性などについて学ぶ ・作品としての構成を練る	・映像の特性に気づく ・テレビと比べながら話し合う ・実際制作してみることによって制作の大変さや面白さを体験する	次回までに足りない映像を撮ってくる
3. 絵コンテ（構成案）制作とプレゼンテーション	・構成することについて習う ・最終的にイメージしている作品の流れを絵コンテで書いてみる ・みんなで発表し合う	・絵の並び替えを通じ，映像を構成することについて理解する ・実際に自分の作品の絵コンテや構成を書いてみることによって，構成についての理解を深める	次回までに足りない映像を撮ってくる
4. 編集（1）	・編集する意味について話し合う ・編集のしかたを習う ・あら編集をする	・基本的な編集のしかたを学ぶ ・編集する意味を理解する ・編集作業を通じて，効果的な表現方法について工夫する	

5. 編集（2）	・絵のつなぎを滑らかにする ・タイトルやBGMなどを入れ，作品を完成する	・思い通りに絵をつなぐことができるようにする ・文字やBGMを入れて完成する	
6. 発表会（地域の方々と）	・みんなの作品を見る ・制作プロセスを話し合う ・地域団体の方との交流会 ・まとめ	・講座が持つ意味を再確認する	

15 思い出のビデオアルバム

コラム

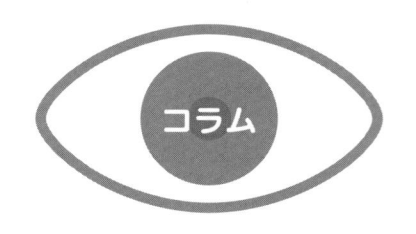

メディアリテラシーの当事者とは

河西由美子

「メディア」や「情報」といった概念は，日本の教育制度の中ではなかなか落ち着きどころを見出せていない．

1960年代以降，メディアに関わる教育は，視聴覚教育，放送教育，マルチメディア教育など少しずつ変容しながらも継続的に展開されてきた．現行(2009年現在)の高等学校学習指導要領において「教科・情報」が新設されたが，その取り扱う範囲は限定的である．メディアリテラシーの概念が，即「情報」科で展開可能なわけではない．高度情報化社会と言われる現在，メディアリテラシーに内在する批判的思考のトレーニングの必要性は高いと思われるが，日本の教育現場にはそのための場所はまだ確保されているとはいえない．

同じことは情報リテラシーの教育にも言える．日本語の情報リテラシーは狭義にコンピュータリテラシーとして捉えられる傾向があるが，原語のinformation literacyは，より広範かつ総合的な情報活用の能力と定義され，欧米の図書館先進国においてそのステイクホルダー（当事者）は図書館とその専門職であると社会的に認知されている．個人の意思決定が重視される社会では，情報の平等な公開とアクセスの保障は極めて重要な社会的前提とされる．社会教育機関である公共図書館をはじめとして大学図書館・学校図書館などのすべての館種がinformation literacyの教育を担い，それが情報化時代の図書館の存在意義ともなっている．しかしこうした理念的なバックボーンを共有しない日本では，必ずしも図書館はその当事者には成り得ず，学校現場における情報教育と学校図書館とのつながりも微弱である．本来メディアリテラシーや情報リテラシーといった新しいリテラシー概念は，「現代における学力」を問う学力論議の中核に据えられるべき主題ではないかと思うが，当事者のいないところ，概念はふわふわと浮遊するばかりである．

メディアリテラシーを論ずることの中には，日本におけるメディアリテラシーの当事者とは誰なのかを考えることも含まれているといえよう．

⑤ ワークショップのつくり方

　ワークショップという方法の背骨は，「つくる」「語る」「ふり返る」の3つの活動だ．骨格がしっかりしていれば，参加者みずからの気づきを適切に促すことにつながる．

　ワークショップは「構成された実践」だ．日常の身ごなしに操作を加え，人為的に構成する．構成物に意図が埋め込まれてしまうのは避けられない．メディアリテラシーのイロハなのだが，それは，参加者の気づきや思いもかけない発見によってしばしば凌駕される．計画・実施者もまた気づき，学ぶ．それがこの方法の最大の特徴である．

　だからこそ計画や実践の技法が欠かせない．まずは「知識を与える／与えられる」という身構えを解きほぐすことから始めよう．
　　　　　　　　　　　　　　　　　　　　　　　　(長谷川一)

16 湯けむり殺人事件の謎

林田真心子

2時間ドラマをワークショップに！

　夜の9時．お風呂上りや勉強の合間に，ちょっと休憩と思ってテレビの前にすわり，何気なく2時間ドラマにチャンネルをあわせてしまい，うっかりそのまま見入ってしまう．そんな経験はないだろうか．通称「火サス（火曜サスペンス劇場）」や「土曜ワイド劇場」など，夜9時放送のミステリーを題材とした「2時間ドラマ」である．
　2時間ドラマは絶妙なシチュエーション設定とストーリー展開で見る人の心を摑み，90年代には超高視聴率番組として人気を集めた．そこに欠かせないのが，いわゆる"お決まりのパターン"である．たとえば，犯人は決まって崖っぷちに追い詰められたり，女3人旅はかならず事件に遭遇したり，舞台は秋の京都や冬の能登半島だったりする．そうしたいかにもという典型的な設定がいくつかある．私たちは，それをわかっていながらも，心のどこかで期待しながら，ついついテレビの前から立てなくなるのである．そんな2時間ドラマのように，愉快で，あれよあれよという間に人をひきつけてしまうようなワークショップができないだろうか．そんなちょっとした思い付きから始まったのが，このワークショップなのだった．
　「湯けむり殺人事件の謎」は，2002年度，東京大学大学院情報学環の授業の一環として考案された．それは大学院生5～6人がグループとなり，デジタル社会のリテラシーに関するワークショップを

考案し実践するという授業だった[1]．"湯けむりチーム"として集まったのは，新聞記者や編集者などの社会人大学院生や，美術大学を卒業したばかりの院生など6人だった．年齢も経歴も専攻もバラバラな6人が集まって，最初は手探りで始めたのがこのワークショップなのだ．私は，当時，テレビ局勤務を経て大学院に入学した社会人院生1年として，湯けむりチームに参加した．ワークショップは考えたこともなければ参加したことすらなく，それが何なのかさえよくわからないという状態だった．そのため，私はぼんやりと，参加者が飽きることのない，ユニークで愉快なワークショップはできないものだろうか，という思惑をひそかにもちながらチームに参加していた．

実践の舞台となったのは，2002年，長野県の高校と東京都の中学校である．メンバーにはメディアで働く人が多かったことから，その経験と専門性を活かして，「メディアの送り手の仕事を参加者が体験する」形式のワークショップとなった．新聞や雑誌の記事が完成するまでのプロセスを，実際に参加者が記者となって体験することで，普段何気なく目にしている記事がどうやって作られているのかを考えてもらおうというメディアリテラシー実践だ．

ロールプレイング・ゲームの導入

2時間ドラマという案は，最初は思いつきでも，最終的にはメンバー6人の経験の違いや，メディアの特性を理解するというワークショップの意図が最も活かされる題材となった．その背景には，本ワークショップのもう1つの大きな特徴である，RBG（ロールプレイング形式）がある．

湯けむりチームにはゲーム研究をする2人の院生がいた．彼らが，「RPGの要素をワークショップに取り入れられないだろうか」というユニークな提案をした．

[1] 2002年度東京大学大学院学際情報学府の「情報リテラシー論」（山内祐平），「メディア表現論」（水越伸）という授業である．このワークショップ「湯けむりチーム」のメンバーは，当時東京大学大学院生であった赤羽雅浩，鈴木香織，並木志乃，藤江清隆，和田真祐子，林田真心子が考案，実践したものである．

湯けむり
殺人事件の謎

　RPGとは，参加者が架空のストーリーの登場人物となり，問題を解決していく体験型ゲームである．代表的なものとしては「ドラゴンクエスト」や「ファイナルファンタジー」がある．映画にもなった「ロード・オブ・ザ・リング（指輪物語）」などが古典だといわれている．つまり，ある事件や問題をワークショップの参加者自身が「ロールプレイ」しながら解決していく体験型にしようというわけだ．2時間ドラマで言えば，参加者は片平なぎさや船越英一郎役ということになる．

　実際のロールプレイング・ゲームには緻密な設計が施されている．主人公が選択する進行方向や手段によって，何通りものストーリーが考えられる．最終的にストーリーの終わりにたどりつくためには，ある一定の条件が満たされなければならないが，そのために，過程にはいくつものヒントが隠されている．そうしたRPGの要素をワークショップの取材過程に取り入れようというのだ．そのためには，謎がいくつも隠され，しかもコンパクトな2時間ドラマ的ミステリーは最適であった．「崖っぷち」や，「温泉」，「特急列車」といったお決まりの要素がいくつも散りばめられていて，ストーリー展開の鍵を握る構造も，RPGに似ていた．

　加えて，ワークショップにRPGをとりいれるという斬新な発想は，ワークショップにデザイン的な厚みもたせるのに適切な要素をいくつも持ち合わせていた．第一は，ゲーム性をとりいれることで，メディアリテラシーの基盤となる「メディア遊び」の要素がより加えられる点である．これはメルプロジェクトが重視してきたことだ．

　第二は，記者の取材体験をよりシミュレートできる点だ．実際の記者は，記事作成のために，多角的に取材を積み重ねる．しかし，完成までには多くの困難に直面する．なかなか情報が集められないこともあるし，事実にたどりついたとしても，その一部しか伝えられないこともある．その背景にはメディアが持つさまざまな制約，課題，約束がある．その一方で，記者は社会的問題を解決していく

使命感や充実感も獲得する．ときにはそれがエスカレートして，下世話なただの謎解きに終始する記事もある．いくつもの課題を乗り越えていく RPG 形式にすることで，記者が抱くこうした高揚感や悩み，ジレンマといった感覚を，より具体的に体験できると考えた．

「湯けむり殺人事件」とは？

　ところで，参加者が記者を「ロールプレイ」するためには，実際にワークショップでミステリーの登場人物を取材する必要がある．また，登場人物は，複雑なストーリーや，ワークショップの仕組みを事前にしっかり理解していなければならない．それにはかなりの時間が必要である．このたいへんな役回りをいったい誰が演じるのか．必然的に，それをこなせるのは私たち主催者しかなかった．こうして，私たちはワークショップを考案するだけでなく，登場人物を演じることになった．普段は難しい顔をして記事を書く新聞記者や，最先端のファッションを取材するような編集者，一見まじめで固そうな大学院生が入り混じり，週末になると，旅館の女将や警察官の衣装を身につけ別人を演じ，みんなでワークショップ先へ巡業するわけであるから，傍からみると異様だったに違いない．しかし，最初はしぶしぶだった私たちも，これが意外にもはまってしまい，ドラマを何本も見たり，温泉旅館にいってみたり，ゲーム・テーマパークへ足を運んだりと"研究"を重ねたのだった．

　そうしてできあがった「湯けむり殺人事件の謎」のストーリーは次のとおりである．

　　年の瀬もせまった師走の早朝．温泉旅館「湯けむり荘」そばの神社で，一人の男性が死亡しているのがみつかった．境内に続く長い階段の下で，頭から血を流し仰向けに倒れていた男性は，今をときめく有名作家・辻淳一氏である．折しも，辻氏は，出身地

**湯けむり
殺人事件の謎**

の再開発問題に反対を唱え，大論争を巻き起こす渦中にあり，頻繁にマスコミにも露出し注目をあつめていた．警察は事件と事故の両面から捜査を始めた．

実際に考えられたストーリーは1万字にもおよぶ長いもので，登場人物のキャラクターや家族構成まで綿密に考えられているほか，主人公の恋愛関係，親子関係なども盛り込まれている．ストーリーは，参加者の日常経験が活かせるように，身近な話題になるよう心がけた．

また，参加者がおこなう取材のプロセスは，RPG の構造にならい，綿密に練られた．たとえば，記者は，あるキーワードにいきつかなければ，事件の解決へとたどりつけないようにした．そしてそれぞれの登場人物がもっているキーワードは違っており，いくつかの異なるキーワードが集まらなければ，最終的にゴールにたどりつけないというわけである．しかも登場人物は，常に正しいキーワードをくれるわけではなく，ときにはうそをいって情報を撹乱したりもする．あるいは，強いキーワードを手に入れれば，簡単に次のキーワードが手に入ったりするのである．私たちはそれらの流れをフローチャート式に描き，ストーリー展開を緻密に設計した．また事件の鍵をにぎる人物として「隠れキャラ」も設定した．

中学生が記者を体験

東京都でおこなった実践では，中学生と教師約20人が参加した．5〜6人ずつの3グループを組み，その中で編集長，記者，レイアウト担当と3つの役にわかれた．3グループは，それぞれ女性週刊誌，男性週刊誌，全国新聞という別のメディアを担当する．記者は，そのメディア関係者になりきって取材をし，レイアウト担当者は事前にこちらで用意したさまざまな写真を使いながら，記事をうまく

表現するための工夫をしなければならない．

　取材のスタートは警察の会見から始まった．私は会見をする副署長役を演じたが，中学生記者たちは，最初から何のためらいもなく，すっかり事件記者になりきっており「死因は特定できていますか？」「亡くなった辻さんに保険金はかかっていたのでしょうか」といった核心的な質問がとんだ．答えを用意していないものもあったため私は内心どきどきしながら質問に答えた．副署長として威厳も保たねばならず，平静も必死に装った．そのとき，ふと，自分が仕事で取材をする相手も，もしかするとこんな気持ちになるのかもしれないと思ったりした．

　会見を終えた記者たちが次に向かったのは，第一発見者である旅館の女将のところだった．女将は，仕事柄，人のプライベートはあまり多くはしゃべらないが，実はゴシップネタが嫌いではなく，乗せるとうっかり秘密をしゃべってくれるというキャラクター設定である．その性格をみぬいたのか，「女性レディ」の記者は，足しげく女将のもとを訪ね，情報を聞き出していった．一方，無意識的にあることないことをしゃべって情報をかく乱するキャラクターもいる．こうした取材相手の性格や，立場もふまえて，取材を重ねていくのは実際の記者も同じである．中学生記者たちは，制限時間の最後1秒まで取材を続け，少しでもよい記事にしようと夢中だった．

　そうして出来上がった記事をみてみると（次頁の写真参照），同じ出来事を取材しても，それぞれメディアの特性が違うことで，まったくグループごとに記事の内容もレイアウトも異なるものになっていた．たとえば，全国新聞は，多くの情報を得ていたにもかかわらず，全国紙として掲載に値する情報しか書かなかったため，記事が非常に薄くなった．担当記者は，書けない悔しさ，真相にたどりつけない無念さを，切々と訴えた．一方で，男性週刊誌は，不確実な情報も「本誌の仮説」という形で乗せた．「女性レディ」は真相にたどりついたが，時間がなく，その「特ダネ」を十分アピールする

ワークショップの様子

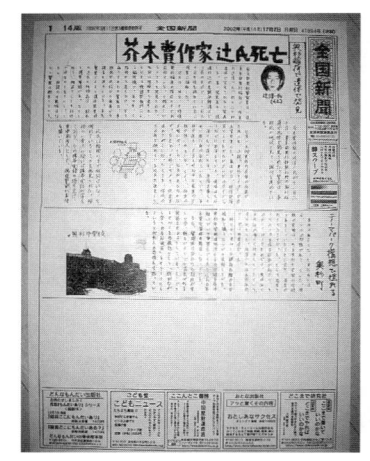

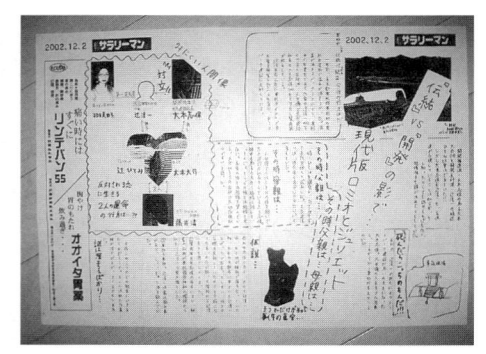

（左）全国紙の記事
（右上）男性週刊誌の記事
（右下）「女性レディ」の記事

記事にできなかった．情報をどう収集し，その結果得た情報をどう記事に反映すべきなのか．中学生記者たちは取材過程を通して多くのジレンマを抱えたようで，最後のディスカッションでは，「実名報道」など，私たちが中学生のときには考えたこともないような話題について，活発な議論がおこなわれ，圧倒されてしまった．

「湯けむり殺人事件の謎」の謎

このワークショップがとくにユニークだった点は2つあると私は思う．1つは，再製不可能な点である．「湯けむり殺人事件の謎」

は，考案した私たちメンバーのキャラクターや人物像にそって作られており，しかも全国を巡業する旅役者のように，私たちが「湯けむり一座」となってワークショップを演じていた．それは私たちのパフォーマンスも含めた1つのパッケージであり，応用するためには，メンバーの素性と特技にそって，構造からつくり変える必要があるだろう．そして，そのパッケージ性がもう1つの特性を生んだ．

その2つ目の特性は，「立場の逆転」である．本ワークショップは，普段はメディアの受け手である中学生や高校生が，記者＝送り手を体験するため，受け手が送り手になるという立場の逆転が組み込まれている．さらに，私たちメディアの送り手を含んだ大学院生が登場人物を演じたことで，普段は取材をする側の人たちが，ワークショップを通して「取材される立場」を経験することになったのだった．普段はテレビ人であり，送り手である私自身も，ワークショップをつくるために，2時間ドラマや雑誌，新聞の特性を事細かに分析し，テレビやメディアについて必死になって考えた．取材を受けてはらはらすることで，取材相手の気持ちを思った．いつもと違う角度で自分の仕事を再考させられたのである．第一の逆転は中高生が送り手の視点を一時的ではあれ手に入れ，メディアやジャーナリズムを多角的にとらえることを可能にした．第二の逆転は，取材のプロが取材される側の立場に，やはり一時的ではあれ立つことを実現し，マスメディアの社会的責任やジャーナリズムの倫理を体感する機会を与えてくれたのである．

物語仕立て，ロールプレイング・ゲーム系ワークショップづくりのコツ

最後に今回のような物語仕立て，RPG系のワークショップづくりの上での留意点，コツのようものを箇条書きにしておきたい．

1　立場の逆転が起こるような仕掛けを入れる

日頃の「専門家対素人」という図式をひっくり返すような仕掛けを入れる．たとえばテレビのプロと子どもを混合したグループをつくり，テレビではなく新聞記事を書かせてみるといったふうに，専門家の権威性をプログラムのなかで相対化させてしまう．そうすることでプロがメディアをとらえなおす視点，素人から学ぶ機会を与えることができる．逆にそのことが素人の学びを活性化させる．

湯けむり
殺人事件の謎

2　さまざまなメディアを並列させる
RPG系にメディアリテラシーの要素を盛り込むときには，テレビならテレビだけと単一のメディアではなく，複数のメディアを並列させ，参加者がそれらをくらべながら理解できるようにするとよい．

3　物語には具体的なトピックを入れる
物語がミステリー風でも，SF風でもよいが，参加者が自分の日常感覚に照らして理解できるような，具体的で身近なトピックを入れ込んでおくとよい．またワークショップの開催地や参加者の特性に合わせ，地域や世代，社会的問題などを選ぶことも大切．

4　ファシリテーターに合った人物設定をし，真剣に演じる
演劇型のワークショップでは，登場人物と参加者のコミュニケーションが鍵となる．ファシリテーターの経験はあっても，役割を演じることについて素人である人々がそれらしく振る舞うためには，人それぞれのキャラクターに合った人物設定をすることが大切．またファシリテーターは中途半端ではなく，入念に準備し，真剣に演じるようにする．たとえうまく演じられなくてもその真剣さがワークショップの場を盛り上げる．

5　ワークショップは時間厳守でおこなう
新聞社や放送局など，メディア企業は時間に追われている．その切

表1 「湯けむり殺人事件の謎」時間割

9:15	はじめの説明	取材ゲームのルールや，役割分担など，全体的な説明.
9:40	ゲーム開始 第1回編集会議	配られた資料をよく読みましょう．チームの中で役割分担をします．
10:00	警察発表（事件の第一報）	警察から，事件のおおまかな説明がされます．わからないことは質問もできるので何でも聞いてみましょう．
10:10	第2回編集会議	デスクを中心に，取材方針などを話し合いましょう．
10:25	取材（パート1）開始	関係者に対し，5分ずつ取材ができます．必ず全員に話を聞きましょう．取材中に編集部に戻ることはできません．
10:45	第3回編集会議	集めた情報をもとに，そろそろ記事の大まかな流れを考えましょう．
11:00	取材（パート2）開始	パート1から，少しだけ時間が経過しています．さっきと違う話しが聞けるかも……．取材中に編集部に戻るのは自由です．
12:00	取材終了	取材はここまで！ 記事を書くのに専念しましょう．
13:00	ゲーム終了（原稿締切）	
	（昼食）	（原稿回収・人数分コピー）
14:00	記事発表・読み比べ	自分のチームとほかのチームの記事はどう違うのか？ なぜ違うのか？ 気がついたことをどんどん言ってみましょう．
15:00	終了	

　迫感をできるだけリアルに体験するためには，時間厳守で活動してもらう．たとえ制作や活動が時間切れで終わっても，その意味をしっかり議論できればそれでよい．「湯けむり殺人事件の謎」の時間配分は表1のとおり．

　ふり返ってみると，実はワークショップをつくるそのプロセスから，すでに私たちにとっての別のワークショップが始まっていたのだ．ワークショップのつくり方にはいろいろあるけれど，まずはそこにいるメンバーの個性から，スタートしてみるのもいいかもしれない．

17 モノと場をつくる

宮田雅子

ワークショップ実施のために

　さて，ここまで読み進めてきた読者の方は，自分の興味に合ったワークショップを，きっといくつか見つけられたことだろう．もしかしたら「こんなワークショップをやってみたい」という自分なりのアイディアがだんだん膨らんできているかもしれない．ワークショップの実施に一歩踏み出すため，次はワークショップのための素材や場の準備をしよう．

　道具と場のコミュニケーション・デザインは，とても大事だ．なぜなら参加者は，道具を通して身体を使った作業をし，場を共有しながらワークショップでの学びを経験するのだから．よく練られたプログラムがあったとしても，魅力的な道具や場を通して参加者に意図が伝わらなかったら，残念ながらそのワークショップはあまり成功したとは言えない．素材の準備や場のデザインについて一般化するのは難しいが，ここでは，どんなふうに素材を準備したらよいのか，また場をどのようにデザインしたらよいのか，いくつかのアイディアと実例を紹介しながら述べていきたい．

素材の準備

　ワークショップを実施することのねらいは，参加者が協働し，あ

るテーマについて一生懸命考えたことを紙に描いたり演じたりと表現することを通して,教科書や参考書を読むだけでは得られないアクチュアルな経験と知識を獲得することにある.参加者の活動を促し,支えるために,ワークショップで使う素材は,思わず手に取って使ってみたくなるような魅力的な材料として準備されている必要がある.

　と言っても,そんなに身構えることはない.たとえば,大きな模造紙にカラフルなマーカーで自分の考えを書いてみる,プロジェクタを使って壁に大きく図を投影してみる,といった簡単なことだけでも,参加者が身体を使って考え始める助けになるだろう.あるいは,風船にメッセージを書いて交換する,参加者全員に同じバンダナを配って好きなように身に付ける,といったアイディアもある.単純なことだが,それが立派なコミュニケーションツールになる.そんな中で,ワークショップの大事な味付けとしてここで紹介したいのが,「素材バー」と「グループ分けステッカー」である.

素材バー

　図1は,筆者らが『送り手と受け手の対話ワークショップ』(『対話ワークショップ』と略)[1]の東京編,山口編それぞれの実践で用意した「素材バー」である.「素材バー」とは何かと言うと,まずレストランのサラダバーやドリンクバーをイメージしていただきたい.

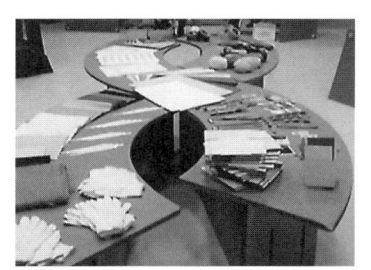

図1　『対話ワークショップ』の「素材バー」

[1] 『送り手と受け手の対話ワークショップ』は,東京大学大学院情報学環メルプロジェクトと社団法人日本民間放送連盟によって実施された.企画は,下記の2名と筆者とでおこなった.長谷川一(当時は東京大学大学院学際情報学府博士課程),佐藤翔子(当時は多摩美術大学美術研究科修士課程).

　ワークショップの内容は,本書「10　送り手と受け手の対話づくり」108-119頁を参照されたい.

**モノと場を
つくる**

　サラダバーやドリンクバーで好きなものを選んで持ってくるように，「素材バー」とは，参加者がそこから表現のための素材を自由に選んで持ってくるための場所のことである．ここに，参加者がグループワーク等で使う画用紙や，マーカー，色紙，付箋，色テープ，毛糸，布などをきれいに並べてディスプレイしておく．文房具をただ積んでおくのではなく，きれいに並べることが鍵だ．なんでもない色画用紙やマーカーでも，色どりよく扇形や波形などに工夫して並べておくと，いつもとはちがう素敵な道具に見えてくる．さらに普段思いもしなかった使い方がひらめきやすくなる．用意しておくものの種類はワークショップの内容によってそれぞれ違っていると思うが，高価で格好よい道具を買ってくる必要はない．普通の文房具でよいので，まずはきれいに並べてみることが大切だ．

　「素材バー」は，ワークショップ会場の中央辺りにつくる．グループワークをする場合には，どのグループの作業場所からも「素材

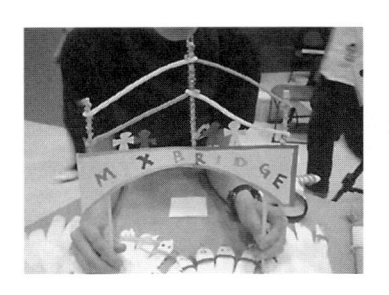

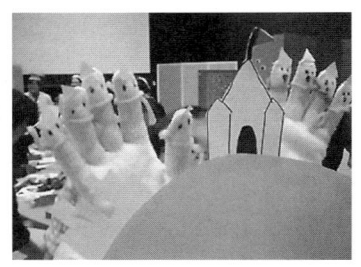

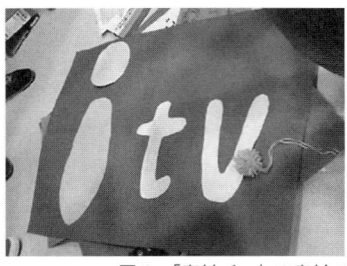

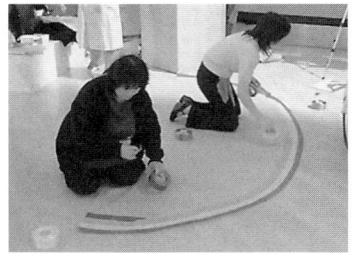

図2　「素材バー」の素材で参加者がつくった発表の小道具

バー」が見えるようにしておく．色とりどりの材料がきれいに並べてあって，それを自由に持ってきて使うことができるというだけで，ワークショップの会場は楽しい雰囲気になる．『対話ワークショップ』では，参加者がグループに分かれて課題に取り組み，その結果を，寸劇を交えた形式で発表してもらった．発表に使う材料は「素材バー」から参加者が自由に持ってきたものである．そこでは，たとえば画用紙は，プレゼンテーションの内容を描くためだけではなく，寸劇に使う被り物や操り人形，張りぼて，背景などをつくる材料としても使われた（図2）．

グループ分けの目印

　ワークショップの参加者が数名ずつに分かれてグループワークをする場合は，グループの目印になるものが欲しい．もっとも手軽にできるのが，「グループ分けステッカー」（図3）だ．「グループ分けステッカー」は，名前のとおり，グループ分けを表すステッカーのことである．パソコンを使ってカラフルにグループの番号などを描き，それを市販のシール紙にプリントアウトするだけで「グループ分けステッカー」ができる．『対話ワークショップ』では，ワークショップ1日目の受付時に参加者に手渡したワークブックの中に，「グループ分けステッカー」を入れて一緒に配布した．参加者はワークブックの中からステッカーを出し，名前を記入して自分の服の好きなところに貼り付ける．すると，それぞれの名前と，誰がどのグループなのかが一目で分かるようになる．こうして同じステッカ

図3　グループ分けステッカー

> モノと場を
> つくる

ーを身に付けていると，それがグループの目印になるだけでなく，会場の雰囲気もカラフルになり，グループのメンバー同士で同じものを身に付けることで一緒に課題に取り組もうという気持ちを盛り上げる助けにもなる．また，他のワークショップの例では，ステッカーの入った小さな宝箱を会場の各所に隠しておくという仕掛けにしたこともある．参加者はまず宝箱を探し，見付けた宝箱の中から出てきたステッカーによってグループに分かれる趣向にした．グループ分け以外にも，参加者の人数が多く，ほとんどが初対面同士でスタッフとの区別もつきにくいワークショップの場合は「スタッフステッカー」もつくり，質問などがある場合はすぐにスタッフを見付けられるようにすることができる．

場のしつらえ

　素材を準備するのと同時に，もうひとつ大切なのが場のしつらえである．しつらえとは，漢字で「設え」と書き，「設け整えること」を意味する．ワークショップは通常の教室でおこなわれる授業とは異なるスタイルの学びの場である．ワークショップの主催者が，参加者に何かを教えるための場づくりではなく，参加者同士が議論したりアイディアを出したりといった活動をしやすい場づくりを考えることに重点を置く必要がある．筆者がワークショップ会場のしつらえを考えるときには，次の3点を念頭に置いている．

(1)　半分閉じて，半分開いたワークスペースをつくる．
(2)　会場の中の特徴的な場所を役立てる．
(3)　空間の中心，または前後を決める．

　まず(1)の，半分閉じて，半分開いたワークスペースをつくる．これは，参加者がグループに分かれて議論や作業をおこなう場合，

グループごとに落ち着いて本拠地にできる場所が欲しい，だが完全に隔離されたスペースではなく，隣のグループの気配が伝わってくるくらいの，半分くらいの閉じ方がよい，という意味である．会場によっては難しい場合もあるかもしれないが，可動壁やパーティション，机などを使って，グループワークのスペースを区切る．そのとき，そこでグループワークをする参加者から見て，完全に視界を囲ってしまうのではなく，隣のグループや会場全体の様子がなんとなく感じられる程度の区切り方にしておく．

　次に（2）の，会場の中の特徴的な場所を役立てる．会場によってはど真ん中に階段があるとか，壁面に大きな凹凸が多い，逆に真四角でなんの変哲もない，等の特徴があるに違いない．これらを打ち消すのではなく，場づくりにできるだけ役立てられるようにしている．

　最後に（3），空間の中心，または前後を決める．これはちょっと抽象的な言い方だが，ワークショップをグループワークの時間，プレゼンテーションの時間，ふり返りの時間等に分けて，その場合場合の会場の中心や前後を決めておくということである．たとえばグループワーク中は，先に述べた「素材バー」を中心にするとよいだろう．それ以外の時間にも，プレゼンテーションの場所を「劇場」と呼んでその他の場所と区別したり，ワークショップのシンボルになるものをつくって置いておく一角をつくったりと，会場にメリハリを付けるように工夫している．これら3点を踏まえて，『対話ワークショップ』では実際にどのような場をデザインしたのか，次にご覧いただくことにしよう．

　図4は，『対話ワークショップ』東京編，山口編それぞれの会場の概略である．東京編の会場となった日本科学未来館は，スタジオのようながらんどうの閉鎖的な空間，山口編会場の山口情報芸術センター（YCAM）1階の方は天井が高く開放的な空間で，ワークショップ参加者以外の来館者も通行するという対照的な会場だった．

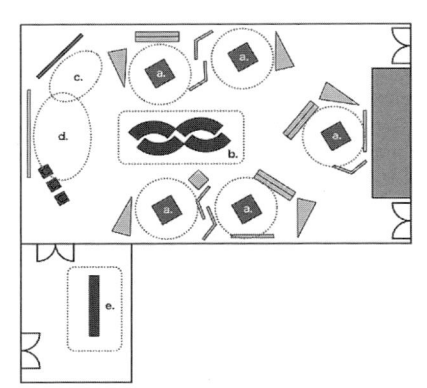

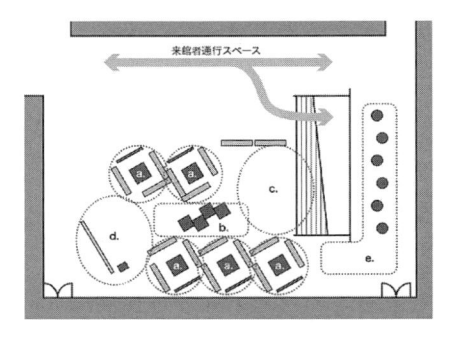

図4 『対話ワークショップ』の会場(左:東京会場,右:山口会場)

そこで,前述の3点に加え,東京会場では息苦しくならないようになるべく見晴らしのよい場づくりを,山口会場では散漫にならないような場づくりを心がけた.

a. グループワークのスペース

東京編,山口編ともに,グループワークをおこなうスペースは,6名前後のグループメンバーが輪になって議論したり作業したりできる広さを目安につくった(図5).グループの場所の中央に作業用の台を置き,その周りを既製の衝立や段ボール製の自立する壁,ベンチとして座ることもできる木製の箱等で半分くらい覆うかたちにした.グループのスペースの全周囲を高い壁で覆うのではなく,低い壁とベンチを使うことで,周囲の様子がメンバーの視界に入るように加減してある.高い壁には,グループで話し合ったときに描いた紙やグループワークの様子を撮影したインスタント写真を貼っていくことができるようにした(図6).

b. 素材バー

東京編,山口編ともに,素材バーを会場の中央に置いた.どのグ

図5 山口編でのグループのスペース

図6 グループワークで描いた紙が貼られた壁

ループからもよく見える位置だ．議論が煮詰まったグループは，素材バーの材料を手に取ってみたり，そこにある材料で遊び半分に何かつくってみてから議論に戻ったりと，適度な気分転換の場としても機能している様子が見られた．

c. プレゼンテーションのステージ

課題について話し合った内容を，グループごとに発表する場所をつくった．東京編ではカラフルに装飾した衝立を後ろに立てて劇場らしい雰囲気を出すようにし，山口編では会場にある大階段をステージに見立てることにした（図7）．

d. 説明のためのスクリーン

ワークショップのはじめに課題の説明をしたり，ワークショップ

17 モノと場をつくる 199

モノと場を
つくる

図7　山口実践でのグループのスペース

の最後のふり返りとして全員で感想を言い合ったりまとめをしたりするときに使うプロジェクタとスクリーンを用意した．

e.　お菓子コーナー

アイディアに煮詰まったとき，話し合いに疲れたとき，ちょっと一息入れたいときのため，お菓子コーナーには軽くつまむことができるお菓子とお茶を用意しておいた．東京編ではワークショップ会場のバックヤードにあたる隣の小部屋に，山口編ではプレゼンテーションのステージになった大階段の裏にお菓子コーナーを設置した．

『対話ワークショップ』では，幸い，広くて自由にアレンジすることができる会場を使うことができたが，もちろんそうでない場合もあるだろう．部屋の広さが十分でなかったり，自由に配置を変えることができないとしても，先に紹介した（1）〜（3）のどれかを満たすだけでももちろんよいと思う．ワークショップの会場が，「教える人」と「教えられる人」が向き合うようなかたちを強調しすぎないように工夫して，その環境に合った場づくりを試してみるとよいだろう．

モノの向こうにある可能性のデザイン

ここでは，ワークショップで使う素材の用意と場づくりについて，

実例を紹介しつつ，なるべく誰でもやってみることができるような説明を試みたつもりだ．素材の準備と場づくりが重要だということは最初に述べたとおりで，モノと場が，ワークショップ参加者の活動を支えているのだと考えている．言い換えれば，参加者が何を考えるかとか何に気付くかという答えをあらかじめ用意して，その答えにたどり着くように参加者をコントロールすることがワークショップのデザインなのではない．参加者の活動を促し，支えるために，モノと場を設計する．そうすることによって，参加者が何かを考え，何かに気付く可能性をデザインしているのである．活動を通して参加者がどんな答えにたどり着くのかよりも，その答えにたどり着くまでのプロセスの方が，ワークショップにおいては大切だ．デザインという言葉を見て，「そんなデザインなんて，絵心もないのにできないよ……」と尻込みしてしまう方がもしいたら，そんなふうに思わずに，ここで紹介したアイディアを参考にしつつ，ぜひワークショップのデザインに挑戦してみていただきたい．

18 あとに残す，ふり返る

宮田雅子

参加者の声をきく

「17 モノと場をつくる」では，ワークショップ参加者の活動を支える仕組みとしての素材準備と，場づくりについての実践例を紹介した．実際にワークショップを企画してみると，事前にあれこれ考え，走りまわって徹夜で準備して，目の下に隈をつくりながらようやく実施当日を迎える，ということがよくある．これまでにワークショップを実践したことがある方には覚えがあるかもしれないが，ワークショップが終わったときの気分は，「あー楽しかった！」だけでなく，半分くらいは「会場の切り盛りでヘトヘト……」に違いない．しかしそのワークショップを楽しさだけで終わらせず，学びや気づきのプログラムとして成り立たせるためには，ここで，現場での活動をふり返ることを考えなければならない．

ここでは，ワークショップの活動をあとに残すためのワークブック，というアイディアを紹介したいと思う．だがその前にまず，一般的に「ワークショップの記録」として考えられる方法をあげてみる．

- ワークショップの様子をカメラ，ビデオカメラで撮影する．
- 参加者にインタビューをおこなう．
- 参加者にアンケートに答えてもらう．

これら3つの方法それぞれに，工夫の仕方がある．たとえばビデオカメラで録画する場合，遠くからワークショップの全景を固定カメラで撮るのか，課題に取り組む参加者に近づいて会話まで拾えるような距離で撮るのかで，撮影できる内容がずいぶん違う．さらに，ビデオカメラの位置を固定せずに参加者の間を歩きまわりながら撮ったり，参加者にビデオカメラを渡して撮影してもらったりすることも考えられる．筆者の経験で言うと，つい「ワークショップ全体の様子が1台のビデオカメラで撮影できるように」と，参加者全員が映ることに使命を燃やしてしまい，あとでその映像を見てみると，参加者1人1人が何をやっているのか全然分からず，会場全体の「わーん」という音が記録されているだけで，どの参加者の声も聞き取れない，ということがある．これでは，参加者がどんな活動をしていたのか，あとで具体的にふり返ることは難しい．しかしこれがダメな訳ではなく，ワークショップ全体の雰囲気をあとに残すという意味では有効だ．大事なのは，「何のために」「どうやって」記録を残すのか，ということである．

　インタビューやアンケートにしても同様だ．アンケートの質問を「このワークショップは楽しかったですか」ではなく，「このワークショップで楽しかった場面を3つ教えてください」に変えてみる．すると，参加者から引き出せる答えにも違いが出る．答えを考えながら参加者はワークショップでの経験をふり返り，またそのふり返りを通してワークショップの中での活動を少し相対化してみることができる．また，文章で答えてもらうだけではなく，たとえばインスタント・カメラでワークショップの写真を撮り，それをふり返りに使うのもひとつのアイディアだ．グループワークや発表の様子をスタッフがインスタント・カメラで撮影し，ためておく．その写真をワークショップの最後に参加者の前に並べて，「このワークショップで印象に残った場面の写真を3つ選んで台紙に貼り，その説明

を書いてください」という形式のアンケートができる．

あとに残るものを利用する

　ところで，参加者はワークショップの中で的確な気付きを得て，それを言葉にして表すことが必ずできると考えてよいのだろうか．筆者が参加者だったら，その自信はない．むしろ，ワークショップが終わったあと，しばらくたってから，ふと「あのとき考えたことはこういうことだったのか！」と気付くことが多いように思う．そのときその場で言語化されなかったとしても，後々になって経験がその人の日常的な活動の中で意味を持ってくるということもあるのが，ワークショップの特徴だとも言える．だとしたら，参加者がその場で発した言葉を記録する以外に，なにか他の方法も考えられるのではないだろうか．参加者にとってはそれぞれ異なるワークショップでの経験を持ち帰って，旅のアルバムのようにふり返ることができるような方法がないだろうか．

　そこで考えたのが，「ワークショップ後に残るものを利用する」方法である．この方法を，ワークブックというかたちで実践してみた．ワークブックを導入することで，「ワークショップを通してできあがったものを，後々まで残しておいて活用できるように，あらかじめプログラムや道具をデザインする」ことができるのではないかと考えたのである．

読んで，使って，保存するためのワークブック

　2004年度におこなった『送り手と受け手の対話ワークショップ』（以後『対話ワークショップ』と略す）は，東京編，山口編と2回，それぞれ1泊2日のプログラムで実施した．これら2回の実践では，参加者がワークショップ中に使うため，また2日間のワークショッ

プの活動を記録するためのツールとして，1人1冊ずつワークブックを配布した[1]．このワークブックは，

(1) まずワークショップの説明などを読み，
(2) ワークショップ中ずっと持ち歩いて使い，
(3) ワークショップの記録をファイリングして持ち帰る

ためのものとしてデザインされている．2日間のプログラムをすべて終えると，このワークブックの中に自動的にワークショップの記録が残るという仕組みだ．もちろん，それをそのまま持ち帰って手元に保管しておくことができるし，いつでも読み返すことができる．ワークブックの使われ方について，とくに（2）の，「参加者がワークショップ中ずっと持ち歩いて使う」ことは重要だ．というのは，ワークショップ終了後にその2日間の記録がファイリングされたワークブックの完成品を受け取るのと，ワークショップのはじめに渡されたワークブックを参加者が自分で2日間持ち歩き，内容を読んだりメモをとったりしながら使い込んで，より自分のものにしてから2日間の記録として持ち帰るのでは，まったく意味が違うからである．つまり，自分で使い込むことによって，そのワークブックは，その人にとってより「自分のものになる」のだ．そこで，このワークブックを用意する際には，受付でワークブックを受け取った時点ではまだ完成品とは言えず，ワークショップの終了と同時に1人1

[1] このワークブックは，『対話ワークショップ』で使うための道具として，筆者がデザイン・制作した．

ワークブックの表紙．手前が東京編，後ろが山口編のもの．色違いになっている．右にあるのはワークブックのケース．

あとに残す、ふり返る

冊ずつ自分しか持っていないワークブックが完成する、というコンセプトを重視した．表紙には、参加者1人1人の名前が印刷されている．これは、2日間、愛着を持ってワークブックを使ってもらえるようにするためである．大切に使えて持ち運びもできるよう、専用のケースに入れて配布した．ワークブック本体の構成は、ワークショップの進行に合わせて5部構成とした．以下に、各パートの内容を紹介していこう．

Part 1：はじめに

Part 1には、ワークショップ主催者からの挨拶文、参加者リスト、『対話ワークショップ』の前段階としてすでに終了しているプロジェクトの概要などを載せた．ここを読んでもらうことで、このワークショップの背景を参加者に伝えるためのパートである．

Part 2：このワークショップについて

Part 2では、『対話ワークショップ』の2日間のタイムテーブルや、ワークブックの使い方など、実際的な事柄を説明した．このワークショップでは、2日間で Act 1 と Act 2 という2つの課題に取り組んでもらったのだが、それぞれの課題の際の「グループ分けステッカー」[2]もこのパートの中にファイリングされている．「グループ分けステッカー」はポケットファイルに入れてあり、ステッカーを取り出して使った後は、そのポケットファイルにメモなどを入れておくことができる．

[2]本書「17 モノと場をつくる」192-201頁参照．

Part 3：ワークショップのストーリー

Part 3には、まず内容的な説明として、ワークショップのねらいとデザインについてのページを入れた．山口編では、その前におこなった東京編のプログラムの流れを説明し、山口編の前になにがおこなわれたのかも分かるようにしている．さらに、このワークショ

ップは,「アイスクリーム王国」という架空の王国における放送を提案するというストーリー仕立ての形式で課題を出したため,「アイスクリーム王国」の設定を詳しく説明するページがそれらに続いている.参加者はこのパートを読んで,必要があればメモをとり,課題に取り組む前提となるストーリーの世界に入っていった.グループに分かれてディスカッションをしている途中にも,参加者がスタッフに「アイスクリーム王国」のことを質問し,そこで考えたことをワークブックの中に書き込んでいくなど,常時ワークブックを参照している様子がよく見られた.

Part 4:ワークブック

Part 4 は,ここまでの Part 1 から Part 3 のように読むためのページではなく,グループワークでそれぞれのグループが描いた発表用の資料のコピーを,全グループ分ファイリングするためのパートだ.各グループが議論を重ねて発表した内容を,ワークショップの

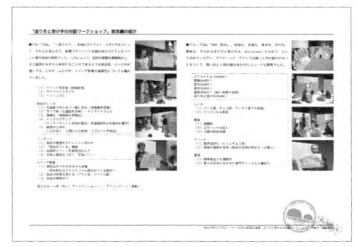

「Part 1:はじめに」の中身

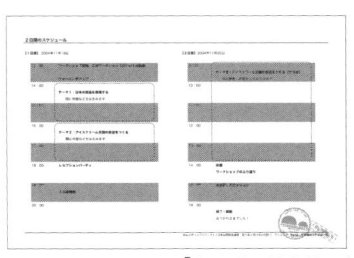

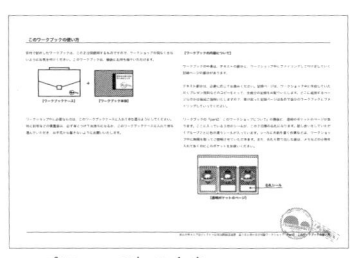

「Part 2:このワークショップについて」の中身

あとに残す，ふり返る

時間中にスタッフが全員分コピーした．1日目の課題である Act 1 の資料は2日目の開始時に，2日目の課題である Act 2 の資料は，その日の最後のふり返りの時間に，それぞれ参加者全員に配布し，その場で自分のワークブックにファイリングしてもらった．全グループ分の資料を配付することで，参加者は自分たちのグループでの議論以外にも，他のグループがどんな視点で課題に対する答えを出したのかを見比べることができる．ワークショップでは，答えを教えてもらって学ぶのではなく，参加者が自分たちで考えるプロセスと身体を使って表現することが大切なのだが，他のグループの考えを共有することも，より多面的な理解を深めるために役立つと考え，全グループ分の資料を配付することにした．

Part 5：ワークショップを終えて

Part 5には，2日間の最後のふり返りの時間に参加者それぞれに

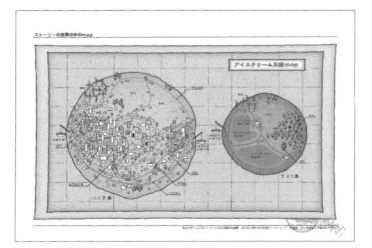

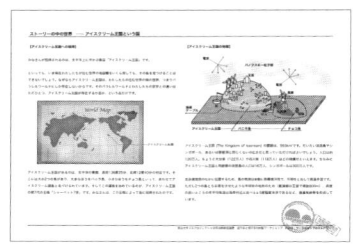

「Part 3：ワークショップのストーリー」の中身

ワークブックを開いてディスカッションする参加者

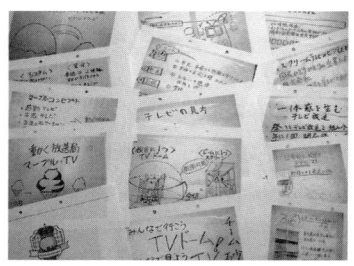

参加者に配布した発表資料のコピー

書いてもらう「ふり返りシート」の用紙が入っている．山口編では，東京編の方の参加者が書いた感想の全文もあらかじめファイリングして配布した．「ふり返りシート」には，『2日間をふり返る』と『ワークショップを終えての感想・分かったこと・気付いたこと』という，2種類がある．『2日間をふり返る』の方は，ワークショップ中にスタッフが撮りためたインスタント写真の中から各自が3枚ずつピックアップし，その写真を貼りつけ，その下にコメントを書くためのシートである．2日間で撮った数百枚のインスタント写真を壁に貼り出し，参加者はその中から自分がとくに気に入ったものや，印象に残っている場面のものを選んで自分のシートに貼りつける．『ワークショップを終えての感想・分かったこと・気付いたこと』の方には，ワークショップの感想などを自由に記入してもらった．できあがった「ふり返りシート」はその場で会場中央のテーブルに並べて，他の参加者がどんな感想を書いているのかを見てまわ

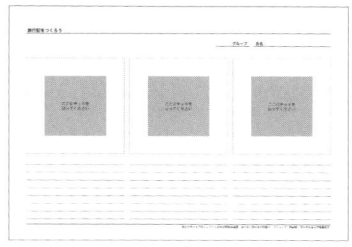

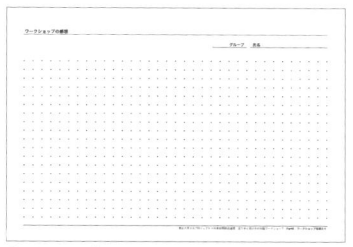

「Part 5：ワークショップを終えて」の中身

写真を選ぶ参加者

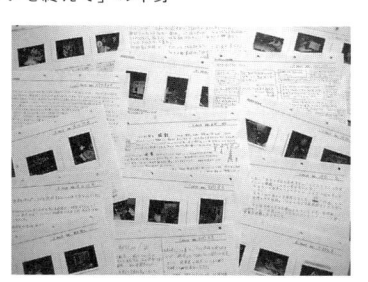

参加者に郵送した「ふり返りシート」のコピー

18 あとに残す，ふり返る

あとに残す，ふり返る

る時間を設けた．このときに書いてもらった「ふり返りシート」をその日のうちにコピーする時間はなかったが，後日，コピーを全員に郵送し，各自でワークブックにファイルしてもらった．ふり返りの時間に書いてもらったのはこの2種類のシートだけである．「このワークショップは楽しかったですか」「このワークショップで気付いたことを書いてください」といったアンケートはつくらなかった．そういった質問をするよりも，たくさんの写真の中から印象に残った場面のものを選び，そのコメントを書いてもらう方が，このワークショップが参加者それぞれにとってどのような経験だったのかを素直に表すことができるのではないかと考えた．

あとに残して，ふり返る

こうして『対話ワークショップ』では，ワークショップが終わったときに記録としてのワークブックも完成する，というかたちになるようにワークブックを用意した．1泊2日のプログラムに寄り添い，参加者の活動の中に埋め込まれ，ワークショップが終わってからいつまでも各自の手元に残るワークブックとは，言い換えれば参加者各自のワークショップでの経験をパッケージするためにデザインされた仕組みである．記録という目的であればビデオやアンケートだけでも十分なのだが，あとに残してふり返るための道具としてワークブックを使うことで，参加者の学びもより深まるのではないだろうかと考えた．もちろん，ビデオやアンケートとワークブックを組み合わせてワークショップの研究用の記録としても一向に差し支えない．むしろ組み合わせることで，単なる記録にとどまらない記録の可能性がひろがるのではないかと思う．

『対話ワークショップ』の場合は，写真や言葉で表現してもらう形式の「ふり返りシート」を設けた．もしここに選択式の質問用紙のページを入れれば，あとで統計するためのデータをとることもも

ちろんできるだろう．ワークブックのはじめと終わりのページに同じ質問用紙を入れておいて，そのワークショップの中で参加者の意識や考え方になにか変化があったかどうかを調べるといったことも考えられる．ワークブックの中身には，まだまだ面白い工夫の余地がある．ひとつ言えるのは，大事なのはパッケージされた「もの」として手元に残すことができる点だ，ということだ．たとえば旅の途中でふと書きとめた1枚のメモがずっと旅の思い出として大切にされるように，ワークショップの中でのふとした経験が，参加者の心の中にずっと残り，それを思い出すきっかけとしてワークブックがいつまでも大切にされるとよい．

　筆者の手元にも，『対話ワークショップ』東京編，山口編それぞれのワークブックが残っている．ときどきこれを開いてみては，「あぁこのときはこんなことを考えたなぁ」と思い出したり，「このときのこの考え方は他にも当てはめられるかもしれない」と考えたりすることがある．それは単なる主観的な感想に過ぎないかもしれない．だが，ワークショップのように数字で成果を表すことができるとは限らない学びの場では，その場での理解度や目標達成度を計ることよりも，後々まで参加者の手元にあっていつでも参照し，役立てることができる仕組みをつくる方が大切ではないかと思うのだ．ワークブックが参加者を，次のワークョップに誘なったり，ワークショップの主催者，ファミリテーターとなる可能性を高めることもあるはずだ．その仕組みづくりのためのデザインの一例として参考にしていただければ幸いである．

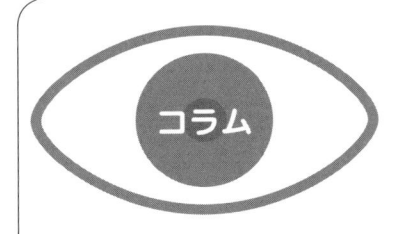

コラム 子どもを信頼しよう

高宮由美子

　子ども文化コミュニティでは，子どもや親子を対象に年間100回を上回るワークショップ行っています．ワークショップは，参加者一人ひとりの気づきや，自発的な動きを引き出したり参加者同士が響きあうことで，それぞれの力が引き出され，思いもよらない新しい発見があります．時に面白く，時に感動的で，次に何かをつくりだしていく力があると，私は実感しています．

　また，ワークショップに参加して，様々な人と協力して作業や活動をすることで感じる充実感や達成感は，自己肯定感や人とのコミュニケーションの力を育むことにつながるので，できるだけ多くの子どもたちに参加の機会をつくっています．

　ある時，自然の中にある素材を使って1枚の画用紙の上に自由に表現するワークショップをしたときのことです．参加した他の子どもたちが作品づくりに取り組んでいる中で，しばらくの間，じっと考えている小学5年生の女の子がいました．スタッフは彼女がきっかけをつかみやすいように，いくつかの表現技法を示しながら，追い立てることもなく，そばで見守っていました．すると，終了時間近くになった頃，何かにひらめいたように手が動き出し，顔が和らぎ，そうなると，素材として使いたい植物を思い出し，再び外に出かけて採ってきて，画用紙いっぱいにやさしさが広がる素敵な作品を完成させました．そのときの女の子の嬉しそうな顔は今でも印象に残っています．

　この子のように表現するのに時間がかかる子もいれば，ほとばしるように次々に表現する子がいたりと様々です．子どもが参加者である場合，気をつけたいことに周りの大人の関わりがあります．どの子どもも，その子自身の感性や発想で遊びや物，物語をつくりだす力を持っています．にもかかわらず，そうした力が出てくる前に周りの大人が，まるで子どもの自由な発想や思考を停止させるかのように手出し口出しする場面によく出会います．多くの場合，子どものことが心配で，子どものためによかれと思っています．

　子どもを信頼して見守るのはなかなか難しいのですが，そうした中で本物の力が育つのだと思います．ワークショップをつくるうえでは，「子どもを信頼する」こと，そして子どもの自主性や主体性を尊重した大人の関わり方が重要です．

付録

メディアリテラシーの展望

「メディアリテラシー東京宣言」試案

水越伸

まえがき

　以下の短い文章は，2006年3月4日・5日の2日間，東京大学において，約250名の参加者を集めて開催されたメルプロジェクト・シンポジウム2006「メディア表現，学びとリテラシー：メルプロジェクトの播種(はしゅ)」において提言された，東アジアにおけるメディア・リテラシーに関する宣言文の試案[1]である．

　メルプロジェクト（Media Expression, Learning and Literacy Project）は，市民のメディア表現，学びとリテラシーに関する実践的な研究グループで，全国各地の研究者，大学院生，マスメディア関係者，学校の先生やNPOや市民団体の人々など，多種多様な人々約80名が，東京大学大学院情報学環に拠点をおきながら活動を展開してきた．このゆるやかなギルド的なネットワーク型組織においては，放送や新聞，本といったマスメディアからインターネットやケータイまで幅広いメディアについて，メディアリテラシーだけではなく，メディア・アートに近いような遊びから，市民のメディア表現を育成する実践活動までをゆるやかに結びつけながら活動をおこなってきた．

　そのメルプロジェクトは，2000年の大学院情報学環の立ち上がりとともに，山内祐平，水越伸を中心に構想され，2001年1月の最初のシンポジウムで正式にスタートした．そして当初から予定さ

---

[1] この「宣言」論考の原型は同シンポジウムの報告要旨集に日本語，韓国語，中国語で掲載された．シンポジウムにおける議論を踏まえた「まえがき」を加えたバージョンは，2007年6月に刊行された『情報学環紀要』71号に掲載された（日韓中3カ国語）．さらに2007年度に構築されたウェブサイト，〈メルのもと.com〉に，新たに加えられた英語版をあわせ4カ国語で掲載されている．その後，2007年7月のメルプラッツ第1回公開研究会においてもその内容をめぐって議論が交わされたが，メルプロ

れていた5年の歳月を経て，06年のこのシンポジウムで幕を閉じた．いうまでもなくこうした試みがすべて終わったわけではなく，メルを苗床にしたさまざまな活動が全国各地で，あるいは東アジアと北欧でもすでに展開されつつある．また大学院情報学環においても，メルプロジェクトの思想や方法論を受け継いだ，新たな社会連携型のプロジェクトや組織が進行中だ．

メルプロジェクトの5年間の活動のなかで，山内や水越をはじめとするメンバーが図らずも遭遇したのは，世界各地，分けても韓国，台湾といった東アジアの国や地域で進められていたメディアリテラシー活動の数々やそれを展開していた魅力的な研究者，実務家などであった．そのなかから見えてきたことは，21世紀初頭の新たなメディアの生態系のなかで，イギリスやカナダから出発した伝統的なメディアリテラシーの思想を再検討し，東アジアの社会文化状況のなかで吟味をし，新たなメディアリテラシーの思想と認識の枠組み，方法論を，たがいに連携しながら探求していくことの必要性であった．

そうした国や地域を越えた連携が，ひいては日本という国のなかにおけるメディアリテラシーの今後の展開をより有効なものへと導いていくと考えたのである．とくに近年，グローバリズムの反動，長引く経済不況とさまざまな格差の拡大傾向，デジタル・メディアの混沌などといったことがらが相まって，日本社会を覆うメディアをめぐる言説や諸実践に保守化の傾向が顕著に見受けられる．その傾向は，メディアリテラシーという営みを保護主義的な活動へと矮小化してしまいかねない危険性を帯びている．

こうした保守的，保護主義的な傾向への警告を発しつつ，私たちはメルプロジェクトのフィナーレとなる舞台において，東アジアにおける新しいメディアリテラシーのありようを導き出すパースペクティブを提示することにしたのである．

下記にある通り，この文章は水越伸が台湾の陳世敏，呉翠珍，韓

ジェクト以後の活動成果であり本書では触れていない．

「東京宣言」は，より奥深い思想性，歴史性と，より幅広い社会性，より本格的な体系性を持ったメディアリテラシー論が，近い将来，そこから磨き出されるべき原石のようなものだと考えている．

国のジョン・ヒョンソン，日本の山内祐平らと議論を重ね，まとめ上げた試案である．いうまでもなくその内容はメルプロジェクトの5年間の営みの成果に大いに依拠している．今後はシンポジウムのディスカッションなどから得た知見を踏まえて加筆訂正を加え，ウェブサイトや書物においてパブリッシュをしていく予定である．そして今後の新たな諸活動の展開のなかで，この「東京宣言」をガイドラインとして採用していく．いうまでもなくこの「東京宣言」は，メルプロジェクトやメルプロジェクトに関わった人々だけの，あるいはそれらの人々だけに向けられたメッセージではない．「メディア表現，学びとリテラシー」に興味を持つすべての人々に向けて開かれたメッセージとなっている．

　最後になったが，シンポジウムのディスカッションにおいて指摘されたことがらのうち，おもなものを下記に列挙しておく．いずれも今後検討を加えていかねばならない重要な点であると考えている．

(1) 5にある「基層的メディアリテラシー」という考え方について
　メディアリテラシーに階層があり，普遍的で実体的なものが存在すると想定することは，かつての言語学における類似した議論の経緯から見てもおかしいのではないか，というものであった．ここで基層性を強調したのは，「危ういことがら」で指摘したようなメディアリテラシーのブームに対する批判にもとづくものであったが，たしかに基層性は普遍性や実体性と置きかえてとらえられやすい用語であり，今後吟味が必要であろう．そのうえでいわゆるマルチメディア時代，メディアがたがいに密接に結びついて環境化する時代状況に見合ったメディアリテラシーの適切な類型性が探求される必要がある．

(2) 7にある持続的展開と制度的保障について
　これをどのようなかたちで具体化していくのかについては，官庁

や自治体，教育領域の関係者を巻き込んだより幅広い議論が必要である．日本においてそれを誰が担うのかは，率直にいってまだ見えていない．メルプロジェクトに関わった人々がそのことを自覚し，何らかのネットワーク型の働きかけをしていく必要性と可能性は十分にある．

主旨と経緯

　以下の文章は，メディアの生態系をより多様性のあるものにし，そのなかで人々が自律的にメディア表現し，学び，リテラシーを身につけることができるパブリックなコミュニケーション空間を生み出していくための道筋を示したものである．

　この文章は，韓国，台湾，日本という東アジアの3地域のメディアリテラシーに関心を持つ研究者たちが，2001年度に立ち上がったメルプロジェクトにおいて出会い，対話を重ね，市民のメディア表現やメディアリテラシーをめぐる問題点や可能性を共有してきた成果にもとづき，その1人であった水越伸が執筆した．

　今後これをたたき台として，東アジアにおけるメディアリテラシーをめぐる協働活動をうながすために，3地域に共通するメディアリテラシーの課題を浮き彫りにし，それらへの取り組み方を提示した共同宣言が提示される予定である．

　その共同宣言の後にはさらに，3地域において相対的に独自な課題を提示し，それらの打開策を記した文章が編まれなければならない．

メディアリテラシーを取り巻く問題群

　21世紀の幕開けとともに私たちが遭遇したのは，インターネットがもたらす明るい民主主義的社会でも，人々の個性や創造性を保

障する情報社会でもなく，古典的な権力作用と硬直化した偏見に満ちたグローバル情報社会だった．韓国，台湾，日本のメディアリテラシーは，おもに1990年代に入ってから北米，および欧州から移植されて注目をされはじめ，展開されてきた．その背景には絶えず，グローバル情報社会の問題群が横たわっていたのである．

　メディアリテラシーを取り巻く問題は複雑化している．

　第一に，絶えざる情報技術の発達が技術中心的なメディア進歩観を台頭させた結果，メディアリテラシーは情報格差と表裏一体の営みになりつつある．メディアを技術的によく繰れることがより知的に優れているという価値観がまかり通りはじめている．

　第二に，情報技術が可能にしたグローバルな情報流通や伝播が，民族主義やナショナリズム，地域主義，ジェンダーなどをめぐって，あらたなステレオタイプを再生産し，社会紛争の火種となっている．こうしたなかで，メディアリテラシーを一国の文化のなかだけでとらえることの限界が明らかになってきている．

　第三に，さまざまな新しいメディアが家庭や学校，地域社会といったコミュニティを介さずに直接的に人々に接続され，作用し，そのことが人々のアイデンティティの危機をもたらしている．

　こうしたなかで私たちは，メディアリテラシーを，マスメディアがまき散らすポピュラー文化への批判的啓蒙的教育実践活動としてとらえることの限界を如実に感じはじめている．21世紀のメディア環境と人々のコミュニケーションに即したメディアリテラシーはいかにあるべきなのだろうか．それらはどのようにデザインできるのだろうか．

　この課題に取り組むために，私たちは東アジアでの協働が必要だと考えている．

東アジアでの協働の必要性

　韓国，台湾，日本はそれぞれ相対的に独自の歴史社会的文脈のなかにおかれており，メディアや教育もまた例外ではない．しかしこれらの地域のメディアと教育をめぐる文化が，伝統的な漢字文化，仏教文化などの伝播流通を基層に，日本の植民地支配，戦後のアメリカナイゼーションなどによって複合的な影響を受け，さらに1980年代以降のグローバル情報化の進展にともなって，ある種の共通性を持つにいたっていることもまたたしかである．そしてそれらは，相対的にいって（けっして絶対的にではなく）北米や欧州などとは異なる特性を持っている．

　これから東アジアにおいて，たがいのちがいをわきまえつつ，共通するところを結びつけた実践や研究の協働をしていくべきである．それによって技術中心的なメディア進歩観と，メディアに媒介されたステレオタイプを克服するための，思想的で，かつ実践的なメディアとコミュニケーションをめぐる営みを展開していくことができるだろう．東アジアのメディアリテラシーをデザインする時期が来たのである．

東アジアのメディアリテラシーのデッサン

　東アジアのメディアリテラシーは，次のような特性を備えたものとして展開されるべきである．

1. 人文社会系の太い思想の流れとの接合
　メディアリテラシーは，特定の教育のためのたんなる実践的なノウハウのかたまりではない．それは言語，言説と文化の力を意識した20世紀の諸思想（構造主義，記号論，カルチュラルスタディー

ズなど)を源とする,太い知の流れのなかに位置づけられ,理解される必要がある.

2. メディア遊び／メディアリテラシー／メディア実践の階層的結合

　メディアリテラシーは孤立した特殊な活動としてではなく,広く人間のコミュニケーションや学習活動のなかでとらえられなければならない.そのためにそれは,子どもの遊びやメディア・アートに顕著に表れるような「メディア遊び」(メディアをめぐる諸様式を突き崩し,編みかえる営み),パブリック・アクセスをはじめとする市民メディアに代表されるような「メディア実践」(学んだことを社会化し,パブリックな状況を生み出していく営み)との階層的な関わりのなかで,限定的,かつ連関的に位置づけられる必要がある.

3. 表現と受容／創造と批判の循環性

　メディアリテラシーの批判的受容をより豊かなものにするために,能動的表現の重要性を強調したい.メディアを創り,メディアで表現することは,メディアを批判し,問題状況に覚醒していくことと循環的関係にある.この活動をたんなる評論的メディア批判に終わらせないためには,この循環を促進するプログラムの展開が必要である.

4. 異なる社会領域の結合による新しい学びの共同体の創造

　メディアリテラシーを反マスメディアの市民運動に閉じこめてはならない.メディア事業体をはじめから非難の対象,権力的実体として決めつけるのではなく,そこで情報の生産,メディア表現をする人間にも着目し,多元的な存在としてとらえる.メディア事業体との批判的緊張関係を保ちつつ,それらとの協働関係のなかで新し

い学びの共同体を生み出していく度量が必要である．

　同じようにメディアリテラシーを，学校教育のなかだけで制度化しようとしてはならない．従来切り分けられていた学校教育と社会教育，博物館教育や図書館教育は，メディアリテラシーにおいて横断的，越境的な協調をしていくことが有効である．

5．基層的メディアリテラシーの探求

　インターネットやモバイルに代表されるインタラクティブ，あるいはパーソナルなメディアの台頭で，マスメディアの存在は相対化されつつある．もはやメディアをマスメディアとしてだけとらえることはできない．新しいメディアの台頭は，相対的に新しいコミュニケーションと文化の様式をもたらす．

　私たちは第一に，この様式に対応した新しいメディアリテラシーをデザインしていく必要がある．しかし個別のメディアごとにバラバラなメディアリテラシーがあるわけではない．第二段階では，新しいメディアリテラシーと比較検討することで従来のマスメディアリテラシーを相対化し，より基層的なメディアリテラシーを見出すとともに，メディアリテラシーの全体像をとらえていく枠組みを形づくらなければならない．

6．批判的分析知と実践的デザイン知の結合

　東アジアにおけるメディアリテラシーは，人文社会科学的な批判的分析知と，芸術やデザイン，理工学的な実践的デザイン知が結合した，相対的に新しく，独自の方法論に基づいて展開される必要がある．これまで社会的に成功を収めたメディアリテラシーの多くは，これらがうまく結合することで成り立っていた．しかし方法論の重要性は十分に意識されてこなかった．このためメディアリテラシーへのアプローチは現在，メディア論，教育学などでバラバラにおこなわれている感が否めない．ここまで述べてきたようなさまざまな

循環性，共同性を成り立たせるためには，諸活動にとって「扇の要」となるような独自の方法論の確立が肝要である．

7. 持続的展開と制度的保障

　メディアリテラシーを中心とする新しいコミュニケーションのデザインや学習が持続的に展開していくためには，そのためのプログラムや道具の標準化と体系化が不可欠である．学校教育，社会教育，メディア事業体，市民社会の諸組織，大学，芸術やデザイン領域が，グローバルな視野のもとでローカルに結びつき，市民にとって自律的な標準化や体系化を進めていく必要がある．国家や地方自治体はこのような活動を促進する状況を制度的に保障していくべきである．

　ここでいう標準化，体系化，制度的保障とは，硬直化したものであるべきではなく，メディアリテラシーが本来持つ挑発的な遊びの精神としなやかでしたたかな批判性を活かすものであるべきであることはいうまでもない．

　以上を備えたメディアリテラシーは，相対的に新しい研究領域として展開されていく必要がある．それはおのずと異種混淆的な営み，ハイブリッドなメディアリテラシーとなるはずである．

危ういことがら

　私たちは日本において次のようなことがらを危ういと感じており，それらに対して批判的，かつ建設的に対応していく必要がある．これらが日本に相対的に特有のことがらか，韓国，台湾などと共有できる問題なのかは検討を要する．

・「〇〇リテラシー」の乱立
　個別のメディアごとにリテラシーがあるとするのはメディア論的

にみておかしなことである．基層的なことがらから個別的なことがらまで，分節化され，全体性のあるメディアリテラシーが論じられなければならない．

・保護主義的態度の政治的保守主義化

　安易なメディア害悪論や，大人が子どもに何かを教えられるという啓蒙主義的態度，それを礼賛する権力の動きに気をつけなければならない．絶えず自らの立場を疑うこと，批判することの重要性を認識するべきである．

・メディア倫理とメディアリテラシーの混同

　人々がメディアの負の側面を理解し，直面する犯罪や事件などの問題から逃れるための知恵は重要である．しかしそれらを啓蒙的に喧伝することと，メディアをめぐって批判的であると同時に能動的に覚醒するための営みであるメディアリテラシーは区別してとらえられるべきである．

・既存の教育制度，学問研究による植民地化

　メディアリテラシーは，学校教育，社会教育のさまざまな系譜を受け継いでいるが，しかし既存のいかなる制度化した教育領域にもおさまりきらない．メディアリテラシーは，メディア論や教育学，記号論などの知見を汲んで成り立っているが，しかしどの学問の一部だと呼ぶことはできない．それは学校や教育の問題を切り裂き，伝統的学問を越境し，横断していく．

日本におけるメディアリテラシーの展開

本橋春紀

メディアリテラシーの誕生

「メディアリテラシー」という考え方と運動は，マスメディアが日常生活のなかに深く浸透してきたことを背景に生まれた．

19世紀の終わりに誕生したマスメディアは，20世紀をとおして巨大化・寡占化する．メディアを利用してコミュニケーションするためには，多額の資本と高度な技能と技術（放送に関しては国家の免許も）が必要であり，受け手が送り手に変わる，つまり位置が入れ替わることがほとんどなくなった[1]．人々には"固定された"受け手としてマスメディアに向き合う素養と技術が求められるようになった．また，巨大化したマスメディアは，商業主義的，現状維持的な傾向を強め，マスメディアが送り出す情報や表現に偏りが生じ，受け手にはそれを批判的に読み解いていく力も必要となった．

マスメディアの発達には，視聴覚メディアの登場と普及が伴っていた．20世紀初頭に普及した映画とラジオが，ファシズムによって人々を戦争遂行に動員するためのプロパガンダとして使われ，大衆操作への危惧の念を高めた[2]．戦後には，映画とラジオの性格をあわせ発展させたものとしてテレビが本格的に登場する．"識字"という従来のリテラシー概念のなかに，感性に訴える視聴覚メディア表現を読み解く力を加えて，再編する必要が生じた．

この2つの契機がからみあいながら，メディアリテラシーに関す

[1] 今日マスメディアと言われるものも，送り手と受け手が最初から固定化されていたわけではない．例えば，水越伸『メディアの生成——アメリカ・ラジオの動態史』（同文館出版，1993年）では双方向的な「無線通信」から「放送」が析出される姿が描かれている．

[2] ラジオ・映画のプロパガンダへの利用はファシズムやナチズムの側だけではなく，民主主義を標榜する連合国側でも行われたことには注意が必要だ．

る理論と実践は1970年代に生まれる．そして，1990年代半ば頃を境として，3つめの契機となるデジタル・メディア社会の到来によって，変容を迫られることになる．

マスメディア批判と学校教育の系譜

まず誕生から1990年代半ばまでを概観してみよう．この時期の日本におけるメディアリテラシーにかかわる研究と実践には，マスメディア批判の系譜と学校教育の系譜の2つの流れがある[3]．

マスメディア批判の系譜は，先に述べたマスメディアの高度化・巨大化への対応として生まれる．評論家・大宅壮一の「（テレビによって）一億総白痴化運動が展開されている」（1952年）との言葉に代表されるように，テレビは誕生以来，低俗化の批判にさらされてきた．また，「低俗番組が視聴されたために，本来視聴されるべき別の番組が視聴されなかったのではないかという点に，より大きな問題がひそんでいると考えなくてはならない」[4]との指摘にあるように，テレビが伝える世界のゆがみも問題となる[5]．

低俗化の批判は，子どもの健全な成長への悪影響を大きな論拠とした．鈴木みどりらにより1977年に設立された「FCT子どものテレビの会」も，子どもへの影響を憂慮して，テレビ局側に番組の改善を求める活動を1つの柱として始まった．しかし，カナダのメディアリテラシー協会（Association for Media Literacy, AML）などとの接触を通して，メディアリテラシーへの関心を深め，カナダ・オンタリオ州教育省編『メディア・リテラシー――マスメディアを読み解く』の翻訳と出版（1992年，リベルタ出版）を契機に，メディアリテラシーが活動の中心となる．ユネスコなどの国際会議にも積極的に参加する一方で，メディアリテラシーに関するカナダやイギリスの研究と実践の成果を日本に紹介していく役割を果たした．その名称も，活動の深化にともなって，FCT市民のテレビの会，FCT市民のメ

[3] 水越伸の『デジタル・メディア社会』（岩波書店，1999年，96-114頁）による分析を参考にした．ただし，水越は「情報産業の生産・消費のメカニズム」を加えて，3つの系譜に分けている．

[4] 多田晃『テレビの思想』（サイマル出版会，1972年，7頁）．

[5] 例えば，メディア総合研究所編『メディア総研ブックレットNo.10 放送中止事件50年――テレビは何を伝えることを拒んだか』（発行・花伝社，発売・共栄書房，2005年）を参照．

ディア・フォーラムと改められ，現在は FCT メディアリテラシー研究所となっている．FCT の動きは，マスメディア批判がメディアリテラシーに関する実践に結びつく１つの典型と言えるだろう．

一方，学校教育の系譜は，放送や映画を「社会科」「理科」などの学習に利用する放送教育・視聴覚教育から生まれた．実際に教育の局面でテレビや映像を利用する経験から，"視聴覚メディア表現を読み解く力"への関心が生まれてくる．「テレビで○○を学ぶ」ことから「テレビを学ぶ」という流れである．

1980 年代には「メディア教育のカリキュラム開発」（教育システム研究会，代表・坂元昂），「青少年のメディア活用能力育成のための教育（メディア教育）に関する研究」（現代メディア教育研究会，代表・高桑康雄）など複数の研究グループにより，「メディア教育」（メディアリテラシーを身につけるための教育）の研究や学校現場での実践が活性化した．坂元は，こうした研究が盛んになった契機として，1982 年にユネスコによりドイツのグルンバルトで開かれたメディア教育専門家による会議と，そこでの宣言文を挙げている[6]．宣言文では，メディア教育の目的は「クリティカルな意識化の促進につながる知識，技能，態度を育成し，電子メディアおよびプリント・メディアの利用者の能力を高めることにある．理想的には，そのようなプログラムにはメディア・テクスト（メディア生産物）の分析，創造的な表現の手段としてのメディア活用，メディア・チャンネルの効果的な利用と参加がふくまれるべきである．」[7] とされており，批判的な読み解きとともに，メディアへのアクセスやそこでの表現も視野に入っていた．

この２つの系譜の相互の交わりは希薄であり，メディアリテラシーという同じ言葉を使いながら，その内実にもギャップがあった[8]．マスメディア批判の系譜では，マスメディアの商業性，イデオロギー性，政治性，社会性などの読み解きが必要とされ，視聴者・読者を批判的（クリティカル）な主体として確立することが目標とされ

[6] 後藤和彦・坂元昂・高桑康雄・平沢茂編『メディア教育のすすめ１ メディア教育を拓く』（ぎょうせい，1986 年）の坂元昂「第３章 メディアリテラシー」(64 頁).

[7] 鈴木みどり編『メディア・リテラシーの現在と未来』（世界思想社，2001 年）の資料編．

[8] 鈴木みどり「日本におけるメディア・リテラシーの展開」（鈴木編前掲書，2-25 頁）では，学校教育の系譜への言及がなく，学校

る．これに対して，学校教育の系譜では，例えば「われわれが手にしうるすべてのメディアについて，その特性と効果を理解し，適切に選択・利用する能力をもつこと」[9]が重要であるとされ，"能力"の育成に重点を置いたリテラシー概念が主流であった．

デジタル・メディア社会の訪れを受けて

1990年代半ばから，パソコンとインターネット，それに携帯情報端末としての「ケータイ」が普及し，人々をとりまく情報環境が激変する．一般の人でも，メディアを通した表現が容易にできるような時代の訪れだ．メディアリテラシーの概念も，メディアの読み解きと，メディアをもちいた表現（メディア表現）が両輪となるように変容が迫られる．

1997年にはインターネット利用の人口普及率は9.2パーセントにすぎなかったが，2003年には60パーセントを超える．また，1995年に360万台ほどにすぎなかった携帯電話・PHSの契約数は2000年に5000万台を超え，現在では1億台を突破している．日本に住む人々の半数がこうしたデジタル・メディアと日常的に接する時代が2000年前後に到来していたと言える[10]．

こうした情報環境の変化に加え，1990年代にはマスメディアの王様の地位についたテレビの世界に不祥事が続出し，テレビ批判が高まった．1992〜93年の一連のいわゆる"やらせ事件"，テレビ朝日報道局長が選挙報道の公平性を疑わせるような発言をした事件（1993年），TBSオウムビデオ事件（1995年発覚）[11]，サブリミナル映像の使用が疑われた事件（1995年），人気タレントがドラマで使用した特殊なナイフが中学生による殺人に利用された事件（1998年）などがそれに当たる．こうした不祥事は一面では巨大化・独占化したテレビの制度疲労の結果とも言える．

情報環境の激変とテレビ批判の高まりは，人々がメディアリテラ

教育の系譜に属する岡部昌樹がメディア教育の全体像をレビューした「メディア教育推進のための諸問題と解決への課題」（『金沢星稜大学論集』第36巻第1号，9-18頁，金沢星稜大学経済学会2002年7月）にFCTへの言及がないことは，そのことの表れの1つと言える．マスメディアの業界団体に身を置く筆者自身，「日本におけるメディアリテラシーの展開」（『月刊民放』2005年9月号）で，学校教育の系譜をほぼ欠落させていたことを反省している．

[9]高桑康雄「第1章 現代社会とメディア教育の養成」，後藤ほか編前掲書，18頁．後藤康志「日本におけるメディア・リテラシー研究の系譜と課題」（『現代社会文化研究』No.29，新潟大学大学院現代社会文化研究科，2004）も参照．

[10]ただし，インターネット利用の人口普及率の伸びは鈍化しており，2005年から2008年までで5ポイント程度しか伸びていない．デジタルディバイドへの注意が必要だ．

[11]オウム真理教に巻き込まれた人々の救済活動を展開していた坂本堤弁護士のインタビュ

─テープを，オウム真理教側にTBSの制作者が見せ，同弁護士一家の殺害の1つの要因となったといわれる．

シーを身につけて，これに対処すべきという動きを強めることになった．この時期のもっとも先駆的な活動の1つが，NHKの組合である日本放送労働組合が1995年に組織したメディアリテラシー研究会である．同研究会は1997年に研究成果をまとめた『メディアリテラシー──メディアと市民をつなぐ回路』(NIPPORO文庫) を発行している．

　一方，郵政省は，放送行政局長の私的懇談会として「多チャンネル時代における視聴者と放送に関する懇談会」(1995～96年) を設置して，放送と視聴者のコミュニケーションのあり方に踏み込んだ検討をおこなった．この懇談会は行政による放送番組への介入を招くという負の側面も大きかったが，放送番組のあり方を包括的に見直す場ともなった．同懇談会の報告書には，「視聴者が多チャンネル時代において放送を積極的に活用するためには，メディア・リテラシーないしは情報リテラシー（情報活用能力）を身につけることが必要であり，その環境整備が求められる」と記述された．政府の報告書の中に，メディアリテラシーという言葉が登場したことは，教育研究や市民運動といった限られた世界から，「メディアリテラシー」が社会的に広まっていく契機となる．

　郵政省はその後も「放送と青少年に関する調査研究会」(1998年)，「青少年と放送に関する専門家会合」(1999年) を開催し，それらの報告書を契機に，日本民間放送連盟（民放連），NHK，郵政省（現・総務省）がそれぞれメディアリテラシーにかかわる活動を展開することになる．一例を挙げると，民放連は1999年に小学校高学年を対象にテレビの仕組みを学んでもらう番組『てれびキッズ探偵団』(10分×5回シリーズ) を制作，全国の民放テレビで放送された．総務省は「放送分野における青少年とメディア・リテラシーに関する調査研究会」(1999～2000年) を開催し，内外の文献などを整理した．また，メディアリテラシー教材開発の委託研究と開発した教材の教育関係者への貸し出しを実施している[12]．

[12]総務省ホームページに貸し出し方法がある．http://www.soumu.go.jp/main_sosiki/joho_tsusin/top/hoso/kyouzai.html

2000年からの発展期

　1990年代後半のこうした先駆的な動きを経て，2000年前後にメディアリテラシーにかかわる研究と実践は発展期を迎える．

　メディアリテラシーという言葉と考え方を一般に広めることに力があったのは，菅谷明子の『メディアリテラシー——世界の現場から』（岩波新書，2000年）である．

　2001年には，本書の編集主体であるメルプロジェクト[13]が，メディア研究，メディア実践，教育研究，教育実践，市民社会の5つの領域をつなぎあわせ，新しい学びの共同体をつくることを意図して誕生した．文理越境型の新しいかたちの大学院である東京大学情報学環をベースにしながら，約80人のメンバーと約700名のサポーターを抱えて，5年間にわたり多彩なプロジェクトを展開した．そのメンバーは，大学に属する研究者，中学高校の教員，マスメディアに属する人々，市民メディアの運動に携わる人など多様性に富んでいた．筆者もメンバーの1人として，別項で紹介した民放連メディアリテラシー・プロジェクトなどにかかわった．メルプロジェクトの成果は，本書と本書の姉妹編である『メディアリテラシーの道具箱——テレビを見る・つくる・読む』（東京大学情報学環メルプロジェクト・日本民間放送連盟編，東京大学出版会，2005年）などの書籍に結実している．また，ウェブサイト「メルのもと」（http://www.mellnomoto.com/）にもアーカイブがなされている．

　この頃，学校教育の分野でもいくつかの動きが生まれている．小・中・高校の先生が参加している「授業づくりネットワーク」が「メディアリテラシー教育研究会」を2000年5月3日に発足させ，学校教育の現場にどのようにメディアリテラシーを取り入れていくかの研究と実践をおこなった．ほかにも，長野県メディアリテラシー教育研究会（2000年11月），国語メディア研究会（2001年6月）な

[13] プロジェクトリーダーとなったのは，メディア論の水越伸，教育工学の山内祐平，高校教諭の林直哉，NHKの市川克美，ジャーナリストの菅谷明子であった（のちに，当時日本科学未来館に所属していた境真理子が加わる）．

ど教員を中心にした研究組織が立ち上がった．また，静岡県の教育委員会は2001年2月に公立学校におけるメディアリテラシー教育の実施率100%をめざすという画期的な目標を掲げて，取り組みを始め，2002年から2005年までの間，静岡県メディア・リテラシー教育研究委員会を設置して，実践と研究に努めた．また，D-project（デジタル表現研究会）も2002年4月から，全国の小・中・高校の教師と大学の研究者を中心に，さまざまなプロジェクトを実施し，教材の開発も行っている．

研究の分野でメルプロジェクト・メンバー以外では，日本教育メディア学会などを中心に関本英太郎，村野井均，駒谷真美，藤川大祐，中川一史，中橋雄らが研究を進め，小学校・中学校・高校などでの実践授業も盛んとなった[14]．例えば，財団法人日本視聴覚教育協会の機関誌『視聴覚教育』に2003年3月～2007年3月まで41回連載された「特集連載　メディア教育の現場から」では幼稚園から大学までの各段階における多数の実践例が紹介されている[15]．また，福岡の「子ども文化コミュニティ」のように，社会教育や地域のコミュニティの場でも，メディアリテラシーを軸にすえた運動がひろがっている[16]．

メディアリテラシーにかかわる交流の場を

この10年ほどの間に，日本でメディアリテラシーの学びにかかわる人々の数は確実に増加し，より一般化する時期が見え始めている．例えば，2006年度に採択された「中学国語」の教科書のうち3社に，メディアリテラシーに関する記述があるなど，学校教育にメディアリテラシーが広がる可能性が出てきている[17]．

ただ，メディアリテラシーという考え方や活動を広めていくうえで障害となるのは，「メディアリテラシー」という言葉と考え方が，使う人と局面により多義的であることだ．例えば，メディアリテラ

[14]中橋雄「日本におけるメディア・リテラシー研究の概観とこれからの研究課題」（『教育メディア研究』第12巻第1号，71-85ページ，2006）を参照．

[15]日本視聴覚教育協会のホームページ
http://www.javea.or.jp/genba/index.html

[16]NPO法人子ども文化コミュニティ
http://www.kodomo-abc.org/

[17]もちろん，学校教育の分野では，正規のカリキュラムへの組み込みは十分ではないため，順風満帆とは言えないが，情報社会化への対応の一環として，文部科学省内でもメディアリテラシーへの関心はもたれている．例えば，

シーを語るときに使われる「批判的読み解き」という言葉も，マスメディア批判の流れを重視する人は，「ステレオタイプに毒されたマスメディアを批判する」という意味に使い，教育系の流れを汲む人は「自らのメディア体験を反省的に見直す」という意味に使う．

また，IT 社会発展（IT 産業の育成と言い換えてもよい）のために，政府が政策的に推進している「情報リテラシー」という言葉も，メディアリテラシーと混同されがちだ．「情報リテラシー」はたいていの場合，情報機器の操作能力だけを指し，もう一歩踏み込んだ場合でも，「子どもたちにケータイを安全に使わせるためのマナー＆ルール」的な使われ方をする程度である．それでは，メディアをとおしたコミュニケーションを豊かなものにする，というメディアリテラシーの思想と実践がめざす方向性は欠けてしまう．

このような定義をめぐる混乱は，メディアリテラシーに取り組む人々が交流し，お互いに学びあうことをとおしてしか克服することはできない．このことを意識して，メディアリテラシーに関する新しい交流の場「メル・プラッツ」が 2007 年 7 月に始まった．メル・プラッツは，メルプロジェクトの成果と理念を継承して，29 人のメンバー（筆者もメンバーの 1 人）が母体となって，2 ヵ月に 1 回程度のペースで開かれる公開研究会や「メル・エキスポ」というイベントの開催などの活動を展開している[18]．メルプロジェクトが，メディア表現やリテラシーについての実践的な研究を生み出すプロジェクトの集合体であったのに対し，メル・プラッツは，さまざまな人々によって国内外で行われている多くの「活動」を紹介しあい，ともに語り考える"コミュニティ・スペース"を目指している．

メル・プラッツに限らず，日本全国で行われているメディアリテラシーにかかわるさまざまな実践と研究が，多様性を保ちながらも，緩やかにつながっていくことが，日本のメディアリテラシーをより豊かにしていくと考えている．

教育政策に関する総合的な国立の研究機関である国立教育政策研究所は大規模な調査研究の成果を「メディア・リテラシーの総合的研究——生涯学習の視点から」（2003 年 3 月）にまとめている．
http://www.nier.go.jp/index.html

[18] メル・プラッツのホームページを参照．
http://www.mellplatz.net/ エキスポ（博覧会）になぞらえて 2008 年 4 月に開かれた「メル・エキスポ 2008」には，メディアリテラシーやメディア表現にかかわる実践や研究について，53 件の出展があった．「同 2009」には 46 件の出展があった．

ワークショップ「型紙」キットの使い方

土屋祐子

　本書では様々なメディア・ワークショップを紹介してきたが，この本はそれだけでは終わらないしかけを持っている。「体験・実践知の共有」と「循環的展開」をキーワードに，本と連動して活用するワークショップキット（http://workshopkit.net）を考案した。このキットはウェブを活用しワークショップを柔軟に再現できるよう設計しており，そこから新しいワークショップやメディアリテラシーの取り組みを繰り返し生み出していこうとする試みとなっている。本書『メディアリテラシー・ワークショップ』には，本とデジタルツールとウェブとを結びつけることで，体験をつなぎ，メディアの学びを再創造，循環させていくメカニズムを持たせていく。

　ワークショップキットは，服を作る際に用いる「型紙」をメタファーにデザインしている。札幌大谷大学の宮田雅子さんが編み出した。ワークショップを実施するために必要なモノ（道具），コト（方法）をまとめて「型紙」としてデジタル・アーカイブ化し，ウェブサイト上で公開，誰もがダウンロードすることを可能とするものである。

　型紙は大きく2つの種類に分けることを考えている。1つはそれぞれのワークショップを行うのに必要なパーツを集めた「基本の型紙」，言わば服の身ごろや袖などにあたるものである。もう1つは「アクセサリ」で，これはその名の通り装飾のためのパーツでワークショップをプレイフルでわくわくする時間・空間とするための彩りに使う。例えば，ワークショップ「クレイアニメをつくろう」の「基本の型紙」には，クレイアニメ用の粘土やへら，使用可能なビデオカメラといった材料や備品の説明，ワークショップの目的や流れ，詳細の時間配分，参加者がワークショップ中に使う絵コンテやふり返りシートなどがパッケージ化されている。「アクセサリ」にはチーム分けの名札シールやスタンドなど見ているだけでうれしい気持ちになるカラフルでポップなグッズが詰め込まれている。

　このワークショップ型紙の使い方は，まさにみなさんが服を作る際の型紙の使い方とぴったりあてはまる。服を手作りしようとする人の多くは，どんな服にするか考えたら，まずは自分のイメージに合う型紙を探すだろう。使う型紙は誰かの手によるものだが，使用する生地選びから始まり，

「型紙」のしくみ

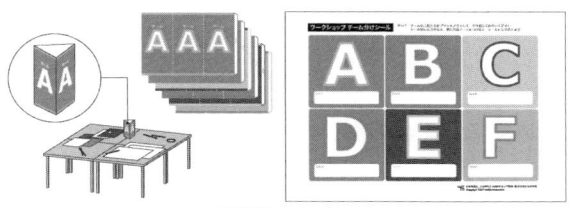

「型紙」のしくみ

　ステッチで遊んだり，ボタンやスパンコールなどアクセントを加えたり，段々と自分なりのアレンジを加えてオリジナルな服へと仕上げていく．さらには，最初の型紙をお手本にして，型紙作りに挑戦しようという人もいるかもしれない．もちろん，そもそも型紙から自分で作る，という人もいるだろうが，それほど服作りに慣れていない人，また自分のやり方からヴァリエーションを広げたい人などには型紙は便利な道具になるだろう．このワークショップ型紙もみなさんの創造力を大事に，そんな使い方をしてもらって，メディアリテラシーを実践する新しいコミュニティが生まれ，広がっていけば，と私たちは考えている．

さらに学ぶためのリソース集

土屋祐子

　本書では紙や本からネットやケータイまで幅広いメディアを対象に，それらの仕組みや働き，関わり方を実践的に学べるようワークショップという手法に着目して論じてきた．ここでは，さらにメディア表現やリテラシーを学ぶためのリソースを紹介する．

●メルプロジェクトの果実／実践の種

　2006年3月に終了したメルプロジェクト（Media Expression, Learning and Literacy Project）は，5年間の成果をいくつかの本やウェブサイトにまとめている．メルプロジェクトは，硬直化した日本のメディア環境を多様性・循環性を持ったものへと組みかえ，あちらこちらに学習やコミュニケーションの自律的なコミュニティを生み出すことを目指した．本やウェブはプロジェクトが実を結んだ「果実」であると同時に実践コミュニティを生み出すための「種」ともなっている．

○メルプロジェクトから生まれた本，ウェブサイト

東京大学情報学環メルプロジェクト『メルの環：メディア表現，学びとリテラシー』トランスアート社，2003年
東京大学情報学環メルプロジェクト・日本民間放送連盟編『メディアリテラシーの道具箱：テレビを見る・つくる・読む』東京大学出版会，2005年
メルのもと.com　http://mellnomoto.com/
　（メディアリテラシーの種まき，というコンセプトの下，メルプロジェクトのメンバーによる活動報告，ワークショップ紹介や論文がアーカイブされている．リンク集も充実）

○メルプロジェクトの成果を反映した本

菅谷明子『メディア・リテラシー：世界の現場から』岩波新書，2000年
林直哉・松本美須々ヶ丘高校放送部『ニュースがまちがった日：高校生が追った松本サリン事件報道，そして十年』太郎次郎社，2004年
水越伸『新版デジタル・メディア社会』岩波書店，2002年
水越伸『メディア・ビオトープ：メディアの生態系をデザインする』紀伊國屋書店，2005年
水越伸・吉見俊哉編『メディア・プラクティス：媒体を創って世界を変える』せりか書房，2003年
山内祐平『デジタル社会のリテラシー：「学びのコミュニティ」をデザインする』岩波書店，2003年

●ブックリスト：メディアを学ぶ，根っこと広がり

　メディアリテラシーの入門書に加え，ポピュラー文化，異文化，地域など特定の視座からメディアの理解や関わり方をわかりやすく論じている本を選んだ．それぞれの視座から浮かびあがるメディア像はメディア表現やリテラシーの重要性と可能性を示してくれる．

阿部潔・難波功士編『メディア文化を読み解く技法：カルチュラル・スタディーズ・ジャパン』世界思想社，

2004年
飯田卓・原知章編『電子メディアを飼いならす：異文化を橋渡すフィールド研究の視座』せりか書房，2005年
カナダ・オンタリオ州教育省編／FCT訳『メディア・リテラシー：マスメディアを読み解く』リベルタ出版，1992年
久保田賢一編著／中橋雄・岩崎千晶著『映像メディアのつくり方：情報発信者のための制作ワークブック』北大路書房，2008年
鈴木みどり編『新版 Study Guide メディア・リテラシー：入門編』リベルタ出版，2004年
津田正夫・平塚千尋編『新版パブリック・アクセスを学ぶ人のために』世界思想社，2006年
中川一史・北側久一郎・佐藤幸江・前田康裕著『メディアで創造する力を育む：確かな学力から豊かな学力へ』ぎょうせい，2008年
富田英典編『デジタルメディア・トレーニング：情報化時代の社会学的思考』有斐閣，2007年
D. バッキンガム／鈴木みどり監訳『メディア・リテラシー教育：学びと現代文化』世界思想社，2006年
林直哉『高校生のためのメディア・リテラシー』筑摩書房，2007年
広田照幸監修／北田暁大・大多和直樹編著『リーディングス日本の教育と社会：第10巻　子どもとニューメディア』日本図書センター，2007年
堀田龍也『メディアとのつきあい方学習：実践編』ジャストシステム，2006年
マーシャル・マクルーハン，エドマンド・カーペンター編／大前正臣・後藤和彦訳『マクルーハン理論：電子メディアの可能性』平凡社ライブラリー，2003年
水越敏行・生田孝至編著『ICT教育の最前線：これからの情報とメディアの教育』図書文化，2005年
森達也『世界を信じるためのメソッド：ぼくらの時代のメディア・リテラシー』理論社，2006年

●ウェブリスト：多彩な実践コミュニティ

　日本におけるメディア表現やリテラシーの取り組みは，学校，放送局，NPO，美術館や図書館など様々な場所で幅広く行われている．形態も多様で，メディアのあり方を問い直す「メディア遊び」のワークショップやパブリック・アクセスなど社会的なメディア実践と結びついて展開されるものも多い．最近は学生による映像制作など大学での取り組みが顕著に増えている．日本の場合，これらは制度的，体系的に進められるのではなく，意欲的な教員，研究者やメディア関係者，市民がキーとなり，自発的，草の根的に広がっている．メディアリテラシーに早くから取り組んだ英国やカナダでは学校教育を中心により組織的，体系的に展開されており，教育補助のためのキットやパッケージ映像など様々なリソースが多く蓄積されている．

○メディアリテラシーに取り組む団体，学びのネットワーク

［日本］
FCT市民のメディア・フォーラム　http://www.mlpj.org/index.shtml
静岡県メディア・リテラシー教育委員会　http://www.shizuoka-c.ed.jp/media/
かながわメディアリテラシー研究所　http://kmnpas.cocolog-nifty.com/blog/
日本メディアリテラシー教育推進機構　http://jmec01.org/
放送分野における青少年とメディア・リテラシーに関する調査研究会報告書（2000/06/21）　http://www.soumu.go.jp/joho_tsusin/pressrelease/japanese/housou/000831j702.html
放送分野におけるメディア・リテラシー教材の貸出（総務省）　http://www.soumu.go.jp/joho_tsusin/top/hoso/kyouzai.html
メル・プラッツ（メディアと表現，学びとリテラシーのための広場）　http://www.mellplatz.net/

［海外］
APPREB（Asia-Pacific Cooperative Programme in Reading Promotion and Book Development）　http://www.accu.or.jp/appreb/
（英）英国映画協会・教育（British Film Institute/Education）　http://www.bfi.org.uk/learn.html
（英）英語とメディアセンター（English and Media Centre）　http://www.englishandmedia.co.uk/
（加）カナダメディア教育協会（Canadian Association of Media Education Organizations）　http://inter-act.uoregon.edu/

MediaLit/CAMEO/
（加）メディアリテラシー協会（The Association for Media Literacy） http://www.aml.ca/home/
（韓）ダウム世代財団（Daum Foundation） http://www.daumfoundation.org/
（台）台湾政治大学傳播学院媒体素養研究室 http://www.mediaed.nccu.edu.tw/
（米）メディア教育財団（Media Education Foundation） http://www.mediaed.org/
（米）メディアリテラシーセンター（Center for Media Literacy） http://www.medialit.org/

○メディア表現，リテラシーの社会展開

[市民・NPO]
アースビジョン地球環境映画祭　http://www.earth-vision.jp/top-j.htm
アジアプレス・インターナショナル　http://www.asiapress.org/
Our Planet TV　http://www.ourplanet-tv.org/
エフエムわいわい　http://www.tcc117.org/fmyy/
NIE（Newspaper in Education）　http://www.pressnet.or.jp/nie/nie.htm
NPO 学習環境デザイン工房　http://www.heu-le.net/
NPO 法人 CANVAS　http://www.canvas.ws/
NPO 法人むさしのみたか市民テレビ局　http://www1.parkcity.ne.jp/mmctv/
OhmyNews 日本版　http://www.ohmynews.co.jp/
CAMP（Children's Art Museum & Park）　http://www.camp-k.com/
京都三条ラジオカフェ　http://radiocafe.jp/
子ども文化コミュニティ　http://www.kodomo-abc.org/
JCAFE（市民コンピュータコミュニケーション研究会）　http://www.jcafe.net/
シビック・メディア　http://www.cvm.or.jp/
湘南.TV　http://www.shonan.tv/
JanJan　http://www.janjan.jp/
多文化共生センター　http://www.tabunka.jp/
山形国際ドキュメンタリー映画祭　http://www.yidff.jp/home.html

[大学・研究会]
愛知淑徳大学「コミュニティ・コラボレーションセンター」　http://www.aasa.ac.jp/institution/ccc/
市民とメディア研究会・あくせす　http://www.media-access.org/
情報コミュニケーション教育研究会（ICTE）　http://www.icte.net/
地域メディア研究会　http://www.cvm.or.jp/scm/
ドキュメンタリーチャンネル　http://d-ch.tv/
三田の家　http://mita.inter-c.org/
メディア・エクスプリモ　http://www.mediaexprimo.jp/
メディア・ビオトープ（東京大学情報学環・水越伸研究室）　http://www.mediabiotope.com/

[マスメディア]
NIE（Newspaper in Education）　http://www.pressnet.or.jp/nie/nie.htm
学校放送オンライン　http://www.nhk.or.jp/school/
（社）日本民間放送連盟（民放連メディアリテラシー実践プロジェクトを実施）　http://www.nab.or.jp/
チューリップテレビ（住民ディレクター活動と連携）　http://www.tulip-tv.co.jp/
中海ケーブルテレビ　http://gozura101.chukai.ne.jp/

[ミュージアム]
川口市メディアセブン　http://www.mediaseven.jp/open/web/toppage.jsf
せんだいメディアテーク　http://www.smt.jp/
スキップシティ・映像学習プログラム　http://www.skipcity.jp/study/program/
山口情報芸術センター　http://www.ycam.jp/

あとがき

　メルプロジェクトは2006年3月のシンポジウムをもって，はじめに約束した5年間という活動期間を終えた．メルの研究会やシンポジウムも，約80名の仲間を支えたメーリングリストも，すべてなくなった．さて，それからどうなったか．少しだけ後日談をしておこう．

　最後のシンポジウムが終わってから1年あまり経った2007年3月末のある日，メルプロジェクトで中心的に動いたメンバー有志がふたたび集まった．それまでもときどき何人かで会うことはあったが，二十数名が一堂に会したのは1年ぶりのことだった．就職した人，仕事が変わった人，いろいろだった．いずれにしても，みんなそれぞれに充電はした．そろそろ次のチャレンジをしてみようか．立場や関わり方はそれぞれだけれど，新しい次元へいってみたいという想いは一緒だった．そして数ヵ月の議論を経て，僕たちは7月にメル・プラッツ（MELL　Platz）という活動をはじめることになったのである．

　メル・プラッツ．僕たちはメル（Media Expression, Learning and Literacy）というキーワードを残した．そして新たにドイツ語で広場を意味するプラッツという言葉を結びつけてみた．メル・プラッツは，メディアリテラシーやメディア表現にかかわる内外のさまざまな人や組織，活動が出会い，議論を重ね，ネットワークを広げていくための広場として機能していくことを目指している．元メルプロジェクトの約25名が運営メンバーとなり，切り盛りをしていく．それをオーガナイザーが束ねる．初代オーガナイザーは，メル・プラッツという名前を発案した水島久光がつとめ，二代目は北村順生，三代目は本橋春紀が引き継いだ．

　メルプロジェクトは大小いくつものプロジェクトの群体として成り立っていた．メル・プラッツは，あくまで広場であり，それ自身はプロジェクトをかかえていないことが大きなちがいだ．その点でメル・プラッツは，メルプロジェクトのスタイルや雰囲気を受け継ぎながらも，新しいタイプの活動なのである．

　一方で元メル・メンバーだった人々は，プラッツの運営メンバーになった人以外も含め，みなそれぞれの現場に戻り，教育や実践，研究を展開しつつある．僕自身も，著書で唱えた「メディア・ビオトープ」を自分の研究室のニックネームのようなものにして，いくつかの実践研究を展開しつ

つある．

　この本ができるまでに多くの方々のお世話になった．

　まず，個々のワークショップに参加してくれた方々に厚く御礼申し上げたい．みなさんが夢中でメディア遊びに興じたり，苦しくも楽しい，つまり「くるたのしい」（山内祐平の造語）体験を通して大切なことに気づいたり，クリティカルだけどユーモラスなディスカッションを繰り広げてくれたからこそ，僕たちはメディアリテラシー・ワークショップを生み出すことができたと思っている．

　そして場所や機会を提供してくれたり，研究助成をしてくれた組織の方々．みなさんが支援をしてくれたおかげで批判的メディア実践を展開できたのだと，僕たちは自覚している．心から感謝しています．

　松井貴子さんは，2年目以降のメルプロジェクトの事務的なとりまとめと，書物からウェブサイトまで，さまざまなテキストの編集を一手に引き受けてくれた．この本も松井さんの的確なコメントや細やかな校正作業がなければ世にでなかったに違いない．本当にありがとうございました．

　東大出版会の小暮明さんには，『メディアリテラシーの道具——テレビを見る・つくる・読む』に続いてお世話になった．バラバラになりがちな論文集を有機的に連関させて一体感のあるものにしたい，クリティカルでポップにしたいなどと無理難題を投げかける編者に誠実に付き合ってくださり，遅れる原稿を粘り強く集めてくださった．感謝の言葉もない．

　最後になったがメルプロジェクトのメンバーだった人々にひとこと．本書の執筆者は約20名だが，それだけでここにあげたワークショップをつくったわけではない．執筆陣を含め，リーダーだった市川克美，菅谷明子，林直哉，山内祐平をはじめとする約80名のメンバーがいたからこそ，それらはかたちづくられ，実践できたのである．異なる領域にいて同じ志を分かち合ったこの約80名でネットワーク型のギルド集団を形成し，一緒に遊び，学び，活動できたことを，僕は生涯忘れることはないだろう．その経験は今，内外各地でネットワーク型の展開をみせ，確実に未来へ受け継がれつつある．

2009年10月

水越　伸

執筆者紹介 (掲載順)

水越伸（みずこし　しん）
1963年生．東京大学大学院情報学環教授．メディア論．『新版　デジタル・メディア社会』（岩波書店），『メディア・ビオトープ：メディアの生態系をデザインする』（紀伊國屋書店）．
一言：最近，人生がワークショップ化している気がする．「吾唯足知（吾，唯足るを知る）」という言葉が好き．

伊藤昌亮（いとう　まさあき）
1961年生．愛知淑徳大学現代社会学部准教授．メディア論，社会情報学．『コミュナルなケータイ』（共著，岩波書店），『古いメディアが新しかった時』（共訳，新曜社）．
一言：周縁としてのメディア研究のさらに周縁を探りつづけていきたいと思います．

ペク・ソンス
1963年生．神田外語大学国際コミュニケーション専任講師．メディア文化，異文化コミュニケーション論．「東アジアにおける大衆文化の国際共同制作の可能性と課題：日韓共同制作コミック「青の道：プルンギル」において」（『神田外語大紀要』2007年），「アジアにおける日本のアニメーション産業の展開：アニメーションの国際共同制作からみえてくるもの」（『神田外語大紀要』2010年）．
一言：2010年からプロジェクトに中国が加わる．何回もトライしては挫折してきた，中国語に再挑戦です！

村田麻里子（むらた　まりこ）
1974年生．関西大学社会学部准教授．メディア文化論，ミュゼオロジー．『マンガとミュージアムが出会うとき』（共著，臨川書店），「ミュージアムが編む「ものがたり」：〈美術〉の言説を超えて」（『美術フォーラム21』14号）．
一言：海外に行くとミュージアム巡りはもちろん，テレビを観たり新聞を買うのも楽しい！多様なメディア文化に出会えます．

長谷川一（はせがわ　はじめ）
1966年生．明治学院大学文学部芸術学科准教授．メディア論，アトラクション研究．『アトラクションの日常：踊る機械と身体』（河出書房新社），『出版と知のメディア論』（みすず書房）．
一言：ワークショップとは根本的なところで怪しさや危うさをはらんだ手法だと，つくづく思います．それを知ったうえでどう扱うかなのだといってしまえば，そうかもしれません．でも，事はそう単純ではないような気がします．

坂田邦子（さかた　くにこ）
1970年生．東北大学大学院情報科学研究科講師．メディア文化論，異文化理解．『メディア・プラクティス』（共著，せりか書房），『グローバル・コミュニケーション論』（共著，世界思想社）．
一言：ワークショップは，頭も身体もそして心もほぐしてくれるメディア・セラピーです．ぜひ試してみて下さい！

水島久光（みずしま　ひさみつ）
1961年生．東海大学文学部教授．メディア論，情報記号論．『閉じつつ開かれる世界』（勁草書房），『テレビジョン・クライシス』（せりか書房）．
一言：メディア実践として行う仮装は，決して「コスプレ」ではありません．何よりもコスチュームに"着られて"しまってはいけないのです．

北村順生（きたむら　よりお）
1967年生．新潟大学人文学部准教授．メディア論，メディア文化論．『形と空間の中の私』（共著，東北大学出版会），『電子メディア文化の深層』（共著，早稲田大学出版部）．
一言：メディアを取り巻く風景が急速に変化しつつあります．子どもたちにどんな社会を伝えていけるのでしょうか．

小川明子（おがわ　あきこ）
1972年生．愛知淑徳大学現代社会学部准教授．メディア論，地域メディア研究．「ローカル新聞と日露戦争：豊橋「新朝報」における読者参加を例に」（『マスコミュニケーション研究』75号），『非営利放送とは何か』（共著，ミネルヴァ書房）．
一言：待ちに待った刊行です（涙）！　『ローカルの不思議』の状況は刻々と変化しています．詳しくはウェブ

で！

安美羅（あん　みら）
東京大学大学院学際情報学府修士課程修了．韓国でメディアをめぐるNGO活動などに参画．『メディア・リテラシー』（菅谷明子），『メディア文化論』（吉見俊哉），『メディアリテラシーの道具箱』（メルプロジェクト・民放連編）などの韓国語訳を手がける．

崔銀姫（ちぇ　うんひ）
1969年生．佛教大学社会学部現代社会学科准教授．メディア論．
一言：最近自分から離れていく，自分のなかの自分自身を意識する「自分」のことが気になってしょうがない．

境真理子（さかい　まりこ）
1952年生．桃山学院大学国際教養学部教授．メディア研究，映像文化研究．『メディアリテラシーの道具箱』（共著，東京大学出版会），『知のデジタル・シフト』（共著，弘文堂）．
一言：メディアリテラシーは楽しい．ワークショップに加わると実感できます．

本橋春紀（もとはし　はるき）
1962年生．放送倫理・番組向上機構（BPO）理事・事務局長．メディア倫理，メディアリテラシー．『放送法を読みとく』（共著，商事法務），『包囲されたメディア』（共著，現代書館）．
一言：放送というコミュニケーションのあり方は，デジタルメディア社会にも生き残ると考えています．

宇治橋祐之（うじはし　ゆうじ）
1964年生．日本放送協会青少年・教養番組部．メディア教育．『教室にやってきた未来：コンピュータ学習　実践記録』（共著，NHK出版），『「おこめ」で広がる総合的学習：NHKデジタル教材の活用』（共著，明治図書）．
一言：メディアを受ける，作る，送るの循環を体験しながら，メディアをもっと楽しんでください．

見城武秀（けんじょう　たけひで）
1965年生．成蹊大学文学部准教授．コミュニケーション論，メディア論．『モバイルコミュニケーション：携帯電話の会話分析』（共著，大修館書店），『メディア・コミュニケーション学』（共著，大修館書店）．
一言：参加者と一緒にノリつつ，冷静に全体をコーディネートするワークショップの楽しさと難しさを，皆さんもぜひ！

河西由美子（かさい　ゆみこ）
1963年生．玉川大学通信教育部教育学部准教授．情報リテラシー教育，学校図書館，探究学習．「初等中等教育における情報リテラシーの育成に関する研究」（博士論文），『子どもの情報行動に関する調査研究』（共著，国立国会図書館）．
一言：SLLS学びの場としての学校図書館研究会主宰．http://slls.blog.so-net.ne.jp/

林田真心子（はやしだ　まみこ）
1973年生．東京大学大学院学際情報学府博士課程．メディア論．『コミュナルなケータイ』（共著，岩波書店）
一言：今の私から一歩横にずれてみる．それだけでメディアは違ってみえると教えてくれたのがワークショップでした！

宮田雅子（みやた　まさこ）
1974年生．札幌大谷大学短期大学部専任講師．情報デザイン．
一言：今年札幌に引っ越したばかりなので，新しい発見がたくさんあります．自分と世界との関係をどうデザインするのか，そこに原点があるように感じます．

髙宮由美子（たかみや　ゆみこ）
1957年生．NPO法人子ども文化コミュニティ．子どもの文化芸術体験，メディアリテラシー，コミュニケーション・デザイン．「ドラマスクール「子どもの時間」の四五〇日」（『教育』国土社）
一言：ワークショップを企画実施する側のチームワーク，遊び心とチャレンジ精神が重要です！

土屋祐子（つちや　ゆうこ）
1970年生．広島経済大学経済学部講師．メディア論，メディアリテラシー，コミュニティメディア．『現代地域メディア論』（共著，日本評論社）．
一言：フィールドに出つつ，人々のくらしがより生き生きするメディア環境について考えています．

水越 伸
1963年生れ．東京大学大学院情報学環教授．メディア論．著書に『新版 デジタル・メディア社会』（2002年，岩波書店），『メディア・ビオトープ：メディアの生態系をデザインする』（2005年，紀伊國屋書店）など．

東京大学情報学環メルプロジェクト
メルプロジェクト（Media Expression, Learning and Literacy Project）は，メディアに媒介された「表現」と「学び」，そしてメディアリテラシーについての実践的な研究を目的とした，ゆるやかなネットワーク型の研究プロジェクト．現在は活動を終え，メルプラッツが活動を継承．http://mellplatz.net/

メディアリテラシー・ワークショップ
情報社会を学ぶ・遊ぶ・表現する

2009年11月30日 初 版

［検印廃止］

編 者	水越 伸 東京大学情報学環メルプロジェクト
発行所	財団法人 東京大学出版会

代 表 者　長谷川寿一
113-8654 東京都文京区本郷7-3-1 東大構内
http://www.utp.or.jp/
電話 03-3811-8814　Fax 03-3812-6958
振替 00160-6-59964

印刷所　大日本法令印刷株式会社
製本所　有限会社永澤製本所

©2009 Shin Mizukoshi/MELL Project on Interfaculty Initiative in Information Studies, The University of Tokyo
ISBN 978-4-13-053016-3　Printed in Japan

Ⓡ〈日本複写権センター委託出版物〉
本書の全部または一部を無断で複写複製（コピー）することは，著作権法上での例外を除き，禁じられています．本書からの複写を希望される場合は，日本複写権センター（03-3401-2382）にご連絡ください．

東京大学情報学環 メルプロジェクト・ 日本民間放送連盟編	メディアリテラシーの道具箱 テレビを見る・つくる・読む	Ａ５	2500 円
美馬のゆり・山内祐平	「未来の学び」をデザインする 空間・活動・共同体	四六	2400 円
石田英敬	記号の知／メディアの知 日常生活批判のためのレッスン	Ａ５	4200 円
花田達朗	メディアと公共圏のポリティクス	Ａ５	4000 円
東京大学 大学院情報学環編	日本人の情報行動 2005	Ａ５	12000 円
花田達朗・廣井脩編	論争　いま、ジャーナリスト教育	Ａ５	3400 円
吉見俊哉・花田達朗編	社会情報学ハンドブック	Ａ５	2600 円
月尾嘉男・浜野保樹・ 武邑光裕編	原典メディア環境 1851－2000	Ａ５	10000 円
犬塚　先	情報社会の構造 IT・メディア・ネットワーク	Ａ５	3800 円

ここに表示された価格は本体価格です．御購入の際には消費税が加算されますので御了承下さい．